中国古代名著全本译注丛书

陶庵梦忆

译注

［明］张 岱 著

夏咸淳 刘海琴 译注

图书在版编目(CIP)数据

陶庵梦忆译注／(明)张岱著;夏咸淳,刘海琴译
注. —上海:上海古籍出版社, 2023.9
（中国古代名著全本译注丛书）
ISBN 978-7-5732-0839-2

Ⅰ. ①陶… Ⅱ. ①张… ②夏… ③刘… Ⅲ. ①笔记—
中国—明代②《陶庵梦忆》—译文③《陶庵梦忆》—注释
Ⅳ. ①K248.066

中国国家版本馆 CIP 数据核字(2023)第 165240 号

中国古代名著全本译注丛书
陶庵梦忆译注
[明] 张　岱　著
夏咸淳　刘海琴　译注
上海古籍出版社出版发行
（上海市闵行区号景路 159 弄 1-5 号 A 座 5F　邮政编码 201101）
（1）网址: www.guji.com.cn
（2）E-mail: guji1@guji.com.cn
（3）易文网网址: www.ewen.co
江阴市机关印刷服务有限公司印刷
开本 890×1240　1/32　印张 8.375　插页 5　字数 318,000
2023 年 9 月第 1 版　2023 年 9 月第 1 次印刷
印数: 1—3,100
ISBN 978-7-5732-0839-2
Ⅰ·3759　定价: 45.00 元
如有质量问题,请与承印公司联系

前　言

一

张岱，一名维城，字宗子，号石公、陶庵、蝶庵、天孙、六休居士，山阴（今浙江绍兴）人。祖籍四川绵竹，故又自称"蜀人"、"古剑"。生于万历二十五年（1597），卒年诸说不一，据商盘《越风》张岱小传推算，当在康熙二十八年（1689），享年九十三岁。

张岱出身世代簪缨之家。高祖张天复、曾祖张元忭、祖父张汝霖，相继登进士，三代荣显，学问与文章有名当世。尔后张门仕宦不兴，张岱之父张耀芳久困场屋，年逾五十始授兖州鲁王府长史，这样重振门庭的希望便落在张岱这个嫡长子身上。他幼而颖异，六岁即善属对，被舅父夸为"今之江淹"，及长，才艺富赡，兴趣广泛，自云"好精舍，好美婢，好娈童，好美食，好骏马，好华灯，好烟火，好梨园，好鼓吹，好古董，好花鸟，兼以茶淫橘虐，书蠹诗魔"（《自为墓志铭》）。又喜游历，长期盘桓于江南繁华之地，比如杭州、南京、苏州、扬州、绍兴、宁波、嘉兴、镇江等都会名城。他还广交才士名流，各色市井人物，深受市民文化的熏陶。天启、崇祯时期，明朝统治已濒临天崩地坼的边缘。张岱目击时艰，志存"补天"，拼力角逐科举，但屡试屡败，连个举人的功名也未获得，遂愤而绝弃举业，专力潜心于书史，意欲效法马、班，继承先人遗志，修撰一部明史巨著。不久，明朝在甲申之变中灭亡了，刚在江南建立起来的福王、鲁王小朝廷也接连崩溃。顺治三年（1646），绍兴沦陷，张岱拒绝臣服清廷，携家逃往嵊县西白山中，时年适逢五十。从此，张家由世族豪门骤然沦为普通民户，生活非常艰难，"布衣蔬食，常至断炊"，以致垂暮之年依旧一贫如洗。康熙十七年（1678），张岱八十二岁，有《戊午除夕》之诗云："烧钱钱穷鬼，酹酒蜡文心。"明亡三十余年，张岱一直为"穷鬼"所困扰，而"文心"依然活泼旺盛。在此期间，不但实现了几代人的宏愿，修成明史巨著《石匮书》，而且还写定其他多种著述。

明清之际是社会历史、文化学术发生剧变的时代，这个时代造就了一批包括张岱在内的大思想家、大学问家、大文学家、大艺术家，他们具有坚贞的气节、丰富的阅历、渊博的学识、精深的造诣。当时科技成就同样辉煌，出现了李时珍、徐光启、宋应星、徐霞客等科学巨匠。张岱著作等身，存世者与亡佚者总计不下四十种，涉及的领域包括天文、历法、历史、地理、医药、文字、音韵、经学等等，其墓碑题作"有明著述鸿儒"，名副其实，当之无愧。

张岱在学识、气节、历练等方面不比其他大师逊色，而思想之鲜活，才艺之美富，则是他的特殊优势。清初一些学术大家对洋溢着人文精神的晚明新思想新文学颇有成见，甚至视为洪水猛兽，以为明朝不亡于"流寇"，不亡于党争，而亡于学术，亡于阳明心学，特别是李贽等人"异端"之学，因而排抵不遗余力。张岱不然，他对晚明异端之学和公安派、竟陵派新文学均予吸纳，又能自出手眼，博采百家；既迎纳晚明新学之潮，又深探传统儒学之根。故其学坚实深厚，洒脱灵动，鲜有明末文士浮躁浅薄的陋习和清初儒者厌新复旧的弊病。张岱欣赏"慧业文人"，自己也属此中人，不但善文章，工诗词，而且通晓戏曲、音乐、造园、绘画、书法、篆刻，以及美食茶道，古董珍玩，花鸟虫鱼等等，凡百诸艺，几乎样样在行。若论文学成就，以散文为独绝，人称"绝世散文家"。作为明代散文史上的殿军，他善于以冷静客观的态度，辩证地分析和总结明代文学创作的得失利弊，取诸家之长而弃其短，掇公安、竟陵之英华，集晚明小品之大成，将情与理、雅与俗、灵与朴、生与熟、小与大、整与散、疏与密种种相反相成的美学因素较为完美地统一起来，从而形成自己独特的艺术风格，"人且望而知为陶庵"（《琅嬛文集·又与毅孺八弟》）。对于张岱的散文造诣，其友王雨谦是这样评价的："盖其为文，不主一家，而别以成其家，故能醇乎其醇，亦复出奇尽变，所谓文中之乌获，而后来之斗杓也。"（《琅嬛文集序》）以文章泰斗许之，并非言过其实的溢美之词。

二

现存张岱散文集有三种，即《琅嬛文集》（为诗文合集）、《陶庵梦忆》和《西湖梦寻》。《陶庵梦忆》，八卷，收文一百二十余篇，篇幅简短，长文很少，最短者不满百字，积而成书，短隽有味，代表晚明小品的极致。张岱借鉴宋人《东京梦华录》《武林旧事》《梦粱录》诸书，以回忆录的形式追述往昔繁华。唯宋人之书犹守"风土记""岁时记"的编撰规制，重视故实的考述，而《陶庵梦忆》纯属随笔小品，记叙编次，自由随意，"遥思往事，忆即书之"，"不次岁月"，"不分门类"（《梦忆自序》）。书中所载多琐屑之事，涉及城市胜概、山川景物、风俗人情、文学艺术各个方面，人物多为市井众生和文艺界名流，若画师、琴师、工匠、花匠、艺伎、优伶、说书先生、杂技演员等，皆为之传神写照。其事碎，其人杂，其篇散，而神气未尝不完聚。全书字里行间洋溢着一种鲜活的人文气息，闪耀着新兴市民文化色彩，表现了张岱对这种新文化、新世相的欢迎赏悦和深深追怀，而不仅仅在于寄托故国之思、易代之悲。读解《陶庵梦忆》必须把握这一主脉，方能探其底蕴而赏其真趣。

张岱喜美食，精茶道，他坦诚告白，年轻时嘴极馋，想方设法采购南货北产、山珍海味。自我标榜"越中清馋，无过余者，喜啖方物"，"远则岁致之，近则月致之、日致之。耽耽逐逐，日为口腹谋"（《方物》）。不仅遍尝美味佳肴，而且深知食品烹饪法、点心制作法、水果保鲜收藏法。他是美食家，饮食文化学者，有别于一般但知大嚼狂饮的饕餮之徒。张岱尤精茶艺，善辨泉水、产地、品种，了解制茶的各道工序，即所谓"扚法、掐法、挪法、撒法、扇法、炒法、焙法、藏法"等等，致令著名茶艺专家闵汶水也自叹弗如："予年七十，精赏鉴者，无客比！"（《闵老子茶》）《陶庵梦忆》中有许多描述食事茶事的小品文，如《乳酪》《蟹会》《露兄》《兰雪茶》《鹿苑寺方柿》《闵老子茶》等，或清逸馨远，或腴艳甘流，给人以知识和美感，为中国美食文学之奇葩。

张岱对饮食男女人之大欲均持肯定态度，在《陶庵梦忆》中津津乐道口腹之欲，也大胆记述色与性。他坦白承认自己"好美婢，好娈童"，出入妓院，与南京秦淮名妓顾眉、董白、李十、杨能、王月生等往还，称其为"姬侍"；尤其赏叹王月生，形容她的面色"如建兰初开"，纤足"如出水红菱"，性格"如孤梅冷月，含冰傲霜"（《王月生》），搜尽美词献给这位青楼女子。更为难能可贵的是，他在灯红酒绿欢声笑语中窥见妓女们的悲惨命运，肉体和精神上的痛楚，一一形诸笔端。《二十四桥风月》绘影绘声地描述扬州"歪妓"徙倚巷口寂寞无聊的情状，又揣想"夜分不得不去，悄然暗摸如鬼。见老鸨，受饿受笞，俱不可知矣"，此情此景断非浪荡子轻薄儿所能想见。《扬州瘦马》则以小说家的手腕活龙活现揭示扬州地区收养贫家少女再转卖客商官绅作妾的陋俗，刻画市侩牙婆之流以吮吸"瘦马"膏血来养肥自己的丑恶嘴脸。这些生动逼真的世情风俗画卷，显示了张岱这位写实主义大师敏锐的洞察力和高超的表现力。

人的情欲，需要多种多样，非止于食色二端。张岱怀着浓厚的兴趣，运用欢快灵动的笔墨，展示明季社会丰富多彩的文化生活和民间娱乐活动，既有缙绅士夫的诸种清娱，如戏曲、音乐、园林、书画、古董、珍玩，也有民间里巷岁时风俗的各种游乐，如烟火、灯彩、龙舟、演武、蹴鞠诸戏。逢到节日盛会，便会出现人山人海、万众狂欢的场景，阔人穷人，雅人俗人，各得其乐，张岱以绚烂活泼的笔墨描绘出晚明社会一道非常别致的文化风景线，反映了社会文化需求的快速增长，社会文化心态的放佚和活跃。《陶庵梦忆》中这类文章最多，精彩纷呈，情趣盎然，充分表露出张岱的奇情藻思。

《陶庵梦忆》除重视表现人的情欲之外，又热情赞述人的才智和技艺，书中形形色色的人物，既是具有七情六欲的世俗众生，也是具有某种特殊智能和技艺的奇士异人。在张岱师长辈名士中，如黄汝亨（字寓庸）"交际酬酢，八面应之，耳聆客言，目睹来牍，手书回札，口嘱侯奴，杂沓于前，未尝少错"（《奔云石》）。邹迪光（号愚公）精悉诗文书画、戏曲歌舞，又深于构园叠石，"其园亭实有思致文理者为之"（《愚公谷》）。范允临（字长白）虽长相奇丑，而才情美富，"冠履精洁"，"丝竹摇飏"，园亭精致，"尽可自名其家"（《范长白》）。在与张岱过从甚密的友人中，陈章侯、姚简叔、曾波臣工于画，彭天锡、祁止祥、刘晖吉精于戏，王侣鹅、王本吾、尹尔韬深于琴，金乳生之深耽园艺，闵汶水之妙解茶道，其才艺皆卓卓可称。张岱与各行各业的民间艺人关系密切，交谊甚深，对其才艺备极赞赏，称竹刻艺人濮仲谦"技艺之巧，夺天工焉"（《濮仲谦雕刻》），称评书艺人柳敬亭"描写刻画，微入毫发"（《柳敬亭说书》），称女伶朱楚生"科白之妙，有本腔不能得十分之一者"，"虽昆山老教师细细摹拟，断不能加其毫末也"（《朱楚生》），称灯彩艺人夏尔金"剪彩为花，巧夺天工，罩以冰纱，有烟笼芍药之致"（《世美堂灯》）。人是万物的精灵，赞美人的智慧、才能、技巧，是张岱散文的一个突出主题。

《陶庵梦忆》所取地域背景，除北方山东兖州、泰安几个府县外，主要是绍兴、宁波、嘉兴、杭州、南京、镇江、苏州、扬州等江南名城，这是全国经济最发达、城市最繁华的地区，也是滋生孕育新文化、新思想、新思潮的沃土。但是，在甲申之变中，在清兵入关以后，由于大规模战争的破坏和清朝民族压迫政策的摧残，江南经济和文化急速衰败，昔日繁华，荡为轻烟，鞠为茂草。在社会大震荡中，张氏家族也由荣显骤然降为贫贱。张岱因此而生沧桑感、幻灭感，"因想余生平，繁华靡丽，过眼皆空，五十年来，总成一梦"（《梦忆序》），深怀国破家亡之痛，荆棘铜驼之悲，也包含对明季黑暗现实的忧愤。不过所寄情思的重点则在对前朝繁华靡丽的城市生活和自由活泼的文化氛围的追怀和眷念，基调奔放明快，绚烂奇丽，虽然也夹杂感伤的成分。张岱作为大学者、大史家，对明季黑暗现实和腐败政治有清醒的认识，并予以无情的揭露和抨击，而对当时经济和城市的繁荣，思想文化的活跃，则取欢迎赞赏态度。这和某些清初大儒在反思历史经验时，每每把明朝的灭亡归咎于异端邪说的泛滥，从而导致人心放荡，礼法毁弃的保守观点，有很大区别。在明末清初群星灿烂的时代，张岱是最富人文精神的作家之一。

《扬州清明》一文末尾，透露了作者的内心独白："南宋张择端作《清明上河图》，追摹汴京景物，有西方美人之思，而余目盱盱，能无梦想？"非但扬州清明之丽景，一切江南江北之繁华景象、新奇人物都令他魂牵梦绕，情见乎词，于是给后世留下了《陶庵梦忆》这部五色纷披的晚明城市风俗长卷。如果说《清明上河图》是中国绘画史宋代都城风俗图之瑰宝，那么，《陶庵梦忆》则是中国文学史晚明城市风俗记之绝唱。

三

张岱著作等身，据其所撰小传《自为墓志铭》称，七十岁那年即清康熙五年（1666），已完成《石匮书》《琅嬛文集》《陶庵梦忆》《西湖梦寻》《四书遇》《古今义烈传》等十五部著作。成书时间多在明亡之后，且残损亡佚者不少。其手稿尚属完帙者或为亲友借阅，或被辗转抄录，难免出现异文误字，甚至篇什多寡互异，颠倒错乱。《陶庵梦忆》各种抄本在清代读书界藏书界流传既久，迟至乾隆晚季始有刻本行于世，若金忠淳《砚云甲编》本、王文诰编次批评本、咸丰年间又有伍崇曜《粤雅堂丛书》本。《陶庵梦忆》因随之流布愈广，影响日增。

上海古籍出版社"明清小品丛刊"曾收录《陶庵梦忆　西湖梦寻》（2001年版），由我和程维荣先生分任二书校注，迄今二十年间，重印已过十数次。本次应上海古籍出版邀约，重新整理撰写，且"二梦"分行，《陶庵梦忆译注》《西湖梦寻译注》单独出版，收入"中国古代名著全本译注丛书"。

《陶庵梦忆译注》注释的增补修订由我来做，重校与今译主要由刘海琴博士负责。第一，本次出版，收罗参照《陶庵梦忆》多种古今不同版本，对原文进行了一次比较细致的校对。底本使用清咸丰二年（1852）伍崇曜《粤雅堂丛书》本，参校本选取清乾隆五十九年（1794）王文诰编次批评本，清乾隆四十年（1775）金忠淳《砚云甲编》本，间参今人栾保群、路伟、马兴荣、林邦钧诸先生所编校注本，择善而从。第二，修正旧注中多处舛误，并增加不少新注。如卷一《钟山》"燖所""王应华"诸条；卷二《孔庙桧》"三百七十有四年""八十一年"为张岱误记诸条，《鲁藩烟火》"端门"条，《峋嵝山房》增注"李元昭"；卷四《不系园》"界尺""小梧"诸条，《世美堂灯》"二尹"条；卷五《扬州瘦马》"撒帐牵红"条；卷六《齐景公墓花樽》"乾阳刘太公"条；卷七《品山堂鱼宕》"罩者抑之，罜者举之"条，等等。尚留下应加注而未加注的词条，眼见其如荆棘阻梗行道，却未能及时尽力剪除，于心慊慊焉。第三，对本书各篇（包括自序）共128篇文章均增加今译，力求准确顺畅。在晚明诸多散文家中，如袁宏道、陈继儒、钟惺、谭元春、刘侗、王思任等，对语言艺术都很讲究，独具风致，而张岱尤其特出。其文短小精粹，活泼生鲜，幽默诙谐，亦雅亦俗，有"法外法，味外味，韵外韵"（陈继儒《文娱序》），有"画外音"，话里有话，使人寻味不尽。力求新鲜生辣，力避陈词滥调，"故意用的怪文句"（周作人《陶庵梦忆序》），带有奇拗生涩的色调。张岱不愧是一位语言艺术家，《陶庵梦忆》这本小册子集中体现了张岱散文创作的造诣和语言艺术的精妙。古文今译是古籍整理的一件"创造性转化"工作，欲以现代汉语将《梦忆》一书奇文妙语恰如其分、妥帖圆融地传达表述出来，无异于一次再创作，殊非易事。本书今译乃初次尝试，究属草创，欲求"信达雅"还须努力再努力。

古籍整理中，校勘、注释、今译三个环节，环环紧扣，互相关连，相辅相成，不可割裂。校勘是注释、今译的基础，一字之差，一字之讹，往往影响文本的质量和真伪，影响全篇的准确性、鲜明性、生动性，所以马虎不得。本书一定还会留下未发现未修正的错误和疵病，有待日后重加修订，敬请广大读者指谬纠正。

"二梦"分行，读者也因此可以聚精会神先行品读某一种，再及其二，进而互观对照，有助于阅读的扩展和深化。若有余兴做点研究，再读今人整理过的张岱其他著作，例如《夜航船》《四书遇》《琅嬛文集》《张岱诗文集》等，那么，或可对张岱这位奇才，对《梦忆》《梦寻》这两部奇书，对明清易代之际大时代的社会繁华和衰败，文化蔚盛和转型，获得更多的审美赏悦和历史新知。是为本书整理者的冀望。

夏咸淳
二〇二二壬寅岁尾

目　录

前　言 ·· 1

自　序 ·· 1

卷　一 ·· 1

钟山 ··· 1

报恩塔 ·· 5

天台牡丹 ······································ 7

金乳生草花 ···································· 8

日月湖 ·· 10

金山夜戏 ······································ 13

筇芝亭 ·· 14

砎园 ··· 16

鄷门荷宕 ······································ 17

越俗扫墓 ······································ 19

奔云石 ·· 20

木犹龙 ·· 22

天砚 ··· 25

吴中绝技 ······································ 27

濮仲谦雕刻 ···································· 28

卷　二 ·· 30

孔庙桧 ·· 30

孔林 ……………………………………………… 32

燕子矶 …………………………………………… 35

鲁藩烟火 ………………………………………… 36

朱云崃女戏 ……………………………………… 39

绍兴琴派 ………………………………………… 41

花石纲遗石 ……………………………………… 42

焦山 ……………………………………………… 44

表胜庵 …………………………………………… 46

梅花书屋 ………………………………………… 49

不二斋 …………………………………………… 50

砂罐锡注 ………………………………………… 52

沈梅冈 …………………………………………… 53

峋嵝山房 ………………………………………… 55

三世藏书 ………………………………………… 57

卷 三 ……………………………………………… 60

丝社 ……………………………………………… 60

南镇祈梦 ………………………………………… 62

禊泉 ……………………………………………… 65

兰雪茶 …………………………………………… 68

白洋潮 …………………………………………… 70

阳和泉 …………………………………………… 72

闵老子茶 ………………………………………… 74

龙喷池 …………………………………………… 77

朱文懿家桂 ……………………………………… 78

逍遥楼 …………………………………………… 80

天镜园 …………………………………………… 82

包涵所 …………………………………………… 83

斗鸡社 ………………………………… 85

栖霞 …………………………………… 87

湖心亭看雪 …………………………… 88

陈章侯 ………………………………… 89

卷 四 …………………………………… 92

不系园 ………………………………… 92

秦淮河房 ……………………………… 94

兖州阅武 ……………………………… 95

牛首山打猎 …………………………… 97

杨神庙台阁 …………………………… 99

雪精 …………………………………… 101

严助庙 ………………………………… 103

乳酪 …………………………………… 106

二十四桥风月 ………………………… 107

世美堂灯 ……………………………… 110

宁了 …………………………………… 113

张氏声伎 ……………………………… 114

方物 …………………………………… 116

祁止祥癖 ……………………………… 118

泰安州客店 …………………………… 119

卷 五 …………………………………… 122

范长白 ………………………………… 122

于园 …………………………………… 124

诸工 …………………………………… 126

姚简叔画 ……………………………… 127

炉峰月 ………………………………… 129

湘湖 …………………………………………… 132

柳敬亭说书 …………………………………… 133

樊江陈氏橘 …………………………………… 135

治沅堂 ………………………………………… 137

虎丘中秋夜 …………………………………… 139

麋公 …………………………………………… 141

扬州清明 ……………………………………… 143

金山竞渡 ……………………………………… 145

刘晖吉女戏 …………………………………… 147

朱楚生 ………………………………………… 149

扬州瘦马 ……………………………………… 150

卷 六 …………………………………………… 154

彭天锡串戏 …………………………………… 154

目莲戏 ………………………………………… 155

甘文台炉 ……………………………………… 157

绍兴灯景 ……………………………………… 159

韵山 …………………………………………… 161

天童寺僧 ……………………………………… 163

水浒牌 ………………………………………… 165

烟雨楼 ………………………………………… 168

朱氏收藏 ……………………………………… 169

仲叔古董 ……………………………………… 171

噱社 …………………………………………… 173

鲁府松棚 ……………………………………… 175

一尺雪 ………………………………………… 176

菊海 …………………………………………… 177

曹山 …………………………………………… 178

齐景公墓花樽 ·········· 180

卷 七 ·········· 182

西湖香市 ·········· 182

鹿苑寺方柿 ·········· 185

西湖七月半 ·········· 186

及时雨 ·········· 189

山艇子 ·········· 191

悬杪亭 ·········· 193

雷殿 ·········· 194

龙山雪 ·········· 195

庞公池 ·········· 196

品山堂鱼宕 ·········· 197

松花石 ·········· 199

闰中秋 ·········· 200

愚公谷 ·········· 202

定海水操 ·········· 204

阿育王寺舍利 ·········· 205

过剑门 ·········· 207

冰山记 ·········· 209

卷 八 ·········· 212

龙山放灯 ·········· 212

王月生 ·········· 214

张东谷好酒 ·········· 216

楼船 ·········· 218

阮圆海戏 ·········· 219

巘花阁 ·········· 221

范与兰 ·· 222

蟹会 ·· 224

露兄 ·· 225

闰元宵 ·· 227

合采牌 ·· 230

瑞草溪亭 ·· 232

琅嬛福地 ·· 235

补　遗 ·· 238

鲁王 ·· 238

苏州白兔 ·· 240

草妖 ·· 242

祁世培 ·· 243

自　序

　　陶庵国破家亡，无所归止，披发入山，駴駴为野人[1]。故旧见之，如毒药猛兽，愕窒不敢与接。作自挽诗[2]，每欲引决，因《石匮书》未成[3]，尚视息人世。然瓶粟屡罄，不能举火，始知首阳二老，直头饿死，不食周粟[4]，还是后人妆点语也。饥饿之余，好弄笔墨，因思昔人生长王、谢[5]，颇事豪华，今日罹此果报：以笠报颅，以蒉报踵，仇簪履也；以衲报裘，以苎报絺，仇轻暖也；以藿报肉，以粝报粻，仇甘旨也；以荐报床，以石报枕，仇温柔也；以绳报枢，以瓮报牖，仇爽垲也[6]；以烟报目，以粪报鼻，仇香艳也；以途报足，以囊报肩，仇舆从也[7]。种种罪案，从种种果报中见之。

　　鸡鸣枕上，夜气方回，因想余生平，繁华靡丽，过眼皆空，五十年来，总成一梦。今当黍熟黄粱[8]，车旅蚁穴[9]，当作如何消受？遥思往事，忆即书之，持向佛前，一一忏悔。不次岁月，异年谱也；不分门类，别志林也[10]。偶拈一则，如游旧径，如见故人，城郭人民，翻用自喜[11]，真所谓痴人前不得说梦矣[12]。

　　昔有西陵脚夫[13]，为人担酒，失足破其瓮，念无以偿，痴坐伫想曰："得是梦便好。"一寒士乡试中式，方赴鹿鸣宴[14]，恍然犹意非真，自啮其臂曰："莫是梦否?"一梦耳，惟恐其非梦，又惟恐其是梦，其为痴人则一也。余今大梦将寤，犹事雕虫[15]，又是一番梦呓。因叹慧业文人[16]，名心难化，政如邯郸梦断，漏尽钟鸣，卢生遗表，犹思摹拓二王，以流传后世[17]，则其名根一点[18]，坚固如佛家舍利，劫火猛烈，犹烧之不失也。

【注释】

[1] 骙骙：同"骇骇"，战战兢兢。

[2] 自挽诗：陶渊明有《挽歌诗》三首，张岱曾仿而和之。

[3] 《石匮书》：二百二十卷，纪传体明史巨著，张岱撰。始创于崇祯元年，成于顺治十年，"五易其稿，九正其讹"。

[4] "始知"三句：首阳二老，指伯夷、叔齐，曾阻拦周武王伐纣，殷亡，隐居首阳山，以野菜充饥，不食周粟。

[5] 王、谢：指晋代两大豪门望族。王，指王导；谢，指谢安。

[6] 爽垲：明亮、干燥。

[7] 舆从：车马随从。

[8] 黄粱：即"黄粱一梦"。喻荣华富贵虚幻破灭。相传唐代卢生于邯郸旅店遇道士吕翁，翁授以枕。生梦入枕中历尽人间富贵。及醒，黄粱尚未煮熟。见唐沈既济《枕中记》。

[9] 蚁穴：谓淳于梦梦入蚁穴，至槐安国，招为驸马，享尽荣华，后战败被遣回。事见唐李公佐《南柯太守传》。

[10] 志林：分门别类的杂记。宋人有《东坡志林》。

[11] "城郭"二句：用丁令威事，谓丁令威出家学道，后化鹤归辽，集于华表柱，自云："有鸟有鸟丁令威，去家千年今始归。城郭如故人民非，何不学仙冢累累。"见《搜神后记》。

[12] "真所谓"句：据《冷斋夜话》卷七载，唐代僧伽戏言自己姓名、籍贯，文人李邕信以为真，为之作传。其荒诞无实，如对痴人说梦。又见《五灯会元》。

[13] 西陵：即西兴，镇名，在萧山县西，钱塘江的一处渡口。

[14] 鹿鸣宴：科举时代乡试揭榜后举行的宴会，由地方长官宴请主考学政及中式举人。唐代宴乡贡时须唱《诗·小雅·鹿鸣》之章，故称。

[15] 雕虫：微不足道的小技，指词章。《法言·吾子》："雕虫篆刻"，"壮夫不为"。

[16] 慧业：佛家谓人生来禀有智慧的业缘。《南史·谢灵运传》："得道应须慧业文人。"

[17] "政如"五句：事见汤显祖戏曲《邯郸记》，谓卢生临死时作遗表给皇帝，还有心摹写王羲之、王献之父子的书法。政，同"正"。

[18] 名根：佛家将眼、耳、鼻、舌、身、意称为六根，是产生感觉和意识的依据。这里的名根，指产生好名思想的根源。

【译文】

陶庵我值国破家亡之际，无处容身，于是披头散发躲进山野间，成了可怕的野人。旧相识们看到我，就像见到了毒药和猛兽一样，惊愕得张着嘴巴说不出话，不敢靠近。我作自挽诗，屡屡想引颈就死，念及《石匮书》尚未写完，所以还苟活在世上。可是家中米缸每每见底，无法生火做饭，才明白首阳山的伯夷、叔齐二老，实在是饿死的呀，说他们是不愿吃周朝的粮食而死的，应该是后人粉饰之谈。忍饥挨饿的同时，我喜欢舞文弄墨，于是想到以前生活在王、谢般显赫的世家大族，生活十分奢靡，现如今就遭遇了这样的因果报应：头戴竹笠、脚穿草鞋，这是对过去冠饰鞋履华贵的报应；破衣烂衫换下了毛皮大衣，粗麻布衣换下了细葛布衣，这是对过去穿着轻软暖和的报应；豆叶饭取代了肉食，糙米饭取代了精米饭，这是对过去饮食甘美精致的报应；用草席当床铺，用石头当枕头，这是对过去生活温暖舒适的报应；用绳子当门轴，用瓮口当窗户，这是对过去居所高爽明亮的报应；满眼烟熏火燎，扑鼻熏天粪臭，这是对过去生活香艳风流的报应；徒步跋涉，肩负行囊，这是对过去轿马仆从前呼后拥的报应。凡此前的种种奢靡罪状，均可从今日的各种报应中一一窥见。

当午夜梦回时靠着鸡鸣枕，回想我这一生，繁华奢靡都如过眼云烟，转瞬即逝，五十年来的经历，都不过是一场空梦。现如今正是黍米饭熟黄粱梦断、车过蚁穴南柯梦醒之时，该怎样打发接下来的日子呢？只能回忆往事，想到一件就记下一件，奉到佛前来一桩桩忏悔。这些事情不按时间排列，以示与年谱不同；不分门别类，以示与志林有别。偶尔记到一则，就像是故地重游，也像是故人相见，虽说城郭依旧人民非，但我却能乐在其中，这真算是痴人面前说不得梦呀。

以前西陵地方有一个脚夫，帮别人担酒，不小心跌倒摔破了酒坛，想到无力赔偿，就呆坐在那里妄想道："这要是梦就好了。"又有一介穷书生乡试中举了，正要前去参加鹿鸣宴，恍惚间又觉得这不是真的，自己咬了咬手臂说："这不会是梦吧？"同样是梦，一个只怕它不是梦，一个又只怕它是梦，这两人都是痴人一个呀。我现在大梦将醒，却还做这种雕虫小事，这就又是一番梦话了。不由得感慨独具慧缘的文人，其立名之心难以消除，正如同在邯郸梦醒、天空即将放亮之时，临死前的卢生还在遗表中想着要摹写二王的书法来留名后世，这一点扎在骨子里的立名思想，就如佛家舍利子那样坚不可摧，任凭再猛烈的劫火也烧之不尽啊。

卷　一

钟　山

钟山上有云气[1]，浮浮冉冉，红紫间之，人言王气，龙蜕藏焉[2]。高皇帝与刘诚意、徐中山、汤东瓯定寝穴[3]，各志其处，藏袖中，三人合，穴遂定。门左有孙权墓[4]，请徙。太祖曰："孙权亦是好汉子，留他守门。"及开藏，下为梁志公和尚塔[5]，真身不坏，指爪绕身数匝。军士辇之，不起。太祖亲礼之，许以金棺银椁，庄田三百六十，奉香火，舁灵谷寺塔之[6]。今寺僧数千人，日食一庄田焉。陵寝定，闭外羡，人不及知。所见者，门三，飨殿一，寝殿一，后山苍莽而已。

壬午七月，朱兆宣簿太常[7]，中元祭期[8]，岱观之。飨殿深穆，暖阁去殿三尺，黄龙幔幔之。列二交椅，褥以黄锦，孔雀翎织正面龙，甚华重。席地以毡，走其上必去舄轻趾。稍咳，内侍辄叱曰："莫惊驾！"近阁下一座，稍前，为硕妃[9]，是成祖生母[10]。成祖生，孝慈皇后妊为己子[11]，事甚秘。再下，东西列四十六席，或坐或否。祭品极简陋。朱红木簋[12]、木壶、木酒樽，甚粗朴。簋中肉止三片，粉一铗，黍数粒，东瓜汤一瓯而已。暖阁上一几，陈铜炉一，小箸瓶二，杯榱二。下一大几，陈太牢一、少牢一而已[13]。他祭或不同，岱所见如是。先祭一日，太常官属开牺牲所中门，导以鼓乐旗帜，牛羊自出，龙袱盖之。至宰割所，以四索缚牛蹄。太常官属至，牛正面立，太常官属朝牲揖，揖未起，而牛头已入焞所[14]。焞已，舁至飨殿。次日五鼓，魏国至[15]，主祀。太常官属不随班，侍立飨殿上。祀毕，牛羊已臭腐不堪闻矣。平常日进二膳，亦魏国陪祀，日必至云。

戊寅，岱寓鹫峰寺[16]，有言孝陵上黑气一股，冲入牛斗，百有余日矣。岱夜起视，见之。自是流贼猖獗，处处告警。壬午，朱成国与王应华奉敕修陵[17]，木枯三百年者尽出为薪，发根，隧其下数丈，识者为伤地脉[18]，泄王气。今果有甲申之变[19]，则寸斩应华亦不足赎也。孝陵玉食二百八十二年，今岁清明，乃遂不得一盂麦饭，思之猿咽。

【注释】

[1] 钟山：又名金陵山、圣游山、蒋山、紫金山，在南京中山门外，山势险峻，蜿蜒如龙。明太祖朱元璋陵寝位于南麓独龙阜玩珠峰下。

[2] 龙蜕：龙骨，盖化石之类。

[3] 高皇帝：指明太祖朱元璋。 刘诚意：刘基，字伯温，浙江青田人。明初官御史中丞兼太史令，封诚意伯。 徐中山：徐达，字天德，濠州（今安徽凤阳）人。明初骁将，初封魏国公，死后追封中山王。 汤东瓯：汤和，字鼎臣，濠州（今安徽凤阳）人。明初将领，初封信国公，死后追封东瓯王。

[4] 孙权墓：三国时吴主孙权之墓，在钟山南麓独龙阜。

[5] 志公：宝志，又作保志，世称志公，梁代高僧，江苏句容人。本姓朱，深受梁武帝尊崇。

[6]灵谷寺：在钟山东南。梁天监十三年（514），葬宝志和尚于独龙阜，建开善精舍，造志公塔。北宋大中祥符年间，改称太平兴国禅寺。明洪武十四年(1381)在独龙阜建明孝陵，遂迁寺与塔于此。

[7]朱兆宣：字见符，号弦庵，绍兴山阴人。明万历、天启、崇祯三朝名臣朱燮元（详本书卷三《白洋潮》注）第四子。　簿：用作动词，担任典簿一职。明代南京太常寺设卿、少卿、典簿、博士各一人。

太常：指南京太常寺，掌祭祀礼乐之事。

[8]中元：中元节，阴历七月十五日，俗传为地官赦罪之日，人家多持斋诵经，祭奠祖先。

[9]硕妃：明太祖妃硕氏，传为高丽人。

[10]成祖：明成祖朱棣，朱元璋第四子，年号永乐。

[11]孝慈皇后：朱元璋皇后马氏，卒葬孝陵，谥孝慈。

[12]簋：盛食物的圆形器具。

[13]太牢：古代祭祀时牛、羊、猪三牲齐备或单用牛，称太牢；仅用羊、猪或只用羊，称少牢。

[14]燖所：指煮烫牲口至半熟的处所，与上文"牺牲所""宰割所"，分别为暂养、宰杀、热烫牛犊的三处地方，三道程序。燖，沉肉于汤使半熟，以献作祭品。为古祭礼腥、燖、熟之一。

[15]魏国：徐达子孙的一支，封魏国公，其自承宗至弘基六世，皆守备南京，领军府事，弘基累加太傅。此魏国即指徐弘基。

[16]鹫峰寺：在白鹭洲东北，建于明天顺间。

[17]壬午：崇祯十五年（1642）。　朱成国：朱能从朱棣起兵有功，封成国公，子孙世袭其封号，皆守备南京。此成国指其后裔朱纯臣，崇祯时受倚重，后为李自成所杀。　王应华：时任浙江提学副使。明亡，追随苏观生、顾元镜、何吾驺等于丙戌（1646）十月拥立唐王隆武弟聿𨮁为帝于广州，年号绍武。元镜、应华等并拜大学士。不及二月，清兵下广州，聿𨮁、观生死之，吾驺、应华等悉降。事见《明通鉴》《明季南略》。

[18]为，通"谓"。

[19]甲申之变：指崇祯十七年甲申（1644），李自成率起义军攻入北京，崇祯自缢。

【译文】

　　钟山上云雾缭绕，轻舒漫卷，红紫相间，人们说这是帝王之气，说有龙骨藏在那里。想当年太祖高皇帝与诚意伯刘基、中山王徐达、东瓯王汤和一起勘定帝陵位置，各自写下自己中意的陵址，藏在衣袖中，结果三个人不谋而合选了钟山，于是帝陵的位置就定在了这里。陵门左侧有孙权的墓地，臣下请求把它移走。太祖说："孙权也算是条好汉子，就留他在那里守门吧。"等到破土开挖的时候，发现该处地下有梁代志公禅师圆寂塔，禅师的真身一点也没有腐烂，长长的指甲在身上缠绕了好多圈。士兵们怎么抬都抬不起来。太祖亲自过来拜祭他，并许诺用金棺银椁来装殓他，特赐三百六十顷庄田以供奉香火，禅师真身这才被抬到灵谷寺建塔安置。现在寺里的僧众有数千名，一天能吃掉一块庄田的粮食。陵墓建成后，外面的墓道被封闭了，没有人知道陵墓的具体位置。现在能看见的，只有三道门、一间飨殿、一间寝殿，以及莽莽苍苍的后山而已。

壬午年（1642）七月，朱兆宣担任太常寺典簿，中元节祭祀时，我跟随去观摩祭祀大典。只见飨殿深邃肃穆，暖阁距离飨殿三尺远，用绣有黄龙的帷幔遮着。暖阁中设有两把交椅，椅上铺着黄锦做的褥垫，垫上有用孔雀翎织就的正面龙图案，非常华美庄重。毛毡铺地，人走上去必须脱去鞋子放轻脚步。稍微咳嗽一下，内侍就会呵斥道："不要惊扰了圣驾！"靠近暖阁下设有一个牌位，稍稍靠前一点，是硕妃之位，她是成祖皇帝的亲生母亲。成祖出生后，孝慈皇后把他当成自己生的孩子来养，这件事十分隐秘。再往下，东西两排共设四十六个席位，有的实设，有的虚设。祭品非常简陋。用的是朱红色的木簋、木壶、木酒尊，十分粗糙简朴。簋里只有三片肉、一小撮粉、几粒黄米、一小盆东瓜汤而已。暖阁上方摆着一张几案，上面陈列着一个铜炉、两个插筷子用的小瓶子、两个木杯子。下方摆着一张大几案，陈列的也只有一副太牢、一副少牢而已。其他时候的祭祀情况也许与此不同，但我所见到的就是这样。祭祀的前一天，太常寺的官员们打开牺牲所的中门，以鼓乐与旗帜引导牛羊自己从门里出来，牛羊身上都盖着绣有龙纹的袱被。到了宰割所，用四条绳索捆住牛蹄子。太常寺官员到了之后，让牛正对着他们站着，他们朝牺牲作揖，揖下去尚未起身，牛头就已经被割下来送进燖所里去烫了。烫熟后，把牛头抬到飨殿。第二天五更时分，魏国公到了，主持祭祀仪式。太常寺官员不跟随祭祀班列，而是站在飨殿上恭候。祭祀完毕，牛羊已经腐烂得臭不可闻了。平日里每天献祭两次，也由魏国公陪祀，每天都要到场。

戊寅年（1638），我寓居南京鹫峰寺，听说孝陵上空冒出一股黑气，直冲入牛宿与斗宿间，前后延续了一百多天。我夜里起床观察，也看到了。从此以后流贼肆虐，处处军情告急。壬午年（1642），成国公朱纯臣与王应华奉皇命修葺孝陵，把枯死了三百年的老树都挖出来当柴烧，为了挖到树根，向地下挖了几丈深，懂风水的人说这是伤了龙脉，泄漏了王气。如今果然有了亡国的"甲申之变"，那么纵使把王应华千刀万剐也不够赎罪的呀。孝陵享受珍馐祭奠二百八十二年了，今年清明节，竟然连一盂麦饭的供奉也得不到，想到这里，不由得让人哽咽哀号。

报 恩 塔

中国之大古董，永乐之大窑器，则报恩塔是也[1]。报恩塔成于永乐初年，非成祖开国之精神、开国之物力、开国之功令，其胆智才略足以吞吐此塔者，不能成焉。

塔上下金刚佛像千百亿金身。一金身，琉璃砖十数块凑砌成之，其衣褶不爽分，其面目不爽毫，其须眉不爽忽，斗笋合缝，信属鬼工。闻烧成时，具三塔相，成其一，埋其二，编号识之。今塔上损砖一块，以字号报工部[2]，发一砖补之，如生成焉。

夜必灯，岁费油若干斛。天日高霁，霏霏霭霭，摇摇曳曳，有光怪出其上，如香烟缭绕，半日方散。永乐时，海外夷蛮重译至者百有余国^[3]，见报恩塔，必顶礼赞叹而去，谓四大部洲所无也^[4]。

【注释】

[1] 报恩塔：在南京聚宝门（今中华门）外报恩寺内，始建于三国吴赤乌年间，明永乐十年重建，藏有舍利，后毁于战火。

[2] 工部：指南京工部衙门，掌工程建筑。

[3] 重译：谓远方殊俗，道路绝远，言语不通，需辗转翻译。

[4] 四大部洲：佛经谓须弥山四方咸海中有四洲，即东胜身洲、南赡部洲、西牛货洲、北俱卢洲。借指域外各国。

【译文】

中国的一件大古董，永乐年间烧制的一件大瓷器，就是报恩塔了。报恩塔建成于永乐初年，若不是有成祖皇帝开国的奋发精神、开国的雄厚物力、开国的严明法度，以及他那样足以吞吐此塔的雄才大略、胆识智谋，是建不成的。

塔身上下共有千百亿个金刚佛像的金身，每一个金身都用十多块琉璃砖拼嵌砌成，他们的衣服褶皱、面容眼睛、胡须眉毛都一模一样，不差分毫，接榫的地方处理得严丝合缝，实乃鬼斧神工。听说这些琉璃砖烧成的时候，按照塔的形制烧成了完整的三副，其中一副用来造塔，其他两副就埋起来，都标记上了相应的编号。如今塔上若是损坏了一块砖，把它的编号报给工部，挖出相应编号的一块砖来补上去，贴合得就像建成时这块砖本就在那儿一样。

报恩塔晚上一定会亮灯，一年要用掉好几斛的灯油。天气晴朗的日子，灯光迷迷离离，摇摇晃晃，塔上方出现怪异的光影，如同焚香的烟雾缠绵于此，要半天工夫才能散去。永乐年间，从海外远道而来的夷蛮之邦有一百多个，他们见到报恩塔，一定会顶礼膜拜、赞叹一番再离开，他们说这样的塔是四大部洲从未见过的奇观。

天 台 牡 丹

天台多牡丹[1]，大如拱把，其常也。某村中有鹅黄牡丹，一株三干，其大如小斗，植五圣祠前[2]。枝叶离披，错出檐甍之上，三间满焉。花时数十朵，鹅子、黄鹂、松花、蒸栗，萼楼穰吐[3]，淋漓簇沓。土人于其外搭棚演戏四五台，婆娑乐神。有侵花至漂发者[4]，立致奇祟。土人戒勿犯，故花得蔽芾而寿[5]。

【注释】

[1] 天台：即天台山，在浙江天台县北。 牡丹：自宋以来，独以黄紫为贵，所谓"姚黄魏紫"。明清时，姚黄渐稀，惟紫者多有。明王世懋于中州购得"黄楼子"，便觉一生无余憾。清初陈淏子《花镜》列数牡丹正黄、大红、粉红紫、白、青诸色，唯黄最少，仅十一品，其中"淡鹅黄"是其一。下文鹅子、黄鹂、松花、蒸栗皆"鹅黄"四类分支品种。

[2] 五圣祠：祭祀古帝王尧、舜、禹、汤、周文王之祠庙，说见《小学绀珠》卷五《历代类》。一说，吴越等地区民间所祀之五通神。

[3] 萼楼穰吐：花萼层叠似楼，朵朵盛开。穰，丰盛。

[4] 漂发：意为触动伤及毫发。漂，通"秒"，细微。《战国策·齐策》："象床之直千金，伤此若发漂，卖妻子不足偿之。"

[5] 蔽芾：茂盛貌。《诗·召南·甘棠》："蔽芾甘棠，勿剪勿伐。"

【译文】

天台山上牡丹很多，开得有两手合围那么大的，都很常见。有个村子里有一种鹅黄牡丹，一棵植株上伸出三根茎干，花开有小斗那么大，种在五圣祠前面。它枝叶纷繁披散，在檐头砖瓦上探头探脑，爬满了三间房子。花开时能开数十朵，有鹅黄、鹂黄、松花色、蒸栗色等各种黄，一瓣瓣一层层递相吐艳，开得酣畅淋漓，热热闹闹。当地人在祠外搭棚子演上四五台戏，用轻歌曼舞来取悦花神。若有伤及花朵一丝一毫的，就会立即召来奇祸。当地人都谨守规矩不触犯它，所以此花能够枝繁叶茂，花开年年。

金乳生草花

金乳生喜莳草花[1]。住宅前有空地，小河界之。乳生濒河构小轩三间，纵其趾于北[2]，不方而长，设竹篱经其左。北临街，筑土墙，墙内砌花栏护其趾。再前，又砌石花栏，长丈余而稍狭。栏前以螺山石垒山披数折[3]，有画意。

草木百余本，错杂莳之，浓淡疏密，俱有情致。春以莺粟[4]、虞美人为主，而山兰、素馨、决明佐之；春老，以芍药为主，而西番莲、土萱、紫兰、山矾佐之[5]。夏以洛阳花、建兰为主[6]，而蜀葵、乌斯菊、望江南、茉莉、杜若、珍珠兰佐之[7]。秋以菊为主，而剪秋纱、秋葵、僧鞋菊、万寿芙蓉、老少年、秋海棠、雁来红、矮鸡冠佐之[8]。冬以水仙为主，而长春佐之[9]。其木本，如紫白丁香、绿萼、玉蝶、蜡梅、西府、滇茶、日丹[10]、白梨花，种之墙头屋角，以遮烈日。

乳生弱质多病，早起不盥不栉，蒲伏阶下，捕菊虎[11]，芟地蚕[12]，花根叶底，虽千百本，一日必一周之。癞头者火蚁[13]，瘠枝者黑蚰[14]，伤根者蚯蚓、蜒蚰[15]，贼叶者象干、毛猬[16]。火蚁，以鲞骨鳖甲置旁，引出弃之；黑蚰，以麻裹箸头，捋出之；蜒蚰，以夜静持灯灭杀之；蚯蚓，以石灰水灌河水解之；毛猬，以马粪水杀之；象干虫，磨铁线，穴搜之。事必亲历，虽冰龟其手，日焦其额，不顾也。青帝喜其勤^[17]，近产芝三本，以祥瑞之。

【注释】

[1] 金乳生：人名，擅长园艺的花匠。《越中园亭记》："金乳生，植草花数百本，多殊方异种，虽老圃不能辨识，四时烂熳如绣。"

[2] 纵其趾：拓展宅基。

[3] 山披：倚墙壁、围栏垒制的一种假山。

[4] 莺粟：即罂粟。

[5] 西番莲，又名铁线莲。 山矾：一名芸香、七里香，叶如冬青，花白而小。

[6] 洛阳花：又称锦团石竹，多年生草本，花出枝杪，五色俱备。

[7] 乌斯菊：或即西番菊，多年生藤本。

[8] 剪秋纱：一名汉宫秋，叶似春罗而微深有尖。

[9] 长春：一名金盏草，茎上开花。

[10] 紫白丁香：丁香花有紫、白二种，清香袭人。 绿萼：凡梅花跗蒂皆绛紫色，此独纯绿，枝梗亦青，为梅中高品。 玉楪：又作玉蝶，花头大而微红。 西府：即西府海棠，其木坚而多节，红紫色。 日丹：山茶之别种，红者谓之日丹，白者谓之月丹。

[11] 菊虎：一种小天牛，五、六月间出现成虫，咬破菊茎，幼虫蛀食茎心为害。

[12] 地蚕：一名土蛹，为食菜蔬之叶、伤菊之根的害虫。

[13] 瘫头：谓使菊头枯萎。 火蚁：即蚍蜉，大蚂蚁。

[14] 黑蚰：一种害菊之虫。

[15] 蜒蝣：又作蜒蚰，俗称鼻涕虫，形似去壳蜗牛，为农作物害虫。

[16] 象干：即造桥虫，似蚕而青，食叶害虫。 毛猬：刺毛虫。

[17] 青帝：司春之神及花神。

【译文】

金乳生喜欢种花养草。他家宅院前面有一片空地，是由一条小河隔出来的。他在临河处建了三间小轩，任由小轩的地基向北延伸，修成了不方而偏长的形状，并且在小轩的左边围上了竹篱笆。宅院北面临街，他就造了一堵土墙，墙里面又修了花栏来保护墙基。再靠前一点的地方，又砌了一道石花栏，长一丈多而稍显狭窄。花栏前面用螺山石堆叠出几处假山，很有诗情画意。

他家的草本花卉有一百多个品种，错落有致地种在一起，浓淡相间、疏密有序，都很有情趣韵味。春天是罂粟花和虞美人唱主角，山兰、素馨、决明子做配角；暮春时芍药盛开，而有西番莲、土萱、紫兰、山矾伴其左右。夏天是洛阳花和建兰的天下，而蜀葵、乌斯菊、望江南、茉莉、杜若、珍珠兰也次第开放。秋天里菊花独领风骚，而剪秋纱、秋葵、僧鞋菊、万寿芙蓉、老少年、秋海棠、雁来红、矮鸡冠也悄然绽放。冬天里水仙朵朵开，有长春花与之相伴。至于木本花卉，如紫白丁香、绿萼、玉楪、蜡梅、西府海棠、滇山茶、日丹、白梨花，都种在墙头屋角，以此遮挡烈日暴晒。

金乳生体弱多病，早晨起床后脸也不洗、头也不梳，就蓬头垢面地趴在台阶下，捉天牛、除地蚕，不管这些害虫是躲在花草根部还是枝叶底下，哪怕花草多达成百上千株，他也要在一天之内全部清理一遍。让花朵枯萎的有火蚁、让枝叶凋零的有黑蚰、伤根的有蚯蚓、蜒蟓，伤叶的有象干、毛猬。对付火蚁，是用鳖骨和鳖甲放在花旁把它引出来除掉它；对付黑蚰，是用麻裹住筷子头，把它顺着筷子捋出来；对付蜒蟓，是夜深人静时用灯光诱杀它；对付蚯蚓，是用石灰水兑入河水来消灭它；对付毛猬，是用马粪水杀灭它；对付象干虫，是磨根铁丝伸到它的洞里去搜捕它。这些事情金乳生都亲力亲为，即便是冰雪冻裂了双手，烈日晒焦了额头，他也不管不顾。花神青帝喜欢他这份勤快，近来让他的花园里长出了三株灵芝，作为特别赐给他的祥瑞。

日　月　湖

宁波府城内，近南门，有日月湖[1]。日湖圆，略小，故日之；月湖长，方广，故月之。二湖连络如环，中亘一堤，小桥纽之。

日湖有贺少监祠[2]。季真朝服拖绅，绝无黄冠气象[3]。祠中勒唐玄宗饯行诗以荣之[4]。季真乞鉴湖归老[5]，年八十余矣。其《回乡》诗曰："幼小离家老大回，乡音无改鬓毛衰。儿孙相见不相识，笑问客从何处来？"八十归老，不为早矣，乃时人称为"急流勇退"，今古传之。季真曾谒一卖药王老，求冲举之术[6]，持一珠贻之。王老见卖饼者过，取珠易饼，季真口不敢言，甚懊惜之。王老曰："悭吝未除，术何由得？"乃还其珠而去。则季真直一富贵利禄中人耳！《唐书》入之《隐逸传》，亦不伦甚矣。

月湖一泓汪洋，明瑟可爱，直抵南城。城下密密植桃柳，四围湖岸，亦间植名花果木以萦带之。湖中栉比者，皆士夫园亭，台榭倾圮，而松石苍老。石上凌霄藤有斗大者，率百年以上物也。四明缙绅[7]，田宅及其子，园亭及其身，平泉木石[8]，多暮楚朝秦。故园亭亦聊且为之，如传舍衙署焉。屠赤水娑罗馆[9]，亦仅存娑罗而已，所称"雪浪"等石，在某氏园久矣。

清明日，二湖游船甚盛，但桥小，船不能大。城墙下址稍广，桃柳烂漫，游人席地坐，亦饮亦歌，声存西湖一曲[10]。

【注释】

[1] 日月湖：日湖和月湖的合称。日湖亦名南湖，月湖亦名西湖。

〔2〕贺少监：贺知章，字季真，越州永兴（今浙江萧山）人。累官至太子宾客、秘书监，性放诞嗜酒，善草隶。唐玄宗天宝初，请为道士还乡。

〔3〕黄冠：道士所戴。

〔4〕《新唐书·贺知章传》："天宝初，病，梦游帝居，数日寤，乃请为道士，还乡里，诏许之，以宅为千秋观而居。又求周宫湖数顷为放生池，有诏赐镜湖剡川一曲。既行，帝赐诗，皇太子百官饯送。"

〔5〕鉴湖：在浙江绍兴西南，又名镜湖、长湖、庆湖。

〔6〕冲举之术：飞升成仙之术。

〔7〕四明：旧时浙江宁波府别称，因境内有四明山得名。

〔8〕平泉木石：唐李德裕在洛阳平泉建别墅，谓"以吾平泉一草一木与人者，非吾子孙也"。德裕去世不久，其子即遭杀身之祸，平泉胜地遂荒芜。

〔9〕屠赤水：屠隆，字长卿，号赤水，浙江鄞县人。晚明文学家。　娑罗馆：屠隆所建别墅。

〔10〕西湖：即月湖，在府治西南，中有十景，为宁波游览胜地。及明初，湖尚存，而其中汀洲岛屿多废。

【译文】

宁波府城里靠近南门的地方有日、月两湖。日湖圆圆的，略小一些，所以叫日湖；月湖长长的，湖面宽广，所以叫月湖。两个湖像连环一样前后相接，中间横亘着一道湖堤，堤上有座小桥成为贯通两湖的纽带。

日湖边有唐贺知章的祠堂。他的塑像身穿朝服，拖着长长的绶带，没有一丝道士气。祠堂中刻上了唐玄宗赐他的饯行诗以示荣宠。贺知章请求还乡鉴湖时，已经八十多岁了，他的《回乡》诗写道："幼小离家老大回，乡音无改鬓毛衰。儿孙相见不相识，笑问客从何处来？"八十岁才告老还家，不算早了，可是竟然被当时的人称作"急流勇退"，传颂至今。贺知章曾经去拜谒一位卖药的王老汉，寻求得道成仙的法门，送给对方一颗宝珠。王老汉看见卖饼的人经过，就拿那颗宝珠换饼，贺知章嘴上不敢说什么，心里很是懊恼不舍。王老汉说："你心里吝啬的毛病尚未根除，又能从哪儿学得修仙之术呢？"

于是把宝珠还给他就走了。由此可见贺知章只不过是一个贪恋荣华富贵、功名利禄的人罢了。《唐书》把他归入《隐逸传》，也过于不伦不类了。

月湖浩大宽广，明净澄澈，惹人喜爱，湖水直达南城。城下密密麻麻地种满了桃树和柳树，环绕着湖岸四周，也间杂种植着名贵的花果树木。湖中像梳齿那样密密排列的，都是士大夫的园林亭台，如今亭台楼榭都倾颓破败了，松石也苍苍老矣。石头上爬着的凌霄藤有开斗大的花的，大概有上百年历史了。宁波一带的士大夫们，他们的田地宅院只能传到子辈，园林亭台只能终己一身，就如同唐李德裕平泉别墅的一木一石，大都朝秦暮楚，频频转手。所以他们建造园林亭台也只是草草了事，像建驿馆或官府衙门一样。比如屠隆的娑罗馆，如今也只剩下娑罗树罢了，所谓的"雪浪"等名石，早就被挪到他人的园子里去了。

清明这一天，两湖上的游船特别多，但由于桥太小了，游船不能太大。城墙脚下地方比较宽敞，桃花烂漫，垂柳依依，游人来此席地而坐，纵酒放歌，歌声飘荡在西湖一角久久不息。

金 山 夜 戏

崇祯二年中秋后一日[1]，余道镇江往兖[2]。日晡，至北固[3]，舣舟江口。月光倒囊入水，江涛吞吐，露气吸之，噀天为白。余大惊喜。移舟过金山寺，已二鼓矣。经龙王堂，入大殿，皆漆静。林下漏月光，疏疏如残雪。

余呼小仆携戏具，盛张灯火大殿中，唱韩蕲王金山及长江大战诸剧[4]。锣鼓喧填，一寺人皆起看。有老僧以手背搓眼翳，翕然张口，呵欠与笑嚏俱至。徐定睛视，为何许人，以何事何时至，皆不敢问。剧完，将曙，解缆过江。山僧至山脚，目送久之，不知是人是怪是鬼。

【注释】

[1]崇祯二年：公元 1629 年。

[2]兖：兖州，在今山东省境内。

[3]北固：山名。在今江苏镇江东北。以北峰三面临江，地形险要，故称"北固"。

[4]韩蕲王：韩世忠，字良臣，绥德(今陕西)人。南宋抗金名将。死后追封蕲王。曾率八千人阻止十万金兵渡江，与兀术大战黄天荡，达四十八日。明人传奇《双烈记》演其事。　金山：又名金鳌岭、浮玉山，在镇江西北，濒临长江。

【译文】

　　崇祯二年(1629)中秋节后的一天，我取道镇江前往兖州。日暮时分，抵达北固山，把船停在江口。此时，月光如流水倾囊而下，灌注入江，在江面上随波涛上下起伏，经露气浸润，弥漫得天空亮白一片。看得我又惊又喜。船行至金山寺时，已经是二更天了。我们经过龙王堂，步入大殿，四周漆黑一片，寂静无声。林间漏下斑斑点点的月光，疏疏落落，如残雪一般。

　　我唤小厮把唱戏的行头拿出来，把大殿里搞得灯火通明，唱起韩世忠在金山及长江上大战金兵的几出戏。锣鼓喧天响，把全寺的人都闹将起来看戏。有位老和尚用手背揩拭着眼屎，突然张大了嘴巴，呵欠伴着笑声和喷嚏一起出来了。他们小心地走近前来盯着我们细看，想弄清楚我们是些什么人，因为什么事情、什么时候到寺里来的，但是都不敢开口问。等戏唱完了，天也快亮了，我们解开缆绳乘船渡江而去。山僧们追到山脚下，久久地目送我们远去，搞不清我们究竟是人、是怪，还是鬼。

筠　芝　亭

　　筠芝亭[1]，浑朴一亭耳。然而亭之事尽，筠芝亭一山之事亦尽。吾家后此亭而亭者，不及筼芝亭；后此亭而楼者、阁者、斋者，亦不及。总之，多一楼，亭中多一楼之碍；多一墙，亭中多一墙之碍。太仆公造此亭成[2]，亭之外更不增一椽一瓦，亭之内亦不设一槛一扉，此其意有在也。

亭前后，太仆公手植树皆合抱，清樾轻岚，潆潆翳翳，如在秋水。亭前石台，猎取亭中之景物而先得之。升高眺远，眼界光明。敬亭诸山，箕踞麓下；溪壑萦回，水出松叶之上。台下右旋，曲磴三折，老松偻背而立。顶垂一干，倒下如小幢；小枝盘郁，曲出辅之，旋盖如曲柄葆羽[3]。癸丑以前[4]，不垣不台，松意尤畅。

【注释】

　　[1]筼芝亭：张岱高祖张天复建，叔祖张懋之改建，位于绍兴卧龙山右岭下。

　　[2]太仆公：即张天复，字复亨，号内山。嘉靖进士，官至云南按察司副使，太仆寺卿。

　　[3]葆羽：车盖羽扇，古代仪仗。

　　[4]癸丑：万历四十一年（1613）。

【译文】

　　筼芝亭，一座朴朴素素的亭子罢了。然而这座亭子建成后，它所在的整座山就没什么值得再建的了。我家在此后建造的亭子，都不如筼芝亭；在此后建造的楼、阁、斋，也都不如这座亭子。总而言之，多建一座楼，亭里就多了一座楼来碍眼；多垒一堵墙，亭里就多了一堵墙来添堵。我的高祖太仆公当年建成这座亭时，在亭外不曾多添一根椽一片瓦，亭内也不曾多设一道槛一扇门，是有他的道理在的。

筼芝亭前后，太仆公亲手种下的树木都已经有两手环抱那么粗了，绿树浓荫下雾气氤氲，置身其间如临秋水，清凉舒爽。亭前有一个石台，站在那里可以将亭中景色先睹为快。登上高台，极目远眺，眼前豁然开朗。敬亭等山在山脚下绵延起伏，溪流在山谷间蜿蜒回旋，溪水就像是从松叶上流淌出来的。石台下右转，随着台阶绕三个弯，可见一株老松佝偻着背站在那里。树顶垂下来一根枝干，倒挂的样子像小锦幢；小松枝虬曲葱茏，盘绕其上，在伞盖上回旋往复，看上去就如一顶曲柄的鸟羽华盖。癸丑年（1613）之前，这里还没建垣墙和石台的时候，这株老松的神韵更能酣畅淋漓地展现出来。

砎　　园

砎园[1]，水盘据之，而得水之用，又安顿之若无水者。寿花堂，界以堤，以小眉山，以天问台，以竹径，则曲而长，则水之。内宅，隔以霞爽轩，以酴醾，以长廊，以小曲桥，以东篱，则深而邃，则水之。临池，截以鲈香亭、梅花禅，则静而远，则水之。缘城，护以贞六居，以无漏庵，以菜园，以邻居小户，则闷而安，则水之。水之用尽，而水之意色，指归乎庞公池之水[2]。庞公池，人弃我取，一意向园，目不他瞩，肠不他回，口不他诺，龙山蟰蜒[3]，三折就之，而水不之顾。人称砎园能用水，而卒得水力焉。大父在日[4]，园极华缛。有二老盘旋其中，一老曰："竟是蓬莱阆苑了也！"一老咈之曰："个边那有这样！"

【注释】

　　［1］砎园：张岱祖父张汝霖于天启元年（1621）归乡养病时所建园林。祁彪佳《越中园亭记》："张肃之先生晚年筑室于龙山之旁，而开园其左，有鲈香亭临王公池上。凭窗眺望，收拾龙山之胜殆尽。寿花堂、霞爽轩、酣漱阁，皆在水石萦回、花木映带处。"

　　［2］庞公池：在卧龙山之西，旧为王公池，宋皇祐间王逵知越州（今绍兴）时建。详卷七《庞公池》。

　　［3］龙山：即卧龙山，在绍兴城中，盘旋回绕，形若卧龙，故名。蠖蚵：蜿蜒游动貌。

　　［4］大父：即作者祖父张汝霖，字肃之，号雨若，又号砎园居士。万历进士。历官广昌知县，兵部主事、参议。

【译文】

　　砎园是水的盘踞地，因而它巧借了水流之利，却又布置得像水根本不存在一样不着痕迹。寿花堂周围用小堤、小眉山、天问台、竹径与他处相隔，显得曲折绵长，是巧用了水。内宅周围用霞爽轩、酣漱阁、长廊、小曲桥、东篱与他处相隔，显得幽深静谧，是巧用了水。靠近庞公池的地方有鲈香亭、梅花禅横亘其间，显得宁静幽远，是巧用了水。沿城墙一带有贞六居、无漏庵、菜园以及邻家小院环绕着，显得幽静而安宁，是巧用了水。水之妙用达到了极致，而水之意蕴风神，主要得益于庞公池的水。庞公池，别人都弃置不用，而砎园则选中它为己所用。它径直流向砎园，目不斜视，心无旁骛，口无二话，卧龙山在旁边蜿蜒而过，几次三番折过来亲近它，它都置之不理。人们都说砎园善于利用水，所以最终得到了水的助力。我祖父健在时，砎园极尽奢华富丽。有两位老人在园中盘桓良久，其中一个说："这简直是到了蓬莱仙境了呀。"另一个反驳道："那边哪有这里好呢！"

葑门荷宕

天启壬戌六月二十四日[1]，偶至苏州，见士女倾城而出，毕集于葑门外之荷花宕[2]。楼船画舫，至鱼艫小艇，雇觅一空。远方游客有持数万钱无所得舟，蚁旋岸上者。余移舟往观，一无所见。宕中以大船为经，小船为纬，游冶子弟，轻舟鼓吹，往来如梭。舟中丽人，皆倩妆淡服，摩肩簇舄，汗透重纱。舟楫之胜以挤，鼓吹之胜以杂，男女之胜以溷，嚣暑熏烁[3]，靡沸终日而已。

荷花宕经岁无人迹，是日，士女以鞋靸不至为耻。袁石公曰[4]："其男女之杂，灿烂之景，不可名状。大约露帏则千花竞笑，举袂则乱云出峡，挥扇则星流月映，闻歌则雷辊涛趋[5]。"盖恨虎丘中秋夜之模糊躲闪[6]，特至是日而明白昭著也。

【注释】

[1] 天启壬戌：公元 1622 年。

[2] 葑门：江苏吴县城东门。

[3] 嚣（xiāo）暑熏（xún）烁：暑气蒸郁炙人。嚣，气向上冲。熏，炙烤。

[4] 袁石公：袁宏道，字中郎，号石公。万历进士，知吴县，官至吏部郎中。引文见袁宏道《锦帆集·荷花荡》。

[5] 雷辊：雷声如滚动的车轮所发出的巨响。

[6] "盖恨"句：详见卷五《虎丘中秋夜》一文。

【译文】

天启壬戌年（1622）六月二十四日，我偶然来到苏州，看到男男女女全城出动，都聚集到葑门外的荷花宕。从楼船画舫到渔船小舟，全被雇完了。远来的游客中有人拿着几万钱也雇不到船，急得像热锅上的蚂蚁在岸上团团转。我乘着船过去看，却没看到什么特别的。只不过是荷花宕中大船小船纵横交织，嬉戏的男子们驾着轻快的小舟、奏着鼓乐在宕中来往穿梭。船上的佳丽们都化着精致的妆容、穿着淡雅的衣衫，摩肩接踵挤在一起，香汗湿透了好几重纱衣。舟船之拥挤不堪，锣鼓之嘈杂不堪，男男女女之混杂不堪，伴随着暑热熏炙，足足闹腾一整天罢了。

荷花宕一年到头人迹罕至，但这一天，全城的男男女女都以未到此一游为耻。袁宏道《荷花荡》一文说："这一日男女之拥挤杂沓、现场之喧闹绚烂，难以描摹。大致的情形是：揭开帷幕就可见千朵美人面竞相绽放，举起袖子就犹如朵朵云彩飘出峡谷，挥动扇子就如同月光下流星飞逝，听听歌声则犹如雷声滚滚、骇浪滔滔。"大概他们是惋惜中秋之夜在虎丘大家暧暧昧昧、躲躲闪闪，于是特地在这一天正大光明地一起厮闹吧。

越 俗 扫 墓

越俗扫墓[1]，男女袨服靓妆，画船箫鼓，如杭州人游湖，厚人薄鬼，率以为常。二十年前，中人之家尚用平水屋帻船，男女分两截坐，不坐船，不鼓吹。先辈谑之曰："以结上文两节之意。"后渐华靡，虽监门小户[2]，男女必用两坐船，必巾，必鼓吹，必欢呼畅饮。下午必就其路之所近，游庵堂寺院及士夫家花园。鼓吹近城，必吹《海东青》、《独行千里》，锣鼓错杂。酒徒沾醉，必岸帻嚣嚎[3]，唱无字曲，或舟中攘臂，与侪列厮打。自二月朔至夏至，填城溢国，日日如之。

乙酉，方兵划江而守[4]，虽鱼�艋菱舠，收拾略尽。坟垅数十里而遥，子孙数人挑鱼肉楮钱，徒步往返之，妇女不得出城者三岁矣。萧索凄凉，亦物极必反之一。

【注释】

[1] 越俗扫墓：《绍兴府志》卷一八："清明日，人家插柳祀墓，后数日，或偕少长行赏郊外，曰踏青。亦有盛声乐，移舟名胜地，为终日游者。亦袭下湖之名，每景色晴霁，澄湖曲川，画船相尾，罗绮繁华，与桃李相穿映。"

[2] 监门：看守城门或里门的吏卒。

[3] 岸帻：高卷头巾，露出前额，行为放任，不拘小节。

[4] 乙酉：清顺治二年（1645）。 方兵：方国安部下士兵。国安，字磐石，浙江诸暨人，少无赖。顺治二年，鲁王监国，封镇东侯，率军守钱塘江，不战而溃，自焚其营，后降清被诛。

【译文】

越地的扫墓习俗是，男男女女都身着盛装，打扮得光鲜靓丽，坐着画舫，吹箫打鼓，就如同杭州人清明游西湖一样，这种厚待生人、薄待死者的习俗，大概人们都习以为常了。二十年前，中等人家还只能用平水屋帻船，而且男女分两截坐，不用座船，也不鼓乐吹笙。老一辈人开玩笑说："这就好像一篇文章分上下两节的做法。"后来渐渐浮华奢靡起来，即便是小家小户，男男女女也一定会分乘两只座船，一定会头裹头巾，一定会吹吹打打，一定会欢歌笑语开怀痛饮。下午一定会顺路游览附近的庵堂寺院及士大夫的私家园林。鼓乐靠近城门的时候，一定会吹奏《海东青》和《独行千里》二曲，锣鼓交错齐鸣。喝得酩酊大醉的酒鬼，一定会歪戴着头巾大声喧嚣嚎叫，嘴里哼唱着没有词、不着调的曲子，有的更是在船上捋起袖子和同伴们打闹起来。从二月初一到夏至日，到处人山人海，快要满出来了，每天都是这样。

乙酉年（1645），方国安部下兵士据守钱塘江，哪怕是小渔船和小菱舟都被收缴一空。那些坟墓在几十里以外的人家，只能靠子孙们挑着鱼肉祭品和纸钱步行往返其间，妇女们已经有三年时间没办法出城了。这一派萧瑟凄凉的景象，也算是物极必反的一例了。

奔 云 石

南屏石无出"奔云"右者[1]。"奔云"得其情，未得其理。石如滇茶一朵，风雨落之，半入泥土，花瓣棱棱，三四层折。人走其中，如蝶入花心，无须不缀也。

黄寓庸先生读书其中[2]，四方弟子千余人，门如市。余幼从大父访先生，先生面鬈黑，多髭须，毛颊，河目海口，眉棱鼻梁，张口多笑。交际酬酢，八面应之，耳聆客言，目睹来牍，手书回札，口嘱侯奴，杂沓于前，未尝少错。客至，无贵贱，便肉便饭食之，夜即与同榻。余一书记往[3]，颇秽恶，先生寝食之不异也。余深服之。

丙寅至寓林[4]，亭榭倾圮，堂中窀先生遗蜕[5]，不胜人琴之感[6]。余见"奔云"黝润，色泽不减，谓客曰："愿假此一室，以石砺门，坐卧其下，可十年不出也。"客曰："有盗。"余曰："布衣褐被，身外长物则瓶粟与残书数本而已。王弇州不曰'盗亦有道'也哉[7]？"

【注释】
　　[1] 南屏：南屏山，在杭州西湖南路，峰峦耸秀，怪石玲珑，峻壁横坡，宛若屏障。
　　[2] 黄寓庸：黄汝亨，字贞父，号寓庸，仁和（今浙江杭州）人。万历进士，官至江西布政司参议。
　　[3] 书记：古代从事公文或代私人处理文书者。
　　[4] 丙寅：即天启六年（1626）。　寓林：黄汝亨在杭州西湖之园林，读书处。
　　[5] 窀（zhūn）：埋葬，此指保藏。　遗蜕：遗骨、遗物。
　　[6] 人琴之感：对逝者的伤悼之情。《晋书·王徽之传》：献之卒，徽之"取献之琴弹之，久而不调，叹曰：'呜呼子敬，人琴俱亡！'"

[7] 王弇州：王世贞，字元美，号弇州山人，江苏太仓人。嘉靖进士，累官南京刑部尚书。为明文坛"后七子"领袖。　盗亦有道：语出《庄子·胠箧》。世贞稍变其语为"盗亦有公是非"，意为盗贼亦有大家普遍认同的是非观念。事见《弇州山人续稿》卷八九《史传》（即《弘治三臣传》）。

【译文】

南屏山上的石头没有哪里能胜过奔云石的。"奔云"这个名字道出了这块石头的情韵，却未能描摹出它的形态。它看上去就好似一朵滇茶花，经风吹雨打跌落枝头，一半埋进了泥土，花瓣层次分明，叠了有三四重。人走在里面，就如同蝴蝶飞入了花心，没有哪个花须上不停一停看一看的。

黄寓庸先生就在这里读书，各地前来问学的弟子有一千多人，门庭若市。我幼时跟着祖父前去拜访过先生，先生面色黧黑，胡须浓密，连两颊都长满了毛发，眼长嘴阔，眉骨高、鼻梁挺，一开口就笑呵呵的。与人交际应酬，面面俱到，可以同时耳朵听着人说话，眼睛看着来信，手里写着回信，嘴里吩咐着下人，杂七杂八的事情都堆在眼前，他处理起来也没出过一点差错。有客人来，无论身份高低，他都拿家常肉食饭菜来招待，晚上就和对方一床睡。我的一个书记曾到他那里去，那是一个很邋遢的人，先生却照样招待他食宿，与他人没什么两样，这让我深感佩服。

丙寅年（1626）我到寓林，那里的亭台楼阁已经颓败倒塌了，堂中还埋着先生的遗物，不禁让人有人琴俱亡的感慨。我看到奔云石黝黑温润，色泽不减当年，就对旁人说："我希望能就着这间石室，垒起石头堵住门，呆在里面生活，这样我可以呆十年都不出去。"旁人说："小心有贼。"我答道："我粗衣粗被的，身外之物也只不过是一瓮米粮、几本破书罢了，谁会来偷呢。王世贞不是说过'盗亦有道'吗？"

木　犹　龙

木龙出辽海[1]，为风涛漱击，形如巨浪跳蹴，遍体多着波纹。常开平王得之辽东[2]，辇至京。开平第毁，谓木龙炭矣。及发瓦砾，见木龙埋入地数尺，火不及，惊异之，遂呼为龙。不知何缘出易于市，先君子以犀觥十七只售之[3]，进鲁献王[4]，误书"木龙"犯讳，峻辞之，遂留长史署中。

先君子弃世，余载归，传为世宝。丁丑诗社[5]，恳名公，人赐之名，并赋小言咏之。周墨农字以"木犹龙"[6]，倪鸿宝字以"木寓龙"[7]，祁世培字以"海槎"[8]，王士美字以"槎浪"[9]，张毅儒字以"陆槎"[10]，诗遂盈帙。

木龙体肥痴，重千余斤，自辽之京、之兖、之济，由陆。济之杭，由水。杭之江、之萧山、之山阴、之余舍，水陆错。前后费至百金，所易价不与焉。呜呼，木龙可谓遇矣！余磨其龙脑尺木[11]，勒铭志之，曰："夜壑风雷，骞槎化石[12]；海立山崩，烟云灭没；谓有龙焉，呼之或出。"又曰："扰龙张子[13]，尺木书铭；何以似之？秋涛夏云。"

【注释】

　　[1] 木龙：即木犹龙，一种化石。　辽海：此指辽东半岛周边的海域。

　　[2] 常开平王：常遇春，怀远（今属安徽）人。明开国功臣，封开平王。

　　[3] 先君子：指作者父张燿芳，字尔弢，号大涤。事详《琅嬛文集·家传》。

　　[4] 鲁献王：朱寿鋐，明宗室，藩国在山东兖州。寿鋐于万历二十九年封献王，张岱父曾任鲁藩长史。

[5] 丁丑：崇祯十年（1637）。

[6] 周墨农：周又新，号墨农。张岱之友，收藏家。

[7] 倪鸿宝：倪元璐，字玉汝，号鸿宝，浙江上虞人。官至户部尚书，兼翰林学士。李自成陷北京，元璐取帛自缢死。

[8] 祁世培：祁彪佳，字宏吉，号世培，山阴（今浙江绍兴）人。福王时出任右佥都御史，巡抚江南。清兵陷杭州，绝食后自沉湖中而死。

[9] 王士美：王业洵，字士美，明浙江余姚人。刘宗周弟子，善琴。

[10] 张毅儒：张弘，字毅儒，张岱族弟，曾入复社。

[11] 尺木：传说龙头上有一物如博山炉，名尺木，龙无此物不能升天。见《酉阳杂俎》。

[12] 骞槎：传说汉张骞奉武帝令出使大夏寻河源时所乘的浮槎，称骞槎。见宗懔《荆楚岁时记》。槎，木筏。

[13] 扰：驯养。

【译文】

木龙出自辽海，经风拍浪打而成，其外形就如同巨浪翻滚，通体都保留着海水冲刷的痕迹。开平王常遇春在辽东得到了它，用车把它运到了京城。开平王府毁于大火时，人们以为它也被烧成炭了。待到扒开瓦砾，只见它埋进地下有好几尺，火烧不到，人们惊奇万分，于是称它为"龙"。不知怎么回事它被拿到市场上来卖，我父亲用十七只犀觥做交换买下了它，进献给鲁献王，却在进献时不慎误写了"木龙"二字，犯了忌讳，被决绝地退了回来，于是它就留在了父亲作长史的官署中。

父亲去世后，我把它运回家，当作传家宝。丁丑年（1637）办诗社时，我请求社里的名士们每人惠赐它一个名字，并赋诗歌咏它。周墨农取名"木犹龙"，倪鸿宝取名"木寓龙"，祁世培取名"海槎"，王士美取名"槎浪"、张毅儒取名"陆槎"，所赋诗也录满了整整一册。

木龙形体粗笨庞大，重达一千多斤，从辽东到京城、到兖州、到济州，走陆路；从济州到杭州，走水路；从杭州到钱塘江、到萧山、到山阴，再到我家，时而走水路时而走陆路。前前后后用掉上百两银子，还没算上买它的花费。哎呀，木龙可算是知遇厚极了！我把龙头上的尺木磨平，在上面刻上铭文，内容是："幽谷中风雷大作，把张骞的浮槎变成了石头；海水倒流，高山崩裂，一切都烟消云散；据说这里藏着一条龙，唤它一声它就会横空出世。"又刻道："驯养木龙的张岱，在龙头尺木上写下了铭文；用什么来比拟这条木龙呢？它就如那秋天的钱塘江潮，夏天的双峰插云奇观。"

天　砚

　　少年视砚，不得砚丑。徽州汪砚伯至[1]，以古款废砚，立得重价，越中藏石俱尽。阅砚多，砚理出。

　　曾托友人秦一生为余觅石[2]，遍城中无有。山阴狱中大盗出一石，璞耳，索银二斤。余适往武林，一生造次不能办[3]，持示燕客[4]。燕客指石中白眼曰："黄牙臭口，堪留支桌。"赚一生还盗[5]。燕客夜以三十金攫去，命砚伯制一天砚，上五小星一大星[6]，谱曰"五星拱月"。燕客恐一生见，铲去大小三星，止留三小星。

　　一生知之，大懊恨，向余言。余笑曰："犹子比儿[7]。"亟往索看。燕客捧出，赤比马肝[8]，酥润如玉，背隐白丝类玛瑙，指螺细篆，面三星坟起如弩眼，着墨无声，而墨潘烟起。一生痴疤[9]，口张而不能翕。燕客属余铭，铭曰："女娲炼天，不分玉石。鳌血芦灰[10]，烹霞铸日；星河溷扰，参横箕翕[11]。"

【注释】
　　[1]汪砚伯：雕砚匠师。
　　[2]秦一生：绍兴富户，张岱之友，嗜好山水、音乐。

［3］造次：匆迫，仓卒。

［4］燕客：张萼，字燕客，张岱叔父葆生之子，好山水园艺、古董技艺。清兵入越，遂以死殉。

［5］赚：骗哄。

［6］上：指生于墨池之外的石眼，即所谓"高眼"，生于池内者称"低眼"。高眼尤贵，以其不为墨所浸渍。星：眼如星斗。见《遵生八笺·论砚》。

［7］犹子：侄儿。

［8］赤比马肝：端砚以赤紫为贵，见《砚笺》。

［9］痴疰：犹痴呆。

［10］鳌血芦灰：相传女娲断鳌（传说中的海中大龟）足以支撑四方，积芦灰以填塞洪水。

［11］参、箕：星座名。即参宿、箕宿，同属二十八宿之一。参，西方白虎七宿末一宿；箕，东方青龙七宿的末一宿。

【译文】

我年少时看砚台，看不出砚的好坏。徽州人汪砚伯来到绍兴后，用古式纹样雕刻废弃的砚台，那方砚立马就身价倍增，把绍兴一带收藏的所有砚石都一网打尽了。看的砚台多了，在鉴别砚台方面也就琢磨出一点门道来。

我曾经拜托友人秦一生帮我寻找砚石，他把全城都翻遍了也没找到。山阴监牢中的一个江洋大盗拿出一块石头来卖，是未经雕琢的璞石，要价二斤银子。我不巧到杭州去了，秦一生仓促之间不能擅自做主，就拿给我堂弟燕客参详。燕客指着石头上的一个白眼说："这个大盗真是黄牙臭口，信口开河，胡乱要价，此石只配留下来垫桌子。"骗秦一生把石头还给了大盗。当天晚上，燕客就花三十两银子把那块石头抢买走了，还让汪砚伯把它做成了一方天砚，上面有五颗小星一颗大星，砚谱上叫做"五星拱月"。燕客又怕秦一生认出来，就铲去了连大带小共三颗星，只留下三个小星。

秦一生知道了这件事，懊恼愤恨极了，到我面前抱怨。我笑着说："在燕客那儿和在我这儿是一样的。"就急急忙忙地到燕客那里要砚来看。燕客捧它出来，只见它通体赤紫如马肝，温润细腻如玉，背面像玛瑙一样隐隐透出白丝，刻着像指纹那样细小的篆文，正面三颗小星如弩眼般凸起，墨放进去磨起来润滑无声，而墨汁缓缓下沉，墨烟缕缕升起。秦一生看呆了，嘴巴大张着合也合不拢。燕客请我为这方砚写一篇铭文，我写的是："女娲炼石补天时，不管是美玉还是石头都被炼成了五色石。鳌血和着芦灰，酿就了云霞蒸蔚阳光万丈的奇观。银河翻涌，参、箕二星横陈于天际。"

吴 中 绝 技

　　吴中绝技：陆子冈之治玉[1]，鲍天成之治犀[2]，周柱之治嵌镶[3]，赵良璧之治梳[4]，朱碧山之治金银[5]，马勋、荷叶李之治扇[6]，张寄修之治琴[7]，范昆白之治三弦子[8]，俱可上下百年，保无敌手。但其良工苦心，亦技艺之能事，至其厚薄深浅，浓淡疏密，适与后世赏鉴家之心力、目力针芥相投[9]，是岂工匠之所能办乎？盖技也而进乎道矣。

【注释】

　　[1]陆子冈：又作陆子刚，明代玉工，所刻皆惨淡经营，线条圆转，如写于纸上，丝毫不爽。又能书画，有名于时，与都中士大夫抗礼。

　　[2]鲍天成：苏州雕刻名工，尤擅犀角杯。

　　[3]周柱：又作周翥、周制，善镶嵌，故又称"周嵌"，明嘉靖时人。以金银、宝石、螺甸、象牙等雕成山水人物、楼台树木、花卉翎毛，嵌檀梨漆器之上，因成奇玩。

　　[4]赵良璧：明艺人，除治梳外，又善制锡壶。

　　[5]朱碧山：元末明初人。浙江嘉兴著名银工。

　　[6]马勋：明艺人，与李昭、李赞、蒋诚等皆善治骨扇。　荷叶李：疑即李昭或李赞。

　　[7]张寄修：张越，字寄修，明艺人。

［8］范昆白：一作范昌白，明艺人。
［9］针芥相投：被磁石吸引的针和被琥珀吸引的芥，形容互相投契。

【译文】

吴中手艺人的绝活有：陆子冈的玉石雕琢，鲍天成的犀角雕刻，周柱的镶嵌技艺，赵良璧的梳子制作，朱碧山的金银器打造，马勋、荷叶李的制扇工艺，张寄修的制琴工艺，范昆白的三弦子制作，都能做到上下百年间绝对没人能匹敌的程度。然而他们的精良做工与苦心孤诣也只是着眼于手工技法的提高，至于让成品的厚薄深浅、浓淡疏密，恰好能够与后世鉴赏家的见识、眼光相投契，这哪里是一介工匠所能办到的呢？大概手艺的精进已经达到更高的"道"的层次了吧。

濮仲谦雕刻

南京濮仲谦[1]，古貌古心，粥粥若无能者[2]，然其技艺之巧，夺天工焉。其竹器，一帚一刷，竹寸耳，勾勒数刀，价以两计。然其所以自喜者，又必用竹之盘根错节，以不事刀斧为奇，则是经其手略刮磨之，而遂得重价，真不可解也。

仲谦名噪甚，得其一款，物辄腾贵。三山街润泽于仲谦之手者[3]，数十人焉，而仲谦赤贫自如也。于友人座间见有佳竹佳犀，辄自为之。意偶不属，虽势劫之、利啖之，终不可得。

【注释】

［1］濮仲谦：明末著名竹刻艺人，一说苏州人。刘銮《玉石瓠》：

"苏州濮仲谦，水磨竹器，如扇骨、酒杯、笔筒、臂阁之类，妙绝一时，亦磨紫檀、乌木、象牙，然不多。"

[2]粥粥(yù yù)：卑谦的样子。《礼记·儒行》："其难进而易退也，粥粥若无能也。"

[3]三山街：明代南京城南著名繁华长街，西起三山门，东近通济门。

【译文】

　　南京人濮仲谦面相古朴，心思淳朴，谦卑恭顺的样子乍看上去平淡无奇，然而他的雕刻技艺之精湛可谓巧夺天工。他雕刻的竹器，哪怕是一把扫帚、一个刷子，只不过是方寸大小的竹片罢了，他只消简单刻划几刀，就值好几两银子。不过他自己最喜欢的，又一定是选竹子根株盘屈、枝节交错的部分，以不必刀刻斧凿为奇，这样的竹子经过他亲手稍稍刮削打磨之后，就价值不菲了，真是不可思议呀。

　　濮仲谦大名鼎鼎，凡器物经他题款，就身价倍增。三山街一带因为得了他的题款而获利的有好几十人，但他自己却安于一贫如洗。和朋友聚在一起时，如果发现了上好的竹子和犀牛角，他就会自己主动刻起来。若是偶尔遇到不合他心意的竹子，哪怕威逼利诱他，也终究不肯动手雕刻。

卷 二

孔 庙 桧

己巳[1]，至曲阜谒孔庙[2]，买门者门以入。宫墙上有楼耸出，匾曰"梁山伯祝英台读书处"，骇异之。

进仪门，看孔子手植桧。桧历周、秦、汉、晋几千年，至晋怀帝永嘉三年而枯[3]。枯三百有九年，子孙守之不毁，至隋恭帝义宁元年复生[4]。生五十一年，至唐高宗乾封三年再枯[5]。枯三百七十有四年[6]，至宋仁宗康定元年再荣[7]。至金宣宗贞祐三年罹于兵火[8]，枝叶俱焚，仅存其干，高二丈有奇。后八十一年[9]，元世祖三十一年再发[10]。至洪武二十二年己巳[11]，发数枝，蓊郁。后十余年又落。摩其干，滑泽坚润，纹皆左纽，扣之作金石声。孔氏子孙恒视其荣枯，以占世运焉。

再进一大亭，卧一碑，书"杏坛"二字，党英笔也[12]。亭界一桥，洙、泗水汇此。过桥，入大殿，殿壮丽，宣圣及四配、十哲俱塑像冕旒[13]。案上列铜鼎三：一牺、一象、一辟邪，款制遒古，浑身翡翠，以钉钉案上。阶下竖历代帝王碑记，独元碑高大，用风磨铜飐屃[14]，高丈余。左殿三楹，规模略小，为孔氏家庙。

东西两壁，用小木匾书历代帝王祭文。西壁之隅，高皇帝殿焉。庙中凡明朝封号，俱置不用，总以见其大也。孔家人曰："天下只三家人家：我家与江西张、凤阳朱而已[15]。江西张，道士气；凤阳朱，暴发人家，小家气。"

【注释】

[1] 己巳：即崇祯二年（1629）。

[2] 曲阜：在今山东省境内。为孔子故里。

[3] 永嘉三年：公元309年。

[4] 义宁元年：公元617年。

[5] 乾封三年：公元668年。

[6] 三百七十有四年：当为三百七十有二年，张岱误记。

[7] 康定元年：公元1040年。

[8] 贞祐三年：公元1215年。

[9] 八十一年：当为七十九年，张岱误记。

[10] 元世祖三十一年：公元1294年。

[11] 洪武二十二年：公元1389年。

[12] 党英：当作党怀英，字世杰，号竹溪，冯翊（今陕西大荔）人。金大定进士，官至翰林学士承旨。工篆籀，时号第一，或称李阳冰之后一人而已。

[13] 宣圣：孔子尊称，又称宣尼、宣父。 四配：指配祀孔子的颜渊、子思、曾参、孟轲四人。十哲：孔子高弟十人，即颜渊、闵子骞、冉伯牛、仲弓、宰我、子贡、冉有、子路、子游、子夏。

[14] 风磨铜：以炉甘石炼成的黄铜，一说即自然精铜。 赑屃：螭龟的别名。因其力大负重，古代碑下石座（即碑趺）多雕作赑屃形象。

[15] 江西张：指江西龙虎山道教张天师。 凤阳朱：安徽凤阳人明太祖朱元璋。

【译文】

己巳年（1629），我到曲阜拜谒孔庙，疏通了守门人才从大门进去的。只见宫墙上方高高地耸出来一座门楼，上面的牌匾上写着"梁山伯祝英台读书处",吓了一跳,疑惑不解。

进入仪门,欣赏孔子亲手种下的桧树。这棵桧树历经周、秦、汉、晋数千年,到晋怀帝永嘉三年(309)的时候枯死了。枯死了三百零九年,孔氏子孙一直守护着它没有毁弃,结果到隋恭帝义宁元年(617)的时候它又活过来了。活了五十一年,到唐高宗乾封三年(668)再次枯死。这次枯死了三百七十四年,到宋仁宗康定元年(1040)时又焕发新生。到金宣宗贞祐三年(1215),惨遭战火,枝叶都被烧光了,只剩下了树干,高两丈多。又过了八十一年,元世祖三十一年(1294)的时候再一次重生。及至洪武二十二年(1389),长出来几根新枝,郁郁葱葱的。十多年后又脱落殆尽。它的树干摸上去润滑坚硬,上面的纹路都扭向左边,用手敲一敲会发出金石般的脆响。孔氏子孙常用这棵树的枯荣来预测人世的兴衰治乱。

再走进去是一个大亭子,亭子里躺着一块石碑,上书"杏坛"二字,是党怀英的手笔。亭子连接着一座桥,洙水、泗水在此交汇。过了桥,进入大成殿,殿堂雄伟壮丽,宣圣孔子及孔门四配、十哲都有塑像,戴着礼冠。香案上陈列着三件铜鼎:一个作牺形、一个作象形、一个作辟邪形,款式遒劲古朴,浑身翡翠绿,用钉子钉在香案上。台阶下竖立着历代帝王所作的碑记,唯独元碑最为高大,用风磨铜铸的赑屃驮着,高一丈多。左殿有三间屋子,规模略微小一些,是孔氏的家庙。东西两边墙壁上用小木匾书写着历代帝王的祭文。西墙的一角,以太祖高皇帝的祭文殿后。庙里凡是涉及明朝的封号,一律置之不用,足以看出孔家人眼界之大。孔家人说:"天下只有三家人家:我家与江西张天师家、凤阳朱家而已。江西张家,一股道士气;凤阳朱家是暴发户,一股小家子气。"

孔　林

曲阜出北门五里许,为孔林。紫金城城之,门以楼，楼上见小山一点，正对东南者，峄山也[1]。折而西，有石虎、石羊三四，在榛莽中。过一桥，二水汇，泗水也。享殿后有子贡手植楷[2]。楷大小千余本，鲁人取为材，为棋枰。享殿正对伯鱼墓[3]，圣人葬其子得中气[4]。由伯鱼墓折而右，为宣圣墓。去数丈，案一小山，小山之南为子思墓[5]。数百武之内，父、子、孙三墓在焉。谯周云[6]："孔子死后，鲁人就冢次而居者百有余家，曰'孔里'。"《孔丛子》曰[7]："夫子墓茔方一里，在鲁城北六里泗水上。诸孔氏封五十余所，人名昭穆[8]，不可复识。有碑铭三，兽碣俱在。"《皇览》曰[9]："弟子各以四方奇木来植，故多异树不能名。一里之中未尝产棘木荆草。"紫金城外，环而墓者数千家。三千二百余年，子孙列葬不他徙，从古帝王所不能比隆也。

宣圣墓右，有小屋三间，匾曰"子贡庐墓处"。盖自兖州至曲阜道上，时官以木坊表识，有曰"齐人归讙处"[10]，有曰"子在川上处"[11]，尚有义理。至泰山顶上，乃勒石曰"孔子小天下处"[12]，则不觉失笑矣。

【注释】

[1] 峄山：一名邹峄山，在山东邹县东南，山多奇峰怪石，松柏清泉。

[2] 楷：一名黄连木，落叶乔木，可制器具。

[3] 伯鱼：孔鲤，字伯鱼，孔子之子。

[4] 中气：中和之气。

[5] 子思：孔伋，字子思，孔子之孙。

[6] 谯周：字允南，三国时蜀汉学者。尝任光禄大夫，后降魏，封

阳城亭侯。入晋拜骑都尉。

　　[7]《孔丛子》：托名秦末儒生孔鲋编。

　　[8]昭穆：古代宗法制度，宗庙按世系排列，祭祀、埋葬有序。始祖居中，二世、四世、六世居左，称"昭"；三世、五世、七世居右，称"穆"。

　　[9]《皇览》：类书，魏缪卜等撰，已佚。此指《太平御览》。

　　[10]"齐人"句：《春秋·定公十七年》："齐人来归郓讙龟阴田。"《疏》："孔子相，齐人服义，而归鲁田。"讙，鲁地，在今山东肥南县南。

　　[11]"子在"句：《论语·子罕》："子在川上曰，逝者如斯夫，不舍昼夜。"

　　[12]"孔子"句：《孟子·尽心上》："孔子登东山而小鲁，登泰山而小天下。"

【译文】

　　从曲阜北门走出去五里多远的地方，是孔林。紫金城像一道城墙围着它，大门修成了城楼的样子，站在楼上远远见到一抹小山峦，在正对东南的方向，那就是峄山了。向西转个弯，可以看到有三四只石虎、石羊掩映在丛林中。跨过一座桥，有两条溪水汇流成河，这便是泗水了。享殿后面有子贡亲手种下的楷树。大大小小的楷树有一千多株，鲁人砍去作木材、做棋盘。享殿正对着孔鲤墓，孔子将他的儿子葬在这里以得中正平和之气。从孔鲤墓向右转，是孔圣人的墓。距此几丈远的地方，隔着一座小山，小山的南面是子思的墓。数百步范围内，父亲、儿子、孙子三代的墓都集中在此。谯周说过："孔子死后，鲁人在孔子冢墓旁居住的有一百多家，称作'孔里'。"《孔丛子》讲过："孔子墓地方圆有一里，在距鲁城北六里的泗水上。这里有五十多座孔氏后人墓葬，但是其人名、世系，都已经不再能辨认得清了。有三块有铭墓碑，驮碑的兽雕与碑碣都还在。"《皇览》里说："孔门弟子各自带来四面八方的珍异树种种植于此，所以孔林里有很多叫不出名字的奇树，方圆一里的范围内不曾长过荆棘荒草。"紫金城外，围绕着孔林安葬的有数千家。三千两百多年来，孔氏子孙就挨次葬在这里，不另葬他处，这是从上古帝王以来谁都无法比肩的殊荣呀。

孔子墓右边，有三间小屋，匾额上写着"子贡庐墓处"。从兖州到曲阜的一路上，有地方官用木牌做的标识，有的写着"齐人归讙处"，有的写着"子在川上处"，还算有点道理。到了泰山顶上，竟然在石头上刻着"孔子小天下处"，就让人忍不住要笑出来了。

燕 子 矶

燕子矶[1]，余三过之。水势涆溴[2]，舟人至此，捷捽抒取，钩挽铁缆，蚁附而上。篷窗中见石骨棱层，撑拒水际，不喜而怖，不识岸上有如许境界。

戊寅到京后[3]，同吕吉士出观音门，游燕子矶。方晓佛地仙都，当面蹉过之矣。登关王殿，吴头楚尾，是侯用武之地[4]，灵爽赫赫，须眉戟起。缘山走矶上，坐亭子[5]，看江水漱洌，舟下如箭。折而南，走观音阁，度索上之。阁旁僧院，有峭壁千寻，碚礧如铁[6]。大枫数株，蓊以他树，森森冷绿。小楼痴对，便可十年面壁[7]；今僧寮佛阁，故故背之，其心何忍？

是年，余归浙，闵老子、王月生送至矶[8]，饮石壁下。

【注释】

[1] 燕子矶：在南京东北郊观音门外，山石直立江上，三面临空，形似燕子展翅欲飞，故名。

[2] 涆溴：波浪翻腾的样子。司马相如《上林赋》："滴滴漉漉，涆溴鼎沸。"

[3] 戊寅：崇祯十一年(1638)。 京：指南京。

[4] 侯：指关羽，曾封汉寿亭侯。

[5] 亭子：燕子矶上有俯江亭。

[6] 磢礴：指巨石。

[7] 面壁：谓坐禅修道。相传达摩祖师在嵩山少林寺面壁而坐，终日默默，达九年。

[8] 闵老子：即闵汶水，万历末年精于茶道的名家。参见卷三《闵老子茶》。　王月生：明南京艺妓，参见卷八《王月生》。

【译文】

我曾经三次经过燕子矶。那里水流湍急汹涌，船夫行船到此，要飞快地抓起铁缆，抖甩出去，钩住江边岩石，把缆绳系好，然后一条条船像蚂蚁一样附石而上。透过篷窗往外望，只见到山石棱棱分明，突兀嶙峋，高高据守在大江之畔，让人喜欢不起来，还平添了一丝恐惧感，猜不出岸上会是怎样的一番景象。

戊寅年(1638)我到南京后，与吕吉士一起从观音门出发，同游燕子矶。这才知道那里是佛门胜境、神仙福地，之前几次都擦肩而过了。我们登上关王殿，这里是吴楚两地交界，正是关羽当年征战的地方，关帝像神采飞扬，威风凛凛，胡子眉毛根根如戟般竖起。沿山路走到燕子矶上，坐在俯江亭中，只见江水激荡翻涌，船只似箭般顺江而下。向南转个弯，经过观音阁，攀着索道爬上去，就来到了观音阁旁的一个僧院，那里峭壁高达几千尺，巨石磊磊硬如铁。几棵高大的枫树和其他一些树木郁郁葱葱，一派绿沉沉冷森森。此处若有座小楼与美景痴痴相对，就足以像达摩那样面壁十年了；可是现有的僧房佛阁却都特意背对石壁而建，是怎么狠得下心来冷落如此美景的呢？

这一年，我回浙江的时候，闵老子和王月生送我到燕子矶，我们一起在石壁下饮酒作别。

鲁藩烟火

兖州鲁藩烟火妙天下[1]。烟火必张灯，鲁藩之灯，灯其殿，灯其壁，灯其楹柱，灯其屏，灯其座，灯其宫扇、伞盖。诸王公子、宫娥僚属、队舞乐工，尽收为灯中景物。及放烟火，灯中景物又收为烟火中景物。天下之看灯者，看灯灯外；看烟火者，看烟火烟火外。未有身入灯中、光中、影中、烟中、火中，闪烁变幻，不知其为王宫内之烟火，亦不知其为烟火内之王宫也。

殿前搭木架数层，上放"黄蜂出窠""撒花盖顶""天花喷礴"。四旁珍珠帘八架，架高二丈许，每一帘嵌孝、悌、忠、信、礼、义、廉、耻一大字，每字高丈许，晶映高明。下以五色火漆塑狮、象、橐驼之属百余头[2]，上骑百蛮，手中持象牙、犀角、珊瑚、玉斗诸器，器中实"千丈菊""千丈梨"诸火器。兽足蹑以车轮，腹内藏人，旋转其下，百蛮手中瓶花徐发，雁雁行行，且阵且走。移时，百兽口出火，尻亦出火，纵横践踏。端门内外烟焰蔽天[3]，月不得明，露不得下。看者耳目攫夺，屡欲狂易[4]，恒内手持之[5]。

昔者有一苏州人，自夸其州中灯事之盛，曰："苏州此时有烟火，亦无处放，放亦不得上。"众曰："何也？"曰："此时天上被烟火挤住，无空隙处耳！"人笑其诞。于鲁府观之，殆不诬也。

【注释】
　　[1]鲁藩：鲁王藩府。明太祖第十子朱檀封于山东兖州，檀及其子孙皆称鲁王。
　　[2]火漆：又叫封蜡，以松脂与石蜡加颜料炼合而成，遇火则变软

而粘，可封瓶口、信件等，此处用以塑造动物模型。

[3] 端门：明洪武十四年在兖州城内正北建鲁王府，十八年朱檀就藩。端门，宫殿正门。

[4] 狂易：因发狂而改变常态。《汉书·五行志》颜师古注："狂易者，狂而变易常性也。"

[5] 内手持之：意为束手有所自制，不致纵恣颠狂无任何约束。

【译文】

兖州鲁王府的烟火妙绝天下。放烟火时一定会张挂灯笼，鲁王府挂灯笼，挂在殿堂里、墙壁上、楹柱上、屏风上、座椅上、宫扇及伞盖上。各位王侯公子、宫女幕僚、舞姬乐工们全都融为了灯中一景。及至烟火燃起，漫天火花笼罩下，灯中景致又融进烟火世界化而为烟中景致。天下之看灯人都是在灯外看灯，看烟火人都是在烟火外看烟火。不曾亲身融入灯中、光中、影中、烟中、火中，感受那光彩熠熠、变幻无穷的一幕，就搞不清那究竟是王宫内的烟火，还是烟火里的王宫。

王宫大殿前搭了几层高的木架，在上面燃放"黄蜂出巢""撒花盖顶""天花喷礴"几种烟花。木架四周搭起八架珍珠帘，每个架子有两丈多高，每扇珍珠帘分别镶嵌了孝、悌、忠、信、礼、义、廉、耻八个大字，每个字有一丈多高，照得天空晶莹透亮。珍珠帘下方有用五色火漆塑成的狮子、大象、骆驼等野兽上百头，上面骑着少数民族人偶，人偶手里拿着象牙、犀牛角、珊瑚、玉斗等器皿，这些器皿中都插着"千丈菊""千丈梨"等烟花。野兽脚踩车轮，肚子里藏着人，人在下面转动机关，人偶手中瓶子里的烟花就徐徐绽放开来，一个个像大雁循循有序，一边转换阵型一边向前进。不多时，百兽嘴里向外喷火，屁股也冒出火光，然后左冲右突，到处踩踏。端门内外烟光火焰遮蔽了整个天空，月儿也不亮了，露水也下不来了。看客们的心神耳目都被吸引住了，为之目眩神迷，屡屡激动得想发狂，一直要紧紧地管住自己的手才能保持冷静。

以前有一个苏州人自夸他们那里的烟火是如何盛大，说道："这时候，苏州人哪怕是还有烟火也没处去放，即便是放了也升不到空中去。"大家问:"为什么呀?"他答:"这时天空都被烟火挤满了,没有空隙可以放了!"人们都笑他信口开河。在鲁王府看过烟花后,才明白大概他所言非虚。

朱云崃女戏

朱云崃教女戏[1],非教戏也。未教戏,先教琴,先教琵琶,先教提琴、弦子、箫管,鼓吹、歌舞,借戏为之,其实不专为戏也。郭汾阳、杨越公、王司徒女乐[2],当日未必有此。丝竹错杂,檀板清讴,入妙腠理[3],唱完以曲白终之,反觉多事矣。

西施歌舞,对舞者五人,长袖缓带,绕身若环,曾挠摩地,扶旋猗那[4],弱如秋药[5]。女官内侍,执扇葆璇盖、金莲宝炬、纨扇宫灯二十余人,光焰荧煌,锦绣纷叠,见者错愕。

云老好胜,遇得意处,辄盱目视客。得一赞语,辄走戏房,与诸姬道之,偒出偒入,颇极劳顿。且闻云老多疑忌,诸姬曲房密户,重重封锁,夜犹躬自巡历,诸姬心憎之。有当御者,辄遁去,互相藏闪,只在曲房,无可觅处,必叱咤而罢。殷殷防护,日夜为劳,是无知老贱,自讨苦吃者也,堪为老年好色之戒。

【注释】

[1]朱云崃:松江人,曾任太仆寺卿。

[2]郭汾阳:指郭子仪,华州郑县(今陕西华县)人。唐名将,以功

擢中书令，后封汾阳王。 杨越公：指杨素，字处道，弘农华阴(今属陕西)人。隋大臣，因功封越国公。 王司徒：指晋王浑，字玄冲，太原晋阳人。与王濬平吴，功勋卓著，累官司徒。按，郭、杨、王三人皆有军功，而好声伎。

[3] 腠理：肌肤深处，"入妙腠理"，形容绝妙。

[4] "绕身若环"三句：语见《淮南子·修务训》。 曾挠，曲屈，形容舞姿。 扶旋，周旋貌。 猗那，又作"猗靡"，随风之貌，此处亦形容舞者体态。

[5] 弱如秋药：语本《淮南子·修务训》："身若秋药被风。"

【译文】

朱云崃教女乐演戏，并不只是教演戏而已。教戏之前，先教弹琴，先教弹琵琶，先教胡琴、三弦、箫管、鼓吹、歌舞等，借着教戏的名义来做，其实不专是为了教戏。像当年汾阳王郭子仪、越国公杨素、司徒王浑那样的豪门巨族之女乐，也不一定能做到这样。当朱家女乐演戏时，丝竹之声交织往还，檀板之音清亮悦耳，丝丝入扣，曲尽其妙。若唱完后再以一段唱白来作结，反而给人画蛇添足之感。

当其表演西施歌舞时，对舞的有五人，她们长袖翩翩，衣带飞舞，身体旋转如转环，腰身弯折至头触地，盘旋之态柔美婀娜，娇柔得如秋风中的白芷。在她们周围有扮作女官、内侍的二十多人，手持羽毛装饰的华丽伞盖、金饰的莲花形灯炬、细绢团扇和五彩宫灯，一派绚烂璀璨、异彩纷呈，令看戏的人惊艳不已。

朱云崃很争强好胜，遇到演得精彩的地方，他就瞪大眼睛观察看客的反应。只要听到一句称赞的话，他就会走进戏房讲给各位女乐听，这样频繁地进进出出，把他累得够呛。而且听说他这个人本性多疑，诸女乐的住处很隐秘幽深，层层把关，他还不放心，每晚还要亲自巡查一遍，搞得女乐们都对他心怀憎恶。遇到该哪位女乐侍寝的时候，那个人就躲起来，众人互相帮她打掩护，朱云崃只知她在内室中，却哪里都找不到她，只能大骂一通了事。如此这般密切防护，日夜操劳，完全是愚昧无知的老色鬼在自讨苦吃啊，这很值得那些年老好色之徒引以为戒。

绍 兴 琴 派

丙辰[1]，学琴于王侣鹅。绍兴存王明泉派者推侣鹅[2]，学《渔樵问答》《列子御风》《碧玉调》《水龙吟》《捣衣环珮声》等曲。戊午[3]，学琴于王本吾[4]，半年得二十余曲：《雁落平沙》《山居吟》《静观吟》《清夜坐钟》《乌夜啼》《汉宫秋》《高山流水》《梅花弄》《淳化引》《沧江夜雨》《庄周梦》，又《胡笳十八拍》《普庵咒》等小曲十余种。王本吾指法圆静，微带油腔。余得其法，练熟还生，以涩勒出之，遂称合作[5]。同学者，范与兰、尹尔韬、何紫翔、王士美、燕客、平子[6]。与兰、士美、燕客、平子俱不成，紫翔得本吾之八九而微嫩，尔韬得本吾之八九而微迂。余曾与本吾、紫翔、尔韬取琴四张弹之，如出一手，听者骇服。后本吾而来越者，有张慎行、何明台，结实有余而萧散不足，无出本吾上者。

【注释】

[1] 丙辰：明万历四十四年(1616)。

[2] 王明泉：绍兴人，明末琴师。

[3] 戊午：明万历四十六年(1618)。

[4] 王本吾：松江人，音乐家，擅琴艺。

[5] 合作：指技法合乎法度标准，常见指书画诗文，清袁枚《随园诗话》卷十四："即如悼亡诗，必缠绵婉转，方称合作。"

[6] 范与兰：明末清初艺人，好琴，喜种兰及盆池小景。参见卷八《范与兰》。　尹尔韬：字芝仙，号袖花老人，山阴人，通音律，授中书

舍人，定乐谱。明亡，隐居不出，著有《原琴正议》《审音奏议》。　王士美：见卷一《木犹龙》注。　燕客：见卷一《天砚》注。　平子：张峰，字平子，作者之弟，刘宗周弟子，有诗名。

【译文】

　　丙辰年(1616)，我师从王侣鹅学琴。绍兴地区得琴师王明泉一派真传的首推王侣鹅，我跟着他学习了《渔樵问答》《列子御风》《碧玉调》《水龙吟》《捣衣环珮声》等曲子。戊午年(1618)，我又拜王本吾为师学琴，半年间学了二十多支曲子，包括《雁落平沙》《山居吟》《静观吟》《清夜坐钟》《乌夜啼》《汉宫秋》《高山流水》《梅花弄》《淳化引》《沧江夜雨》《庄周梦》，以及《胡笳十八拍》《普庵咒》等十多种小曲。王本吾指法纯熟沉静，稍稍带一点油腔。我学到了他的技法，练熟了之后又返璞归真，用生涩滞拙的指法弹出来，终于弹出了他的味道。和我一起学琴的有范与兰、尹尔韬、何紫翔、王士美、燕客、平子。与兰、士美、燕客、平子都没学成，紫翔学到了王本吾琴法的八九成，但还稍显稚嫩，尔韬学到了王本吾琴法的八九成，但还略显死板。我曾经和本吾、紫翔、尔韬取四张琴一起弹奏，琴声和谐得就像是出自一人之手，听者都叹服不已。继王本吾之后来绍兴授琴的，有张慎行、何明台，他俩的琴技都过于板实而稍欠洒脱自然，都没能超过王本吾。

花石纲遗石

　　越中无佳石。董文简斋中一石[1]，磊块正骨，窅窊数孔[2]，疏爽明易，不作灵谲波诡，朱勔花石纲所遗[3]，陆放翁家物也[4]。文简竖之庭除，石后种剔牙松一株[5]，辟咡负剑[6]，与石意相得。文简轩其北，名"独石"，轩石之，轩独之，无异也。[7]石篑先生读书其中[8]，勒铭志之。

　　大江以南，花石纲遗石，以吴门徐清之家一石为石祖[9]。石高丈五，朱勔移舟中，石盘沉太湖底，觅不得，遂不果行。后归乌程董氏[10]，载至中流，船复覆。董氏破赀募善入水者取之，先得其盘，诧异之，又溺水取石，石亦旋起。时人比之延津剑焉[11]。后数十年，遂为徐氏有。再传至清之，以三百金竖之。石连底高二丈许，变幻百出，无可名状，大约如吴无奇游黄山[12]，见一怪石，辄瞋目叫曰："岂有此理！岂有此理！"

【注释】

　　[1] 董文简：董玘，字文玉，号中峰，会稽人。明弘治进士，授编修，官至吏部左侍郎，卒谥文简。

　　[2] 窑窊（zhú chà）：物由穴中出，此处指洞穴。

　　[3] 朱勔：宋苏州人。因交结蔡京、童贯等权奸获官，受徽宗派遣，在平江(苏州)设应奉局，搜罗奇花异石，运往东京(开封)，号为"花石纲"，为害东南二十年。

　　[4] 陆放翁：南宋大诗人陆游，晚号放翁。

　　[5] 剔牙松：又名栝子松，常绿乔木，叶三四针为一簇，树皮白色，故又称白皮松。

　　[6] 辟咡：交谈时侧首以避口气触及对方，此形容松石向背。

　　[7] 独石：《越中园亭记·独石轩》："董中峰太史构轩读书，立一石甚奇。庭前更有松化石二枚，俨然虬鳞霜干也。"

　　[8] 石篑先生：陶望龄，字周望，号石篑，又号歇庵，会稽人。明万历进士，授编修，与袁宏道友善，又以讲学名。

　　[9] 徐清之：徐泰，字清之，苏州人，万历进士，官至太仆寺少卿，建留园。

　　[10] 乌程：今浙江吴兴。董氏：指董份，官至礼部尚书，为吴兴望族，与徐泰联姻。

[11] 延津剑：晋雷焕于江西丰城狱基掘得龙泉、太阿二剑，一自佩，一予张华。华诛，失剑所在。焕卒，其子持剑过延平津（在今河南），剑忽跃入水，但见二龙各长数丈飞腾而去。详见《晋书·张华传》。

[12] 吴无奇：字士奇，安徽歙县人。明万历进士，官至太常寺卿，因忤魏忠贤致仕归。

【译文】

越中一带没什么好石头。董文简书斋中有一块石头，通体方方正正的，有数个石孔可以透视，线条疏朗明快，不带一点诡异奇巧的样子，是朱勔当年运花石纲时遗留下来的，原是陆游家的旧物。董文简把石头竖在庭院里，在其后种了一株剔牙松，呈与石抱持、耳鬓私语之势，松石意境相得益彰。董文简又在石头的北面修了一座小轩，取名"独石"，名轩为"石"，名轩为"独"，都是一样的意思。陶石篑先生曾在轩中读书，并刻了一篇铭文来记述它。

长江以南已知的花石纲遗石中，以吴门徐清之家里的一块石头为最，堪称"石祖"。它高一丈五，当年朱勔搬石上船时，石盘沉到了太湖湖底，找不到了，于是就没运成。后来石头归乌程董家所有，他们用船运石，运到太湖中流时，船又翻了。董家出钱雇水性好的人下水去捞，先捞出了石盘，大家惊奇不已，继续下水去找石头，很快石头也被打捞了上来。石盘与石头的这番离合被当时的人们视同延津宝剑的传说。几十年后，石盘与石头辗转到了吴门徐家。几代之后传到了徐清之手上，徐清之费银三百两把石头竖立在庭院。这块石头连底座一起高两丈多，造型奇幻无穷，难以描摹，人们看到它大概就如同吴无奇游黄山，看到一块黄山奇石，就瞪大了眼睛叫道："岂有此理！岂有此理！"

焦　　山

仲叔守瓜州[1]，余借住于园[2]，无事辄登金山寺。

风月清爽，二鼓，犹上妙高台[3]，长江之险，遂同沟浍。

一日，放舟焦山，山更纡谲可喜[4]。江曲涡山下，水望澄明，渊无潜甲，海猪海马[5]，投饭起食，驯扰若豢鱼。看水晶殿，寻瘗鹤铭[6]，山无人杂，静若太古。回首瓜州烟火城中，真如隔世。

饱饭睡足，新浴而出，走拜焦处士祠[7]。见其轩冕黼黻，夫人列坐，陪臣四，女官四，羽葆云罕[8]，俨然王者。盖土人奉为土谷，以王礼祀之。是犹以"杜十姨"配"伍髭须"[9]，千古不能正其非也。处士有灵，不知走向何所？

【注释】

[1]仲叔：指张联芳，字尔葆，山阴人。官扬州司马。工画，精赏鉴，与李流芳、董其昌齐名。　瓜州：镇名。在今江苏省邗江县南部。因长江沙碛冲积而成，其状如瓜。

[2]于园：在瓜州江边。王士禛《瓜州于园二首》诗："于家园子俛江滨，巧石回廊结构新。"

[3]妙高台：金山最高处名为妙高峰，宋代僧人了元在此建台，名妙高台，后为金山名胜之一。

[4]纡谲：形容山势曲折怪异。

[5]海猪：此指江豚，俗称江猪。　海马：海产小鱼，状如马头，故名。

[6]驯扰：驯顺。《后汉书·蔡邕传》："有兔驯扰其室旁。"　瘗鹤铭：南朝著名摩崖石刻，在今焦山上。

[7]焦处士：即焦先，汉末高士，字孝然，河东（今属山西）人。汉末大乱，隐居山中，食草饮水，饿不苟食，寒不苟衣。后人将其隐居之山称为焦山。

[8]羽葆：古时以鸟羽为饰的华盖，多指帝王仪仗。　云罕：旌旗的别名。《后汉书·舆服志》："前驱有九斿云罕。"

[9]"是犹"句：俞琰《席上腐谈》卷上："温州有土地杜拾姨无夫，五撮须相公无妇。州人迎杜拾姨以配五撮须，合为一庙。杜十姨为谁？乃杜拾遗也。五撮须为谁？乃伍子胥也。"按：杜拾遗指杜甫，五撮须即伍髭须。

【译文】

我二叔张联芳驻守瓜州时，我跟着他借住在瓜州的于园，闲来无事就去登金山寺。遇到风清月明之夜，二更时分，我还会登上妙高台，从那里俯瞰，长江天险就像是田间的一道小水沟一样。

一天，我乘船到焦山，只见山势更加迂曲弯折，惹人喜爱。长江从山脚下蜿蜒回旋而过，一眼望去，江水澄澈透亮，水下游鱼一览无余，那些江豚、海马只要有人投放食物，就会跃出水面来吃，驯顺得如同是家养的鱼一般。我游览了焦山寺的水晶殿，又去寻访南朝石刻瘗鹤铭，彼时山中没有尘世喧嚣，静谧得仿佛置身太古时代。回望瓜州城中的一派灯火烟尘，恍若隔世。

吃饱饭睡够了，沐浴更衣后，我走出去拜访东汉隐士焦光的祠堂。只见他配的车乘与冕服都很华美，还设有夫人的座次，以及陪臣四名，女官四名，旌旗仪仗一应俱全，俨然是帝王的派头。大概当地人尊他为土地神和五谷神，所以用祭祀帝王的礼仪来祭祀他。这就好比传说中温州土地庙把"杜十姨"配给了"伍髭须"一样，千百年来都没办法纠正过来。焦处士若在天有灵，不知会逃到哪里去呢？

表 胜 庵

炉峰石屋[1]，为一金和尚结茅守土之地，后住锡柯桥融光寺[2]。大父造表胜庵成[3]，迎和尚还山住持，命余作启。启曰："伏以丛林表胜，惭给孤之大地布金[4]；天瓦安禅[5]，冀宝掌自五天飞锡[6]。重来石塔，戒长老特为东坡[7]；悬契松枝[8]，万回师却逢西向[9]。去无作相，住亦随缘。伏惟九里山之精蓝，实是一金师之初地。偶听柯亭之竹籁[10]，留滞人间；久虚石屋之烟霞，应超尘外。譬之孤天之鹤，尚眷旧枝；想彼弥空之云，亦归故岫。况兹胜域，宜兆异人，了住山之夙因，立开堂之新范。护门容虎，洗钵归龙[11]。茗得先春，仍是寒泉风味；香来破腊，依然茅屋梅花。半月岩似与人猜[12]，请大师试为标指；一片石政堪对语[13]，听生公说到点头[14]。敬藉山灵，愿同石隐。倘净念结远公之社[15]，定不攒眉；若居心如康乐之流[16]，自难开口。立返山中之驾，看回湖上之船。仰望慈悲，俯从大众。”

【注释】

[1] 炉峰：即香炉峰，绍兴会稽山支峰，形如香炉，故名。

[2] 住锡：僧人居住。　柯桥：在绍兴城西四十里。　融光寺：宋绍兴中僧智性创柯桥持待院，明正统十二年改称融光寺，俗称柯桥寺。

[3] 表胜庵：《越中园亭记》：“表胜，庵也，而列之园，则张肃之先生精舍在焉。山名九里，以越盛时笙歌闻于九里，故名。渡岭穿溪，至尽路穷，而庵始出。”

[4] “惭给孤”句：相传释迦牟尼成道后，憍萨罗国给孤独长者，以重金购置波斯匿王太子祇陀的花园，建筑精舍，作为释迦说法的场所。祇陀太子仅出花园地面，而将园中花木奉献释迦，因以二人名字命名此精舍，称“祇树给孤独园”。又据《贤愚经》卷十载，太子言：“若能以黄金布地，令间无空者，便当相与。”善施（给孤独）闻之，心豁如也，即出藏金，随言布地。

[5] 天瓦：即天瓦山房，在表胜庵下，背负绝壁，楼台在丹崖青嶂间。见《越中园亭记》。　安禅：犹入定。佛教指僧人静坐敛心，摒除杂念，使心安定于一处。

[6]宝掌：古印度名僧。　五天：古印度分东、南、西、北、中五部，故称五天或五天竺。　飞锡：指云游四方的僧徒，因其出行多执锡杖，故云。

[7]"重来石塔"二句：苏轼《重请戒长老住石塔疏》有云"众生各自开堂，何关石塔之事"，"念西湖之久别，本是偶然，为东坡而少留，无不可者"。戒长老，戒弼，宋高僧，博通佛儒，工诗善书。

[8]悬契松枝：谓玄奘西去求佛，灵岩寺松枝向西生长。一年忽向东指，弟子往迎，奘果还归。见《独异志》。

[9]"万回师"句：此用唐万回视兄事。传说其兄久戍辽阳（一说安西），母忧甚。万回朝往视之，暮持兄书而返。见《宋高僧传》卷十八。　万回，唐高僧，河南阌乡人。高宗时奉旨剃度。武后当国，召入内道场。中宗复位，封法云公。

[10]柯亭：在柯桥，汉末大儒蔡邕避难于此，仰观椽竹，知有奇响，因取为笛，遂为宝器。　篴（dí）：笛。

[11]洗钵归龙：《晋书·僧涉传》：僧涉者，西域人也，不知何姓。"能以秘祝下神龙，每旱，坚常使之咒请雨。俄而龙下钵中，天辄大雨。"

[12]半月岩：又称半月泉，在山阴法华山天衣寺侧，泉隐岩下，虽月圆，池中只见其半，景色绝佳。宋绍兴初，僧法聪凿开岩石而成满月，人甚惜之。唐李绅《题天衣寺》："殿涌全身塔，池开半月泉。"

[13]一片石：庾信从南朝初至北方，惟爱温子升所作《韩陵山寺碑》。南人问信北方文士何如，信曰："惟有韩陵山一片石堪共语。"见张鷟《朝野佥载》卷六。

[14]生公：即竺道生，晋末高僧，相传在苏州虎丘山讲经，石皆点头。

[15]远公：慧远，晋高僧，在庐山建精舍，与僧俗百余人结白莲社。

[16]康乐：指谢灵运，陈郡阳夏（今河南太康）人。晋时袭封康乐公，又称谢康乐。入宋，累官太子左卫率、永嘉太守，好游山水，不理政务。

【译文】

　　会稽山香炉峰上的石屋，原是一金和尚结庐居住的地方，后来他搬去了柯桥的融光寺。我祖父建好表胜庵后，想迎他回来当表胜庵住持，吩咐我写一篇书启。我写的是："表胜庵建成了，很惭愧不能像给孤独那样用黄金铺地迎接大师；天瓦山房可供禅定，希望您像宝掌大师一样云游四方后到此住锡。戒弼长老重回石塔寺，只是为了回应于东坡居士的盛情；松枝依约转向，万回和尚却要西去探望兄长。离开时并无预设的存念，留下来也一切随缘。回想九里山的僧房，本是一金大师您最初驻足之地。因偶然听到柯亭的竹笛声，您才暂时滞留在人间；空留石屋烟霞久久等待，想必您早已超然物外。譬如那翱翔天际的孤鹤，尚且眷恋栖息过的树枝；想来那漫天的云霞，也终会回归原来的山峰。何况这一人间胜地，正应该有您这样超凡脱俗之人莅临，既能了却您曾住此山之前缘，又能在此开堂说法树立新风范。如慧远大师那样有猛虎为您守门，如僧涉大师那样有神龙帮您洗钵。品得早春新茶，仍是以往寒泉的清冽滋味；嗅得残冬暗香，依然是当年茅屋的数枝梅花。这里有半月岩引人猜测，还请大师来为它指点迷津；这里还有一片石能与人说话，正等着听您像竺道生一样说法，好点头称是。谨借此山之灵秀，愿同此灵石隐于世外。倘若您抱有慧远大师结白莲社那样的誓愿，对我的邀请一定不会皱眉；倘若我的向佛之心如谢康乐之流那样杂乱不纯，也难以向您启齿。恳请您能立即返驾入山，归航入林。仰望您大发慈悲，体恤我等众生之殷殷期盼。"

梅 花 书 屋

陔萼楼后老屋倾圮[1]，余筑基四尺，造书屋一大间。旁广耳室如纱幮[2]，设卧榻。前后空地，后墙坛其趾，西瓜瓤大牡丹三株，花出墙上，岁满三百余朵。坛前西府二树，花时积三尺香雪。前四壁稍高，对面砌石台，插太湖石数峰。西溪梅骨古劲，滇茶数茎，妩媚其旁。梅根种西番莲，缠绕如缨络。窗外竹棚，密宝襄盖之^[3]。阶下翠草深三尺，秋海棠疏疏杂入。前后明窗，宝襄西府，渐作绿暗。余坐卧其中，非高流佳客，不得辄入。慕倪迂"清閟"^[4]，又以"云林秘阁"名之。

【注释】

[1] 陔萼楼：张岱府邸楼名。

[2] 耳室：即耳房，堂屋两旁小屋，如人之两耳，故名。

[3] 宝襄：或即"宝相"，蔷薇的一种，多瓣，花朵大，色彩鲜艳。

[4] 倪迂：倪瓒，字元镇，号云林子，江苏无锡人。性好洁而迂僻，人称倪迂。元末画家。家有清閟阁，多藏法书名画。

【译文】

　　陔萼楼后面的老房子倒塌了，我让人在那儿夯筑了四尺高的地基，造了一大间书屋。旁边扩建出一间像碧纱橱一样的耳室，在里面摆放了卧榻。屋前屋后留有空地，在后院墙根建了一个花坛，里面种了三株名叫西瓜瓤的大牡丹花，花开时探出墙头，一年开足三百多朵。花坛前有两株西府海棠，花开之盛有如香雪三尺积满枝头。前院的四堵墙稍稍高一点，就在对面砌了一个石台，上面插着几丛太湖石堆叠成的假山。另有枝干古朴遒劲的西溪梅花与数茎滇茶花在石台边绚烂地开放。梅树根下种上了西番莲，如璎珞般缠绕在梅树上。窗外竖着一架竹棚，棚顶被宝襄花爬得密密实实。台阶下青草深达三尺，秋海棠疏疏落落地杂缀其间。书屋前后都有明亮的窗子，在宝襄花与西府海棠掩映下，屋内一点点绿下来、暗下来。我在书屋里起居，若非高人雅士来访，一般人是不能轻易入门的。因为仰慕云林子倪瓒有清閟阁，我又用"云林秘阁"来称呼这间书屋。

不 二 斋

　　不二斋^[1]，高梧三丈，翠樾千重。墙西稍空，蜡梅补之，但有绿天，暑气不到。后窗墙高于槛，方竹数竿，潇潇洒洒，郑子昭"满耳秋声"横披一幅[2]。天光下射，望空视之，晶沁如玻璃云母，坐者恒在清凉世界。图书四壁，充栋连床；鼎彝尊罍，不移而具。余于左设石床竹几，帷之纱幕，以障蚊虹；绿暗侵纱，照面成碧。

夏日，建兰、茉莉，芗泽侵人，沁人衣裾。重阳前后，移菊北窗下，菊盆五层，高下列之，颜色空明，天光晶映，如沉秋水。冬则梧叶落，腊梅开，暖日晒窗，红炉氍毹[3]；以昆山石种水仙[4]，列阶趾。春时，四壁下皆山兰，槛前芍药半亩，多有异本。余解衣盘礴[5]，寒暑未尝轻出，思之如在隔世。

【注释】

[1]不二斋：张岱曾祖父在居室旁所建的讲学场所，传至张岱，曾加以更新。见《越中园亭记·不二斋》。

[2]郑子昭：疑为盛子昭，元画家，善画山水、人物、花鸟，见《图绘宝鉴》卷五。

[3]氍毹(tà dēng)：毛毯。

[4]昆石：江苏昆山县马鞍山所产之石。其石以色白者为贵。

[5]解衣盘礴：谓解开衣服，张开腿而坐。形容动作随便，不受拘束。《庄子·田子方》："公使人视之，则解衣般礴赢。"司马云："般礴，谓箕坐也。"

【译文】

不二斋的院子里有一棵三丈高的梧桐树，千重厚的浓翠树荫把园子遮得密密实实，只有西墙一带稍留一点空隙，用几株腊梅补上，于是整个书斋里全是绿荫，暑气透不进来。后窗窗台稍高于窗栏，映进来几竿方竹潇洒绝俗的身姿，像是挂着一幅盛子昭画的"满耳秋声"横披。阳光洒下来，抬眼看去，天空晶莹剔透得就如同玻璃、云母一般，让人感觉置身于一个永远清凉的世界里。四面墙满满当当摆着书籍，屋子里包括床上也到处堆满了书，鼎、彝、尊、罍等古玩器物也一应俱全。我在屋子左半边摆放了石床、竹几，并围上纱幕，用来防蚊虫。绿荫的暗影透过纱幕，把人脸照得绿油油的。

夏天，建兰和茉莉的芳香沁人心脾，沾衣不去。重阳节前后，把菊花移到北窗下，花盆垒五层，高高低低错落有致，颜色明丽爽净，衬着晶莹透亮的天光，让人仿佛浸润在秋水里。到了冬天，梧桐叶落，腊梅花开，暖融融的太阳晒在窗棂上，炉火正旺，毛毯正暖，用昆山石种上水仙，在台阶下排开。春天的时候，四边墙下开满了山兰，门前又有半亩芍药，很多是稀见品种。我随意敞开衣服无拘无束地坐卧其间，无论寒来暑往都从不轻易出门，那种闲适的日子，如今想来恍若隔世。

砂 罐 锡 注

宜兴罐，以龚春为上[1]，时大彬次之[2]，陈用卿又次之[3]。锡注，以王元吉为上，归懋德次之[4]。夫砂罐，砂也；锡注，锡也。器方脱手，而一罐一注价五六金，则是砂与锡与价，其轻重正相等焉，岂非怪事！然一砂罐，一锡注，直跻之商彝周鼎之列，而毫无惭色，则是其品地也。

【注释】

[1]龚春：即供春，明末著名制陶艺人。周高起《阳羡名壶系》："供春，学宪吴颐山公青衣，颐山读书金沙寺中，供春于给役之暇，窃仿老僧心匠，亦陶细土抟胚，……世以其孙姓龚，亦书为龚春。"

　　[2] 时大彬：号少山。宜兴名陶，初仿供春，喜作大壶，复作小壶，尚朴稚，有闲远之意。

　　[3] 陈用卿：宜兴陶工，早年负力尚气，尝以事入狱，俗称陈三呆子，制陶式尚工致。

　　[4] 王元吉、归懋德：明末制作锡壶名家。张岱《夜航船》卷十二："嘉兴锡壶：所制精工以黄元吉为上，归懋德次之。初年价钱极贵，后渐轻微。"

【译文】

　　宜兴的砂罐，以龚春所制为上品，时大彬所制差一等，陈用卿所制又差一等。锡注，以王元吉所制为上品，归懋德所制差一等。砂罐是用砂烧制的，锡注是用锡浇铸的，但是成器刚一完工，一个砂罐、一个锡注就要价五六两银子，如此这些砂与锡的重量与成品的价格正相等，这难道不是咄咄怪事吗！不过一个砂罐、一个锡注，直接拿去与商彝周鼎等珍贵古玩相提并论都毫不逊色，这就是它们高品质的证明了。

沈 梅 冈

　　沈梅冈先生忤相嵩[1]，在狱十八年。读书之暇，旁攻匠艺，无斧锯，以片铁日夕磨之，遂铦利。得香楠尺许，琢为文具一：大匣三、小匣七、壁锁二；棕竹数片，为箅一[2]：为骨十八[3]，以笋，以缝，以键，坚密肉好[4]，巧匠谢不能事。

　　夫人丐先文恭志公墓[5]，持以为贽。文恭拜受之，铭其匣曰："十九年，中郎节[6]；十八年，给谏匣[7]。节邪匣邪，同一辙。"铭其箅曰："塞外毡，饥可餐[8]；狱中箅，尘莫干[9]。前苏后沈，名班班。"梅冈制，文恭铭，徐文长书[10]，张应尧镌[11]，人称四绝，余珍藏之。

又闻其以粥炼土[12]，凡数年，范为铜鼓者二[13]，声闻里许，胜暹罗铜[14]。

【注释】

［1］沈梅冈：名沈束，字宗安，号梅冈，会稽人。明嘉靖进士。曾任徽州推官、礼科给事中，因忤严嵩，诏下狱，长达十八年。　相嵩：指奸相严嵩，字惟中，江西分宜人。明弘治进士。嘉靖时拜大学士，官至太子太师。与其子严世蕃狼狈为奸，陷害忠良。

［2］箑(shà)：扇子。

［3］骨：扇骨。

［4］肉好：器物外边和中孔。肉，圆形玉器的周边。好，圆形玉器中间的孔。

［5］夫人：指沈束夫人张氏，曾上书请求代夫系狱，帝不许。　文恭：张元忭，字子荩，号阳和，山阴人，嘉靖进士，授翰林修撰，为张岱曾祖。

［6］中郎：即中郎将，西汉时为统领皇帝侍卫的武官。此指苏武。　节：旄节，使者所持的信物。天汉元年，苏武奉汉武帝之命出使匈奴，被扣留十九年，"及还，须发尽白"。

［7］给谏：指给事中，六部皆设，掌稽察、弹劾，沈束为礼科给事中。

［8］"塞外"二句：匈奴单于为胁迫苏武投降，将他囚禁于地窖，断绝饮食，"天雨雪，武卧啮雪，与旃毛并咽之，数日不死"。旃，同"毡"。

［9］尘莫干：灰尘不能沾污。

［10］徐文长：徐渭，字文长，明山阴人。著名文学家，与张元忭有交往。

［11］张应尧：明篆刻家，事迹不详。

［12］以粥炼土：用黏稠的米粥与泥土拌和。

［13］范：按一定的模型制成某种器具。

［14］暹罗：即今泰国。

【译文】

　　沈梅冈先生因为得罪了奸相严嵩，被关在监狱里十八年。狱中读书之余，他另外钻研手工工艺。当时手边没有斧头和锯子，他就找来一块铁片日夜不停地磨，最后把它磨锋利了。他得到一块一尺多长的香楠木，就把它雕琢成了一件文具，包含三个大匣子、七个小匣子和两个壁锁。他得到几片棕竹，就做成了一把扇子，扇骨有十八根，各个孔眼与边缘都利用榫接、缝连、键锁的方法拼缀得紧致密实，连能工巧匠都自愧不如。

　　沈梅冈去世后，他的夫人请求我曾祖父文恭公为沈先生撰写墓志铭，以文具匣与扇子相赠。文恭公恭敬地接受了，为文具匣题写了铭文："塞外十九年，中郎将苏武持节；狱中十八年，给事中沈梅冈做匣。不管是持节还是做匣，二人的高洁志节如出一辙。"为扇子题写了铭文："塞外的毡子，饥饿时可以充饥；狱中的扇子，不沾染半点尘埃。前有苏武，后有沈梅冈，美名昭日月。"这两件物品由沈梅冈制作、文恭公撰写铭文、徐文长书写铭文、张应尧刻上铭文，人称"四绝"，由我珍藏着。

　　又听闻沈梅冈用米粥掺上泥土，耗费几年时间铸成陶范，做出了两个铜鼓，鼓声在一里外都能听得见，比暹罗铜鼓还要强。

岣 嵝 山 房

　　岣嵝山房[1]，逼山、逼溪、逼韬光路[2]，故无径不梁，无屋不阁。门外苍松傲睨，蓊以杂木，冷绿万顷，人面俱失。石桥低磴，可坐十人。寺僧刳竹引泉，桥下交交牙牙，皆为竹邮。天启甲子，余键户其中者七阅月，耳饱溪声，目饱清樾。山上下多西栗、边笋[3]，甘芳无比。邻人以山房为市，蔬果羽族日致之，而独无鱼。乃潴溪为壑，系巨鱼数十头。有客至，辄取鱼给鲜。日晡，必步冷泉亭、包园、飞来峰[4]。

一日，缘溪走看佛像，口口骂杨髡[5]。见一波斯坐龙象，蛮女四五献花果，皆裸形，勒石志之，乃真伽像也。余椎落其首，并碎诸蛮女，置溺溲处以报之。寺僧以余为椎佛也，咄咄作怪事，乃知为杨髡，皆欢喜赞叹。

【注释】

[1] 岣嵝山房：在杭州灵隐韬光山下，明末李芨所建。本文别题《岣嵝山房小记》，附载于张岱《西湖梦寻》卷二，两篇文字全同。而《梦寻》中正文《岣嵝山房》则与前两篇大异。此文开头即介绍山房主人"李芨，号岣嵝，武陵人，住灵隐韬光山下，造山房数楹"云云。又考张岱曾祖《张元忭集》附录中《岣嵝山房记》，谓"山人姓李名元昭，少喜任侠，有提戈取功名之志"，后与"其徒云游湖海上，凡名胜之区，足迹殆遍，历七寒暑，然后为构山房，为终焉之计"。《山房记》作于万历五年（1577）。李又与徐渭友善，《徐文长三集》收有《访李岣嵝山人于灵隐寺》七律一首。李芨与李元昭当是同一个人。

[2] 韬光：庵名。在杭州灵隐附近的半山腰上，因唐韬光禅师居此而得名。

[3] 西栗：《杭州府志》卷七十八："灵隐有西栗树，慧理自西竺携来种此，实小而味美。"

[4] 冷泉亭：在杭州飞来峰下，因亭曾在冷泉上，故名。 包园：明包涵所在飞来峰下所筑之园。详见本书卷三《包涵所》注。 飞来峰：在杭州灵隐寺前，一名灵鹫峰，又名天竺山。相传灵隐寺开山祖慧理谓此山系自天竺飞来，因而得名。

[5] 杨髡：即杨琏真伽，元初蒙古僧人，总领江南佛教，大发南宋诸帝陵墓。

【译文】

岣嵝山房紧邻着山、紧邻着溪、紧邻着韬光路，所以没有一条路上不架桥，没有一间屋上不建阁。山房门外有苍松傲然挺立，晬睨四野，各种树木蓊蓊郁郁，掩映着无边的清凉绿荫，身处其间，人的面目都看不清了。石桥有低矮的台阶，上面可以坐得下十个人。寺院里的僧人剖开竹子引来泉水，石桥下节节交错连接的都是引水的竹筒。天启甲子年（1624），我在这里闭关七个月，耳朵把潺潺的溪水声听了个够，眼睛把清幽的绿荫看了个饱。山上山下盛产西栗与边笋，美味无比。附近的居民把山房当成了市集，每天都拿瓜果和家禽过来卖，却单单没有鱼。于是我引溪水过来汇聚成水塘，抓来几十头大鱼养在里面。有客人来访，就捞鱼出来给他们尝鲜。傍晚时分，我一定会到冷泉亭、包园、飞来峰一带去散步。

一天，我顺着溪流边走边看飞来峰佛像，嘴里还口口声声骂着杨髡。忽然见到一个波斯人骑坐在龙象上，有四五个蛮夷女子在给他奉献鲜花瓜果，都赤裸着身子，刻石里记载说，这就是杨髡的塑像。我用椎子砸掉了杨髡像的头，连带着也砸碎了那几个女子，把这些丢到茅厕里来报复他。寺里的僧众以为我是在砸佛像，吃惊地议论纷纷，待到得知我砸的是杨髡的像，都高兴地称赞起来。

三 世 藏 书

余家三世积书三万余卷。大父诏余曰："诸孙中惟尔好书，尔要看者，随意携去。"余简太仆、文恭[1]、大父丹铅所及，有手泽存焉者，汇以请。大父喜，命舁去，约二千余卷。天启乙丑，大父去世，余适往武林，父叔及诸弟、门客、匠指、臧获、獠婢辈乱取之[2]，三代遗书一日尽失。

余自垂髫聚书四十年，不下三万卷。乙酉避兵入剡[3]，略携数簏随行，而所存者，为方兵所据[4]，日裂以吹烟，并舁至江干，籍甲内，挡箭弹，四十年所积，亦一日尽失。此吾家书运，亦复谁尤！

余因叹古今藏书之富，无过隋唐。隋嘉则殿分三品，有红琉璃、绀琉璃、漆轴之异。殿垂锦幔，绕刻飞仙。帝幸书室，践暗机，则飞仙收幔而上，橱扉自启；帝出，闭如初。隋之书计三十七万卷。唐迁内库书于东宫丽正殿，置修文、著作两院，学士得通籍出入[5]。太府月给蜀都麻纸五千番[6]，季给上谷墨三百三十六丸[7]，岁给河间、景城、清河、博平四郡兔千五百皮为笔[8]。以甲、乙、丙、丁为次[9]。唐之书计二十万八千卷。我明中秘书，不可胜计，即《永乐大典》一书[10]，亦堆积数库焉。余书直九牛一毛耳，何足数哉！

【注释】

[1] 太仆：指作者高祖张天复，曾官甘肃道行太仆卿。

[2] 臧获：古代对奴婢的贱称。 獠（zhǎo）婢：对婢女的蔑称。

[3] 剡：剡溪，在浙江嵊县南。顺治二年（乙酉），作者避兵乱，入嵊县西白山中。

[4] 方兵：见卷一《越俗扫墓》注。

[5] 通籍：汉制，将记有姓名、年龄、身份等的竹片挂于宫门外，经核对，合者乃得入宫。籍，二尺竹牒。

[6] 太府：官名，掌贡赋货财。 蜀都：今四川成都。

[7] 上谷：郡名，治今河北易县。

[8] 河间：郡名，今属河北。 景城：县名，在今河北交河县东北。清河：郡名，治今河北清河县东。 博平：郡名，治今山东聊城西北。

[9] "以甲乙"句：《夜航船》卷八："玄宗两都各聚书四部，以甲乙丙丁为号；甲，经部，赤牙签；乙，史部，绿牙签；丙，子部，碧牙签；丁，集部，白牙签。"

[10]《永乐大典》：类书名，明成祖永乐元年敕解缙、姚广孝等编辑。

【译文】

我家从高祖到祖父三代人累积了三万多卷藏书。我祖父曾经对我说:"孙辈中只有你喜好读书,你想看什么书就尽管拿去吧。"于是我就简选出高祖太仆公、曾祖文恭公以及祖父亲手批注校订过留下笔墨印记的书籍,汇集在一起向祖父请示。祖父非常高兴,让我都搬走了,大约有两千多卷。天启乙丑年(1625),祖父去世,我不巧离家到杭州去了,藏书被众位叔伯以及兄弟、清客、工匠、奴仆、贱婢们乱抢一气,三代人遗留下的书籍一日之间就全部散失了。

我从小就开始收集书籍,四十年来收藏了不下三万卷。乙酉年(1645)我为避兵乱来到剡溪,只随身携带了寥寥几箱书,而没带走留在家里的都落到了方国安的军队手里,他们天天撕下来引火用,甚至还搬到江边塞进铠甲里用来挡刀箭流弹,于是我四十年的日积月累,也一日之间烟消云散了。这就是我家藏书的运数,又能怪得了谁呢?

于是我不由感叹,若论古今藏书之富,没有哪朝哪代能比得过隋唐的。隋朝的嘉则殿把书籍分三个品级:用红琉璃轴、绀琉璃轴、漆轴区分。殿内垂挂着锦缎布幔,环绕布幔雕刻着飞仙。皇帝驾临书室,踩一下暗藏的机关,飞仙就会把布幔收上去,书橱的门就自动打开了。皇帝出来后,橱门自动关闭,一切恢复如旧。隋代的藏书共有三十七万卷。唐代把内库的书籍都转移到东宫丽正殿,并设置了修文、著作两院,两院学士核对身份后可以进出书库。太府每月提供蜀都麻纸五千番,每个季度提供上谷墨三百三十六丸,每年提供河间、景城、清河、博平四郡所产兔皮一千五百张用来做毛笔,按照甲、乙、丙、丁的顺序编次书籍。唐代的藏书共计二十万八千卷。我大明朝的中秘藏书多得不可胜数,仅仅是《永乐大典》一种书,就堆积了好几个书库。与之相比,我的藏书简直是九牛一毛而已,哪里够得上数呢!

卷 三

丝 社

越中琴客不满五六人，经年不事操缦[1]，琴安得佳？余结丝社，月必三会之。有小檄曰："中郎音癖，《清溪弄》三载乃成[2]；贺令神交，《广陵散》千年不绝[3]。器由神以合道，人易学而难精。幸生岩壑之乡，共志丝桐之雅。清泉磐石，援琴歌《水仙》之操[4]，便足怡情；涧响松风，三者皆自然之声，正须类聚。偕我同志，爰立琴盟，约有常期，宁虚芳日。杂丝和竹，用以鼓吹清音；动操鸣弦，自令众山皆响。非关匣里，不在指头，东坡老方是解人[5]；但识琴中，无劳弦上，元亮辈正堪佳侣[6]。既调商角，翻信肉不如丝[7]；谐畅风神，雅羡心生于手。从容秘玩，莫令解秽于花奴[8]；抑按盘桓，敢谓倦生于古乐。共怜同调之友声，用振丝坛之盛举。"

【注释】

[1] 操缦：调弦杂弄。

[2] "中郎"二句：据吴淑《事类赋注》引《琴纂》云：蔡邕曾入清溪访鬼谷先生，其所居山有五曲，皆有幽居灵迹。每一曲制一弄。东曲作《游春》，南曲作《渌水》，中曲作《幽居》，北曲作《坐愁》，西

曲作《愁思》。三年曲成，出示马融、王允、董卓，皆异之。　中郎：指蔡邕，汉初平元年(190)拜左中郎，世称蔡中郎。

　　[3]"贺令"二句：《太平广记》卷三二四："会稽贺思令善弹琴，尝夜在月中坐，临风抚奏。忽有一人，形器甚伟，着械有惨色。至其中庭，称善。便与共语，自云是嵇中散，谓贺云：'卿下手极快，但于古法未合。'因授以《广陵散》，贺因得之，于今不绝。"　《广陵散》：琴曲名。三国魏嵇康官中散大夫，以善弹此曲著称。后被诬陷处死，临刑前索琴弹之，叹曰："《广陵散》于今绝矣！"

　　[4]《水仙》之操：即《水仙操》，琴曲名。春秋时伯牙在海岛闻水声有感而作。事详《乐府题解》。

　　[5]"非关"三句：苏轼《琴诗》："若言琴上有琴声，放在匣中何不鸣。若言声在指头上，何不于君指上听。"此三句化用其诗。

　　[6]"但识"三句：陶渊明，字元亮，东晋大诗人。渊明不解琴，而蓄素琴一张，弦徽不具，常抚摩之，曰："但识琴中趣，何劳弦上声。"见《白氏六帖》。

　　[7]肉：歌喉。　丝：弦乐器。昔人有"丝不如竹，竹不如肉"之语，见《晋书·孟嘉传》。竹，指管乐器。

　　[8]花奴：唐汝阳王李琎的小名。琎善羯鼓，唐明皇不好琴，一弄未毕，以琴者出，谓内侍曰："速令花奴羯鼓来，为我解秽。"事见《杨太真外传》。

【译文】

　　越中一带能弹琴的人不足五六个，一年到头都不演练，琴艺哪能好得了呢？我发起一个丝社，每月例行聚会三次，写了一篇邀社檄文，内容是："蔡中郎雅好音乐，《清溪弄》三年才练成；贺思令与嵇康神交，《广陵散》乃能流传千年。乐器造自神灵且合乎乐理，人们容易学会但难以精通。幸而我们生于山间水乡，均怀有对琴之雅爱。身处清泉磐石之畔，抚弄琴弦歌一曲《水仙操》，便足以怡情悦性；涧水叮咚声、松涛汹涌声与琴声三者均乃天籁之声，正应类聚在一起。因此，我愿与同道们立下琴盟，定期相聚，不使年华虚度。丝竹交响，用来奏出清越的乐音；鼓琴抚弦，自然会使琴音在群山间回荡。琴音之美不在于琴匣的好坏，不在于手指的灵拙，苏东坡才是懂琴之人；只要能体悟琴中雅趣，无需设弦张徽，陶元亮正是知音伴侣。音律调好后，才明白歌喉不如琴声曼妙；琴韵和谐畅达，更艳羡我手弹我心之合契。从从容容地赏玩倾听，不必唤花奴前来解秽；反反复复地挑抹勾剔，哪敢对古乐心生厌倦。愿大家珍惜我们的同好之情，来此共襄琴坛之盛举。"

南 镇 祈 梦

万历壬子[1]，余年十六，祈梦于南镇梦神之前[2]，因作疏曰："爰自混沌谱中[3]，别开天地；华胥国里[4]，早见春秋。梦两楹[5]，梦赤舄[6]，至人不无；梦蕉鹿[7]，梦轩冕[8]，痴人敢说。惟其无想无因，未尝梦乘车入鼠穴，捣齑啖铁杵[9]；非其先知先觉，何以将得位梦棺器，得财梦秽矢[10]。正在恍惚之交，俨若神明之赐？某也蹶跛偃潴，轩鬻樊笼[11]，顾影自怜，将谁以告？为人所玩，吾何以堪！一鸣惊人，赤壁鹤耶[12]？局促辕下，南柯蚁耶[13]？得时则驾，渭水熊耶[14]？半榻蘧除[15]，漆园蝶耶[16]？神其诏我，或寝或吪[17]；我得先知，何从何去。择此一阳之始[18]，以祈六梦之正[19]。功名志急，欲搔首而问天；祈祷心坚，故举头以抢地。轩辕氏圆梦鼎湖[20]，已知一字而有一验；李卫公上书西岳[21]，可云三问而三不灵。肃此以闻，惟神垂鉴。"

【注释】
　　[1] 万历壬子：明神宗四十年(1612)。

[2] 南镇：五岳之外五座镇山之一，即绍兴会稽山，山下有祠庙，称南镇庙，自秦汉以来祭祀惟谨。

[3] 混沌谱：相传有一客往华山访仙人陈抟，值其睡，旁有一仙人谛听其声息，则以墨笔乌涂于纸，如是数次，乌涂莫辨。客怪而请问之，仙人曰："彼先生华胥调，此混沌谱也。"详《仙鉴》卷四十七。混沌、华胥，皆指梦境。

[4] 华胥国：相传黄帝昼寝而梦，游于华胥氏之国。详《列子·黄帝》。

[5] 梦两楹：孔子梦坐奠于两楹之间，料想自己将不久于人世。见《礼记·檀弓上》。按，殷制，人死后，灵柩停于两楹之间，孔子为殷人后代，所以梦见两楹，便知自己快要死了。两楹，指殿堂的中央。

[6] 梦赤舄：秦始皇东巡至海，闻千岁翁安期生之名，请见，与语三日三夜，临别赐给金璧数千万，安期生将宝物悉数弃置于阜乡驿亭内，留书以赤玉舄一双为报，飘然而往蓬莱仙境。见《列仙传》卷上。赤舄，古代帝王贵族所穿的礼鞋。

[7] 梦蕉鹿：指梦见获财之事。《列子·周穆王》："郑人有薪于野者，遇骇鹿，御而击之，毙之。恐人见之也，遽而藏诸隍中，覆之以蕉，不胜其喜。俄而遗其所藏之处，遂以为梦焉。"

[8] 梦轩冕：指梦见做官。轩冕，轩车和冕服，古时卿大夫所用。《庄子·缮性》："古之所谓得志者，非轩冕之谓也。"

[9]"惟其"三句：卫玠总角时，问乐令梦，乐云："是想。"卫曰："形神所不接而梦，岂是想邪？"乐云："因也。未尝梦乘车入鼠穴，捣齑啖铁杵，皆无想无因故也。"见《世说新语·文学》。

[10]"何以"二句：人有问殷中军："何以将得位而梦棺器，将得财而梦矢秽？"殷曰："官本是臭腐，所以将得而梦棺尸；财本是粪土，所以将得而梦秽污。"见《世说新语·文学》。

[11]"蹢躅"二句：表示陷入困境。蹢躅，盘曲蠕动貌。偃潴，陂池。

[12] 赤壁鹤：苏轼夜游赤壁，见有孤鹤横江东来，掠舟而西，寝梦二道士羽衣蹁跹。见其《后赤壁赋》。

[13] 南柯蚁：形容富贵得失无常，见《陶庵梦忆·序》注。

[14] 渭水熊：指姜太公吕尚。此用吕尚垂钓于渭水之阳，遇文王立为师事。见《史记·齐太公世家》。

[15] 蘧除：即"蘧蒢"，粗竹席。

[16] 漆园蝶：用庄子梦蝶事，见《庄子·齐物论》。

［17］或寝或吡：语出《诗·小雅·无羊》。吡又作"讹"，动。

［18］一阳：指冬至，是日阳气初升。

［19］六梦：指正梦、噩梦、思梦、寤梦、喜梦、惧梦。见《周礼·春官·占梦》。正梦，无所感动，平安自梦。

［20］"轩辕"句：传说黄帝采首山铜，铸鼎于荆山下。鼎成，乘龙上天，因名其处曰鼎湖。见《史记·封禅书》。

［21］李卫公：李靖，陕西三原人，唐贞观中出将入相，封卫国公。其《上西岳书》载于《全唐文》。

【译文】

万历壬子年（1612），我十六岁，到南镇梦神前祈梦，因此写了一篇祈梦疏，内容是："从混沌谱中，别见一片新天地；在华胥国里，预知几番春秋事。梦见坐于两楹之间，梦见赤玉舄，至圣之人也不是没有做过梦；梦见蕉叶覆鹿，梦见乘轩戴冕，痴愚之人也敢宣扬自己的梦。如果心无所思、事无缘由，就不会梦到乘车进入老鼠洞、捣菜成细末而把铁杵也吃下去这样无稽的事情；若不是心里早存了念想有所预感，又怎会将要升官就梦见棺材，将要发财就梦见粪便呢。正当迷惘无助的时候，梦见这些，简直就像是神明开示一般。我深陷泥潭，想要摆脱束缚，挣脱牢笼振翅高飞，顾影自怜，谁能给我启示呢？若被人玩弄于股掌之中，我又情何以堪！是会一鸣惊人，像东坡居士见到赤壁鹤那样吗？是会拘束受限，像南柯蚁穴里的蚂蚁那样吗？是会得遇明主，一展抱负，像渭水飞熊姜太公那样吗？是会坐拥半床破竹席，穷困潦倒，像庄周梦见蝴蝶那样吗？神明啊，请您昭示我，我是该静待时机还是该相机而动？让我有一点心灵感应吧，未来我将何去何从？我选在这阳气初升的冬至节来祈求您赐一个预示未来的正梦给我。我建功扬名的志向是如此急迫，急切地想要向苍天问一个明白；我向神明祈祷的心意是如此坚定，故而以头触地虔诚叩拜。轩辕黄帝在鼎湖边铸鼎得以达成乘龙升天之梦，已昭示着梦中的每个字都会得到应验；李卫公上书西岳神，可以直言若三个愿望都不能实现，西岳神还有何灵验可言。我恭谨地将这篇疏文献给梦神您听，恳请神明垂怜，赐梦于我。"

禊　泉

惠山泉不渡钱塘[1]，西兴脚子挑水过江[2]，喃喃作怪事。有缙绅先生造大父，饮茗大佳，问曰："何地水？"大父曰："惠泉水。"缙绅先生顾其价曰[3]："我家逼近卫前[4]而不知打水吃，切记之。"董日铸先生常曰[5]："浓、热、满三字尽茶理，陆羽《经》可烧也[6]。"两先生之言，足见绍兴人之村之朴。

余不能饮潟卤[7]，又无力递惠山水。甲寅夏[8]，过斑竹庵[9]。取水啜之，磷磷有圭角[10]，异之。走看其色，如秋月霜空，噀天为白；又如轻岚出岫，缭松迷石，淡淡欲散。余仓卒见井口有字划，用帚刷之，"禊泉"字出，书法大似右军[11]，益异之。试茶，茶香发。新汲少有石腥，宿三日气方尽[12]。辨禊泉者无他法，取水入口，第挤舌舐腭，过颊即空，若无水可咽者，是为禊泉。好事者信之，汲日至，或取以酿酒，或开禊泉茶馆，或瓮而卖，及馈送有司。董方伯守越[13]，饮其水，甘之，恐不给，封锁禊泉，禊泉名日益重。会稽陶溪[14]，萧山北干[15]，杭州虎跑[16]，皆非其伍，惠山差堪伯仲。在蠡城，惠泉亦劳而微热[17]，此方鲜磊，亦胜一筹矣。长年卤莽，水递不至其地，易他水，余笞之，晋同伴，谓发其私。及余辨是某地某井水，方信服。昔人水辨淄、渑[18]，佻为异事。诸水到口，实实易辨，何待易牙？余友赵介臣亦不余信，同事久，别余去，曰："家下水实进口不得，须还我口去。"

【注释】

[1] 惠山泉：在江苏无锡惠山山麓，一称陆子泉，以陆羽品题而得名，品为天下第二。

[2] 西兴：见《陶庵梦忆·序》注。

[3] 价：随从仆人。

[4] 卫：明代军队编制名。绍兴府设三卫，即绍兴卫、临山卫、观海卫。绍兴方言"惠泉"与"卫前"音近，"缙绅先生"不知惠泉，讹称卫前。

[5] 董日铸：即董懋策，字揆仲，号日铸，会稽人。精《易》学，讲学蕺山，从游者数百人，与张岱祖父张汝霖友善。

[6] 陆羽：字鸿渐，竟陵(今湖北天门)人。唐代著名茶道家，人称"茶圣"，著有《茶经》。

[7] 潟卤：通潮汐的近海盐碱地水源。田艺蘅《煮泉小品》："潮汐近地必无佳泉，盖斥卤诱之也。"

[8] 甲寅：万历四十二年(1614)。

[9] 斑竹庵：在山阴城南二十里娄公埠下。

[10] "磷磷"句：谓水性重厚，味清冽，如带棱角。

[11] 右军：晋大书法家王羲之曾官右军将军，人称王右军。

[12] "新汲"二句：谓置石瓶中，令水不浊，去土石腥味。黄庭坚《咏慧山泉》诗："锡谷寒泉橢石俱。"

[13] 董方伯：未详。方伯，布政使。

[14] 陶溪：浙江绍兴陶晏岭溪名。

[15] 北干：萧山县北一里有北干山，山麓有干泉。

[16] 虎跑：在杭州西湖西南隅大慈山下，有泉甘冽，称天下第三泉。

[17] 蠡城：春秋时越国都城，传为范蠡所筑，故称，又代指绍兴。 惠泉：绍兴城东南七十八里有太平山，山有二泉如带，大旱不涸，此即惠泉，与无锡惠泉同名异地。

[18] "昔人"句：据《淮南子·道应训》载：白公问孔子："若以水投水，何如？"孔子回答说："淄、渑之水合，易牙尝而知之。"淄、渑，古水名，在今山东省境内。

【译文】

惠山泉的水不过钱塘江，所以当西兴渡口的脚夫们帮我家挑泉水过江时，嘴里还会嘟嘟囔囔地念叨着怪事一桩。曾有位缙绅先生来拜访我祖父时，喝了我家的茶，感觉很好，就问道："这是用的哪里的水？"祖父说："'惠泉'水。"缙绅先生转头嘱咐他的随从说："我们家靠近'卫前'，却不晓得打水来吃，以后一定要记牢了。"董日铸先生常常说："浓、热、满三个字道尽了泡茶的道理，陆羽的《茶经》都可以烧掉不看了。"从这两位先生的话里，足可看出绍兴人的粗拙与朴素。

我喝不惯盐碱味道浓的水，又没能力运惠山泉水来喝。甲寅年（1614）夏天，我经过斑竹庵。取井水来抿了一口，只觉入口爽利清洌，感到很吃惊。走近去看水色，只见井水如一轮秋月高挂于漫天霜雾中，把天空喷薄成亮白一片；又如同轻薄的山雾从山谷中冉冉升起，在松间石上萦绕弥漫，丝丝缕缕，渐淡渐散。匆匆一瞥间，我见到井口有刻字痕迹，就拿来扫帚刷干净，露出了"禊泉"两个字，书法很有王羲之的味道，更加令我吃惊。用此水试着泡茶，茶香全都泡出来了。刚打上来的水稍稍带点石头的腥味，放三天之后腥味才散尽。要辨别是不是禊泉水没有其他办法，取水来喝上一口，只管翘起舌头用舌尖抵住上颚，如果水从嘴巴里一滑而过，如同没有水可咽一样，这就是禊泉水了。有喜欢多事的人相信了我的判断，每天都来此汲水，有的取去酿酒用，有的借此开了禊泉茶馆，有的把水装在瓮里售卖，还有的用来给官员送礼。一位董姓官员做布政使镇守当地时，喝了禊泉水，觉得甘甜可口，担心会供不应求，就把禊泉封锁了起来，于是禊泉的美名一天大过一天。会稽的陶溪水、萧山的北干泉、杭州的虎跑泉，都比不上它，只有惠山泉大概可以与它一较高下。在绍兴当地，惠泉水取用不易，并且稍微带了点温度，而禊泉水则鲜活可口，也就更胜一筹了。曾有一位长公做事偷工减料，送水的时候没有走到禊泉那儿，而是用其他地方的水来冒充，我打了他一顿，他就骂他的同伴，说是他们揭发的。等到我尝出他是用哪个地方哪口井的水来冒充的，他才心服口服。古时候有人能辨别出淄水和渑水，就被推崇为天赋异禀。其实各种水到了嘴里，实在是相当容易辨别出来的，又何必要等易牙这样的奇人来辨呢？我的朋友赵介臣本来也不相信我说的话，我们共事时间长了，跟我告别离开的时候，他说："我家乡的水实在是粗劣得入不了口，你得把我原来的嘴巴还给我。"

兰 雪 茶

日铸者[1]，越王铸剑地也。茶味棱棱[2]，有金石之气。欧阳永叔曰[3]："两浙之茶，日铸第一。"王龟龄曰[4]："龙山瑞草，日铸雪芽[5]。"日铸名起此。京师茶客，有茶则至，意不在雪芽也，而雪芽利之，一如京茶式，不敢独异。

三峨叔知松萝焙法[6]，取瑞草试之，香扑冽。余曰："瑞草固佳，汉武帝食露盘[7]，无补多欲；日铸茶薮，'牛虽瘠，偾于豚上'也[8]。"遂募歙人入日铸，揥法、掐法、挪法、撒法、扇法、炒法、焙法、藏法，一如松萝。他泉瀹之，香气不出，煮禊泉[9]，投以小罐，则香太浓郁。杂入茉莉，再三较量，用敞口瓷瓯淡放之，候其冷，以旋滚汤冲泻之。色如竹箨方解，绿粉初匀，又如山窗初曙，透纸黎光。取清妃白[10]，倾向素瓷，真如百茎素兰同雪涛并泻也。雪芽得其色矣，未得其气，余戏呼之"兰雪"。

四五年后，兰雪茶一哄如市焉。越之好事者，不食松萝，止食兰雪。兰雪则食，以松萝而纂兰雪者亦食[11]。盖松萝贬声价俯就兰雪，从俗也。乃近日徽、歙间松萝亦改名兰雪^[12]，向以松萝名者，封面系换，则又奇矣。

【注释】

[1] 日铸：即日铸岭，在绍兴东南五十五里，相传欧冶子为越王勾践铸剑之地，出产双芽茶。

[2] 棱棱：形容茶叶重浊不滑。

[3] 欧阳永叔：欧阳修，字永叔，北宋文学家。其《归田录》云："草茶盛于两浙，两浙之品，日注第一。"日注，即日铸。

[4] 王龟龄：王十朋，字龟龄，号梅溪，温州乐清人，南宋初廷试第一，官至龙图阁学士。

[5] "龙山"二句：见王十朋《会稽风俗赋》。原文作"日铸雪芽，卧龙瑞草"。雪芽，一称双芽，茶名。卧龙，即卧龙山，昔人云"卧龙茶冠吴越"。瑞草，茶名。

[6] 三峨：张炳芳，号三峨，作者三叔。 松萝：茶名，产于安徽歙县松罗山。

[7] 露盘：汉武帝于宫中建铜柱，以仙人掌承露，和玉屑饮之，以求长生。

[8] "牛虽"句：《左传·昭公十三年》："牛虽瘠，偾于豚上，其畏不死？"言以瘠牛仆于小猪之上，不怕猪不死。此谓以日铸取代瑞草。

[9] 禊泉：参见本卷《禊泉》一文。

[10] 取清妃白：又作"取青媲白"。妃、媲，匹配。

[11] 篡：掺杂。

[12] 徽歙：徽州歙县，今属安徽。

【译文】

日铸岭是越王勾践的铸剑之地，那里出产的茶叶口感重浊不滑，带着些金石气。欧阳修说："两浙之茶，日铸第一。"王龟龄说："龙山瑞草，日铸雪芽。"日铸茶的名声由此鹊起。京城的茶客们听说有茶了就马上赶来，他们并不注重日铸雪芽本身的特性，而日铸雪芽为了能卖上好价钱，只能迎合京茶的制式来做，不敢采用什么特别的方法。

　　我叔叔三峨公知道松萝茶的烘焙方法，取瑞草茶来试做，结果茶香芳列扑面。我说："瑞草茶固然是好的，但就像汉武帝食用承露盘的甘露一样，想多吃点也是办不到的；而日铸茶多得是，正所谓'再瘦的牛也能把小猪压垮'。"于是我们就召募歙人到日铸来制茶，其扚法、掐法、挪法、撒法、扇法、炒法、焙法、藏法，全都依照松萝茶的制法来做。制成后取其他泉水来煮，茶香都出不来，用禊泉水来煮，倒进小罐里，香气又太浓郁了。于是掺进一些茉莉花，经过再三调配，摊放在敞口的小瓷碗里，等茶叶冷却，就用刚煮开的水冲下去，只见茶色如竹笋皮刚刚脱落时，嫩竹上尚带的那一抹竹粉，又如同山窗外曙光初现时，窗纸透进来的那一缕黎明的微光。依照青白配色，把茶汤倒进素白瓷碗中，眼前简直就像是上百株素兰与雪浪一起倾泻而下。"雪芽"之名彰显了这种茶的颜色，却没能表达出它的气韵，所以我戏称它为"兰雪"。

　　四五年之后，兰雪茶在市场上被哄抢，越中的好事者不吃松萝茶，只吃兰雪茶。有兰雪茶就吃，松萝茶里掺一些兰雪茶也吃。估计松萝茶肯自贬身价去俯就兰雪茶，也是为了顺应时俗。而近来徽、歙一带把松萝茶也改名叫兰雪茶，一向以松萝为名的茶叶，外包装也换成了兰雪茶，则又是怪事一桩了。

白　洋　潮

　　故事，三江看潮[1]，实无潮看。午后喧传曰："今年暗涨潮。"岁岁如之。戊寅八月[2]，吊朱恒岳少师[3]，至白洋[4]，陈章侯、祁世培同席[5]。

　　海塘上呼看潮，余遄往，章侯、世培踵至。立塘上，见潮头一线，从海宁而来，直奔塘上。稍近，则隐隐露白，如驱千百群小鹅，擘翼惊飞。渐近喷沫，冰花蹴起，如百万雪狮蔽江而下，怒雷鞭之，万首镞镞，无敢后先。再近，则飓风逼之，势欲拍岸而上。看者辟易，走避塘下。潮到塘，尽力一礴，水击射，溅起数丈，着面皆湿，旋卷而右，龟山一挡^[6]，轰怒非常，炮碎龙湫，半空雪舞。看之惊眩，坐半日，颜始定。

先辈言浙江潮头自龛、赭两山漱激而起^[7]。白洋在两山外，潮头更大，何耶？

【注释】

[1] 三江：镇名，在绍兴市东北四十里浮山北麓，与三江所城南北对峙，为东海门户。

[2] 戊寅：明崇祯十一年（1638）。

[3] 朱恒岳：朱燮元，字懋和，号恒岳，山阴人，明万历进士，曾任兵部尚书，以功进少师。卒于崇祯十一年（1638）。

[4] 白洋：山名，在绍兴市西北，滨海，明清时缘山筑城，设有白洋巡检司。

[5] 陈章侯：陈洪绶，字章侯，号老莲，浙江诸暨人。明末著名画家，张岱仲叔张联芳之婿。　祁世培：见卷一《木犹龙》注。

[6] 龟山：又名乌凤山。《绍兴府志》："乌凤山，在府城西北五十里，滨于海，有洞出乌凤。一名龟山，当潮生时，远望之，宛然如龟山出没水中。"

[7] 龛、赭两山：龛山在萧山县东南，赭山在海宁县西南。二山相对，扼钱塘江入海口，谓之海门。后江流改道，赭山在江南，今已属萧山县境。

【译文】

长期以来，在三江看潮，其实是没潮可看的。于是午后大家就纷纷盛传："今年是暗涨潮。"年年都是这样。戊寅年（1638）八月，我因为吊唁朱恒岳少师，来到白洋，与陈章侯、祁世培坐在一起。

忽听得海塘上有人呼喊着快去看海潮，我急忙赶过去，陈章侯、祁世培也跟着赶来。我们站在海塘上，只见潮头连成一条线，从海宁方向翻涌而来，直扑向海塘。潮水稍微靠近一点，就隐隐露出一片白色，犹如成百上千群小鹅被驱赶着，扑打着翅膀惊惶地飞起来。潮头愈来愈近，水沫喷涌而出，浪花四溅开来，如同百万头雪狮子长驱而下，遮蔽了整个江面，怒雷在后面鞭策着它们，百万颗狮头拱在一起争先恐后地向前冲。再近一些，则飓风挟潮头汹涌而来，那架势似乎要拍打着岸头一跃而上。观潮者吓得纷纷后退，跑到塘下躲起来。潮头冲到塘上，拼尽全力撞过来，潮水激射而起，直溅起几丈高的水花，喷到人脸上湿得一塌糊涂。随即潮头右转翻卷而去，被龟山一挡，发出非同寻常的轰轰隆隆怒吼声，如同炸碎了大龙湫一样，雪白的浪花飞雪般漫天狂舞。看得人心惊目眩，静坐半天，脸色才慢慢缓过来。

老辈人常说浙江的潮头是在龛、赭二山间经激荡冲刷而形成的。而白洋在这两座山之外，潮头却更大，这是为什么呢？

阳 和 泉

禊泉出城中，水递者日至。臧获到庵借炊，索薪、索菜、索米，后索酒、索肉；无酒肉，辄挥老拳。僧苦之，无计脱此苦，乃罪泉，投之刍秽。不已，乃决沟水败泉，泉大坏。张子知之，至禊井，命长年浚之。及半，见竹管积其下，皆黧胀作气；竹尽，见刍秽，又作奇臭。张子淘洗数次，俟泉至，泉实不坏，又甘洌。张子去，僧又坏之。不旋踵，至再、至三，卒不能救，禊泉竟坏矣。是时，食之而知其坏者半，食之不知其坏、而仍食之者半，食之知其坏而无泉可食、不得已而仍食之者半。

壬申，有称阳和岭玉带泉者[1]，张子试之，空灵不及禊而清冽过之。特以玉带名不雅驯，张子谓：阳和岭实为余家祖墓，诞生我文恭[2]，遗风余烈，与山水俱长。昔孤山泉出[3]，东坡名之"六一"[4]；今此泉名之"阳和"，至当不易。盖生岭、生泉，俱在生文恭之前，不待文恭而天固已阳和之矣，夫复何疑！土人有好事者，恐玉带失其姓，遂勒石署之。且曰："自张志'禊泉'而'禊泉'为张氏有，今琶山是其祖垄[5]，擅之益易。立石署之，惧其夺也。"时有传其语者，阳和泉之名益著。铭曰："有山如砺，有泉如砥；太史遗烈[6]，落落磊磊。孤屿溢流，'六一'擅之。千年巴蜀[7]，实繁其齿；但言眉山[8]，自属苏氏。"

【注释】

[1] 阳和岭：在绍兴城南五里琵琶山(俗名杷山)，有泉名玉带。

[2] 文恭：指张岱曾祖元忭(谥文恭)，号阳和。

[3] 孤山：在杭州西湖。

[4] 六一泉：在杭州孤山之南，欧阳修号六一居士，苏轼为纪念欧公，故名"六一泉"。事详《西湖梦寻》卷三《六一泉》。

[5] 琶山：即绍兴琵琶山。

[6] 太史：指张元忭，曾任修撰、翰林院侍读，故称。

[7] 巴蜀：张氏祖籍为四川绵阳。

[8] 眉山：北宋苏洵及其子苏轼、苏辙家乡。

【译文】

禊泉出自绍兴城中，每天前来运水的人络绎不绝。这些运水的奴仆们到斑竹庵里来借炊，向僧人们要柴、要菜、要米，后来又要酒、要肉；若没有酒肉，就挥起拳头打过来。僧人们苦不堪言，又没办法脱离苦海，于是就迁怒到禊泉上，把杂草等污秽之物投进去。还是阻止不了人来，他们就挖沟引水过来破坏泉水，禊泉就破败得很了。我得知此事后，亲自到禊泉边，让长工疏浚它。疏浚到一半时，发现有很多竹管堆在下面，都腐胀黑烂发出阵阵臭气。把竹管清理干净后，就看见了腐烂的杂草，也散发着恶臭气味。我让人把里面淘洗了好几次，待到泉水重新涌出时，感觉水质其实还不错，仍然甘甜清冽。等我离开以后，僧人们又把泉毁了。不久，又折腾第二次、第三次，最后再也修不好了，禊泉终于被彻底毁了。这个时候，吃过禊泉水并且知道泉水已经被毁坏了的人占一部分，吃过禊泉水却不知道泉水已经被毁坏了，而仍然在吃禊泉水的人占一部分，吃过禊泉水也知道泉水已经被毁坏，但是由于没有其他泉水可吃，万不得已而仍然吃禊泉水的人占一部分。

壬申年（1632），听人说阳和岭的玉带泉好喝，我尝了一下，味道与禊泉相比清冽有余而空灵不足。只不过感觉玉带这个名字不够文雅，我就说：阳和岭其实是我家祖坟所在地，我曾祖文恭公出生在这里，传承下来的家风与勋业，与这里的山山水水共久长。昔日杭州孤山有泉水涌出来，苏东坡命名为"六一泉"，现在为此泉取名"阳和"，是再恰当不过了。此地成岭、涌泉都发生在文恭公出生之前，所以说等不到文恭出生而上天已经赐予其"阳和"之名了，又有什么好疑虑的呢。当地的好事之徒担心"玉带"这个名字会被遗忘，于是就立了块石碑刻上名字，并且说："自从张岱记述了禊泉，禊泉就被他据为己有了，如今琶山是他家祖坟之地，他霸占起来就更加容易了。之所以要立碑署玉带泉之名，是害怕此泉再被张家夺走了。"一时间流言四起，阳和泉名声大振。阳和泉铭为："此处有山如砺，有泉如砥，曾祖太史公之遗风余烈，光明磊落。想当初孤山涌泉，独独冠名以'六一'。千年巴蜀之地，人口繁盛，但要说起眉山，那自然是属于苏氏的。"

闵 老 子 茶

周墨农向余道闵汶水茶不置口。戊寅九月[1]，至留都[2]，抵岸，即访闵汶水于桃叶渡[3]。日晡，汶水他出，迟其归，乃婆娑一老。方叙话，遽起曰："杖忘某所。"又去。余曰："今日岂可空去？"迟之又久，汶水返，更定矣。睨余曰："客尚在耶！客在奚为者？"余曰："慕汶老久，今日不畅饮汶老茶，决不去！"汶水喜，自起当垆。茶旋煮，速如风雨。

导至一室，明窗净几，荆溪壶[4]、成宣窑磁瓯十余种[5]，皆精绝。灯下视茶色，与磁瓯无别，而香气逼人，余叫绝。余问汶水曰："此茶何产？"汶水曰："阆苑茶也[6]。"余再啜之，曰："莫绐余。是阆苑制法，而味不似。"汶水匿笑曰："客知是何产？"余再啜之，曰："何其似罗岕甚也[7]？"汶水吐舌曰："奇！奇！"余问："水何水？"曰："惠泉。"余又曰："莫绐余！惠泉走千里，水劳而圭角不动[8]，何也？"汶水曰："不复敢隐。其取惠水，必淘井，静夜候新泉至，旋汲之。山石磊磊，藉瓮底[9]，舟非风则勿行。故水之生磊，即寻常惠水犹逊一头地，况他水耶？"又吐舌曰："奇！奇！"言未毕，汶水去。少顷，持一壶，满斟余曰："客啜此。"余曰："香扑烈，味甚浑厚，此春茶耶？向瀹者的是秋采。"汶水大笑曰："予年七十，精赏鉴者，无客比！"遂定交。

【注释】
　　[1] 戊寅：明崇祯十一年（1638）。
　　[2] 留都：明太祖建都金陵（今南京），永乐时迁都北京，则金陵为留都。

[3] 桃叶渡：南京渡口名，在秦淮河与青溪合流处，以晋王羲之爱妾桃叶而得名。

[4] 荆溪：水名，在江苏宜兴南，亦借指宜兴。有陶都之称。

[5] 成宣：明成化、宣德两朝。

[6] 阆苑：仙人所居。此处或指苏州天池山，产名茶。《茶笺》："天池青翠芳馨，可称仙品。"

[7] 罗岕：浙江长兴、江苏宜兴一带所产之茶。

[8] "水劳"句：谓水从远道取来，而味犹生鲜清冽。圭角，见本卷《禊泉》注。

[9] "山石"二句：谓以石养水，水能保持原味。屠隆《考槃余事》："取白石子入瓮中，能养其味，亦可澄水不淆。"并参《禊泉》"新汲"二句注。

【译文】

周墨农在我面前对闵汶水茶赞不绝口。戊寅年（1638）九月，我到南京去，船一靠岸，就去桃叶渡拜访闵汶水。傍晚时分到了那儿，汶水不巧外出了，很晚才回来，却见是垂垂一老翁。刚聊了几句，他忽然起身，说："我的拐杖忘在那里了。"就又离开了。我想："今天怎么能白跑一趟呢？"又等了很久他才回来，那时候已经是晚上更定时分了。他瞥了我一眼说："客人您还在呀。您呆在这儿做什么呢？"我说："我久仰汶老大名，今天若是不能把您煮的茶喝个痛快，我是绝对不会离开的。"汶水很高兴，亲自起身生起炉子。一会儿功夫就煮好了茶，快得像一阵疾风骤雨似的。

于是他引我到一间茶室吃茶，那儿窗明几净，摆放着荆溪壶和十多种成宣窑茶具，都精美异常。就着灯光看茶色，与茶具浑然一色，且茶香扑鼻，我连声赞叹。我问汶水道："这茶产自哪里？"汶水说："这是阆苑茶。"我又抿了一口，说："您老别骗我，这是用阆苑茶的制法做的，但是味道不像。"汶水忍着笑说："那客人您觉得是什么茶呢？"我又抿了一口，说："怎么这么像罗岕茶呢？"汶水吐了吐舌头说："奇了！奇了！"我问："这用的是什么水？"汶水答道："惠泉水。"我又说："不要糊弄我！惠泉水运过来要千里奔波，水经过这番折腾而清冽之味不改，是怎么回事儿?"汶水说:"不敢再瞒你了。我取惠泉水的时候,一定要把井淘洗一番,在静夜里等待新泉涌出来,立马取水。再把山石层层叠叠铺在水瓮底部,运水的船不遇顺风就不开。所以此水的鲜活,即便是寻常的惠泉水也要稍逊一筹,更别说其他地方的水了。"他又吐了吐舌头,说:"奇了!奇了!"话没说完,汶水就走开了。过了一会儿,他端着一壶茶进来,给我满满地倒上了一碗,说:"客人您尝尝这个茶。"我说:"茶香浓烈扑鼻,茶味醇厚非常,这是春茶吧?刚才煮的那个明明是秋天采的茶。"汶水大笑道:"我活了七十岁,见过的精通鉴水品茶的人,没有比得过客人您的。"于是我们俩成了知交好友。

龙 喷 池

卧龙骧首于耶溪[1],大池百仞出其颔下。六十年内,陵谷迁徙[2],水道分裂。

崇祯己卯[3],余请太守檄[4],捐金纠众,畚锸千人,毁屋三十余间,开土壤二十余亩,辟除瓦砾刍秽千有余艘,伏道蜿蜒[5],偃潴澄靛,克还旧观。昔之日不通线道者,今可肆行舟楫矣。

喜而铭之。铭曰:"蹴醒骊龙,如寐斯揭。不避逆鳞[6],抶其鲠噎。潴蓄澄泓,煦湿濡沫[7]。夜静水寒,颔珠如月[8]。风雷逼之,扬鬐鼓鬣。"

【注释】

[1] 卧龙:即卧龙山。 骧首:昂首。 耶溪:即若耶溪,在绍兴城南二十里,北流入镜湖,相传为西施浣纱处。

[2] 陵谷迁徙:谓山河变迁。《诗·小雅·十月之交》:"高岸为谷,

深谷为陵。"

　　［3］已卯：明崇祯十二年（1639）。

　　［4］太守：明代称知府。

　　［5］伏道：暗道，这里指深挖的水道。

　　［6］逆鳞：传说龙喉下有倒鳞，若人有触之者，必杀人。

　　［7］呴湿濡沫：谓渠水干涸后鱼吐沫互相湿润。《庄子·大宗师》："泉涸，鱼相与处于陆，相呴以湿，相濡以沫，不知相忘于江湖。"呴、煦同，吐气。

　　［8］颔珠：传说骊龙颔下有宝珠。《庄子·列御寇》："千金之珠，必在九重之渊，而骊龙颔下。"

【译文】

　　卧龙山在若耶溪之上高昂起龙头，有一个深不见底的大池子汇聚在龙颔下方。六十年内，此地为陵为谷，几度沧海桑田，水道分崩离析。

　　崇祯已卯年（1639），我请绍兴知府发出檄文，募捐、募民，召集到上千人扛着畚斗铁锸，拆毁了三十多间房屋，开垦出二十多亩土地，清理出一千多船碎砖烂瓦、污泥烂草，于是淤塞的水道又蜿蜒显现了，淤堵的池水也澄净起来了，一切都恢复成原来的样子。以前无法通行的狭窄水道，如今船只可以在里面畅行无阻了。

　　我很开心地写了一篇铭文，内容是："一脚踢醒黑龙，唤它出沉沉的梦境。不怕触犯龙鳞，拨通它梗塞的喉咙。满池清水澄澈透亮，碧波荡漾水雾迷蒙。夜阑人静池水寒凉，龙颔下这颗宝珠如冷月一轮。若遭风雷相逼，必会仰首怒吼。"

朱文懿家桂

　　桂以香山名[1]，然覆墓木耳，北邙萧然[2]，不堪久立。单醪河钱氏二桂[3]，老而秃。独朱文懿公宅后一桂[4]，干大如斗，枝叶溟蒙，樾荫亩许，下可坐客三四十席。不亭，不屋，不台，不栏，不砌，弃之篱落间。花时，不许人入看，而主人亦禁足勿之往，听其自开自谢已耳。

樗栎以不材终其天年[5]，其得力全在弃也。百岁老人，多出蓬户，子孙第厌其癃瘇耳[6]，何足称瑞？

【注释】

[1] 香山：绍兴山名，其地产桂。《绍兴府志》卷三："香山，在鹿池山东，木犀甚繁华。"鹿池山在鉴湖附近。木犀，桂树别名。

[2] 北邙：山名，在河南洛阳北，东汉及魏王侯公卿多葬于此。后泛称墓地。

[3] 箪醪河：即箪醪河、劳师泽，在绍兴城内。

[4] 朱文懿宅：即朱赓宅第。《越中园亭记》："秋水园，在朱文懿公居第后，凿池园中，翔鸿阁迥立其上，有'水天一色'扁，神庙御笔也。公未拜麻时，常游咏于此。旁有桂树，大数围，荫一亩余。"

[5] "樗栎"二句：此处用《庄子·人间世》篇中的故实。庄子曾将栎树比作无用之木，视其为"散木也，以为舟则沉，以为棺椁则速腐，以为器则速毁，以为门户则液樠，以为柱则蠹。是不材之木也，无所可用，故能若是之寿。"

[6] 癃瘇：意同"龙钟"，衰老疲惫的样子。

【译文】

桂树以绍兴香山的最为有名，然而那都是作为拱卫坟墓的树栽下的，坟地里一片萧瑟，经不住长时间呆在里面。箪醪河钱氏家里有两株桂树，年岁久了，还光秃秃的。唯独朱文懿先生家宅后面的一株桂树，树干粗大如斗，枝繁叶茂，遮下的树荫有一亩多大，下面摆得开三四十桌宴席。没有建亭子、屋子、台阁、栏杆、台阶等，任由它在篱笆间长着。花开时节，不准人进去看，连主人家也止步不去看，听凭桂树自己花开花落。

那些樗树和栎树因为不成材而得享天年，完全凭着没人能用得上它。而那些百岁老人多出自蓬门荜户，子孙们只会嫌弃他们老得手脚不利索不中用，哪里还称得上是祥瑞呢？

逍 遥 楼

滇茶故不易得，亦未有老其材八十余年者。朱文懿公逍遥楼滇茶[1]，为陈海樵先生手植[2]，扶疏翁翳，老而愈茂。诸文孙恐其力不胜葩，岁删其萼盈斛，然所遗落枝头，犹自燔山熠谷焉。文懿公，张无垢后身[3]。无垢降乩与文懿，谈宿世因甚悉，约公某日面晤于逍遥楼。公伫立久之，有老人至，剧谈良久，公殊不为意。但与公言："柯亭绿竹庵梁上[4]，有残经一卷，可了之。"寻别去，公始悟老人为无垢。次日，走绿竹庵，简梁上，有《维摩经》一部，缮写精良，后二卷未竟，盖无垢笔也。公取而续书之，如出一手。

先君言，乩仙供余家寿芝楼，悬笔挂壁间，有事辄自动，扶下书之，有奇验。娠祈子，病祈药，赐丹，诏取某处，立应。先君祈嗣，诏取丹于某簏临川笔内[5]，簏失钥闭久，先君简视之，锁自出，觚管中有金丹一粒，先宜人吞之[6]，即娠余。朱文懿公有姬媵，陈夫人狮子吼[7]，公苦之，祷于仙，求化妒丹。乩书曰："难，难！丹在公枕内。"取以进夫人，夫人服之，语人曰："老头子有仙丹，不饷诸婢，而余是饷，尚昵余。"与公相好如初。

【注释】

[1]逍遥楼：在绍兴城怪山(又名龟山、塔山、宝林山、东武山)下，朱赓所建，兀然高峙，接阜陵山，而规制古朴。

[2]陈海樵：陈鹤，字鸣轩，一字九皋，号海樵，山阴人。嘉靖四年举人，未仕，居家三十年，为诗文词赋，工画，水墨花草，最为超绝。

[3]张无垢：张九成，字子韶，号无垢居士，浙江钱塘人。南宋绍兴二年，廷对第一，授礼部侍郎。

[4]柯亭：见卷二《表胜庵》注。

[5]临川笔：王羲之笔墨。羲之曾为临川内史。王勃《滕王阁序》："邺水朱华，光照临川之笔。"

[6]先宜人：作者生母陶氏。

[7]陈夫人：海樵山人陈鹤之女，封一品夫人。见邹元标《朱公赓行状》。　狮子吼：喻指妻子悍妒发怒。苏轼《寄吴德仁兼简陈季常》诗："忽闻河东狮子吼，拄杖落手心茫然。"

【译文】

滇茶过去不太好种，也没有能长八十多年的老茶树。朱文懿公的逍遥楼那里的一株滇茶，是陈海樵先生当年亲手种下的，长得郁郁葱葱，枝繁叶茂，愈老还愈加茂盛。朱家子孙们怕老枝承受不住累累的花朵，每年都要摘掉一大斛的花苞来，但留在枝头的茶花仍然开得如火如荼，绚烂无比。文懿公是宋代张无垢的投胎转世。相传张无垢曾经通过乩语和文懿公联系，把二人的前世因缘谈得很透彻，约他某一天在逍遥楼会面。文懿公等了好一会儿，有一位老人来了，两人畅谈了许久，文懿公浑不当一回事儿。老人只是对文懿公说："柯亭绿竹庵的房梁上，有一卷没抄完的经书，你可以把它抄全。"随后就告辞离开了，文懿公才意识到这个老人就是张无垢。第二天，他来到绿竹庵，在梁上找了找，果然发现一部《维摩经》，抄录得非常精美，只是最后两卷还没有抄完，估计就是张无垢的笔迹。文懿公取回来接着抄下去，笔迹像出自同一人之手。

先父曾经说过，乩仙供奉在我家的寿芝楼上，乩笔就悬挂在墙壁上，遇到事情那笔就会自己动起来，扶着乩笔把乩仙请下来写字，非常灵验。怀孕的乞求生儿子，病了的乞求良药，乩仙会赐下仙丹，并告知到某处去取，立时就能应验。先父曾经乞求子嗣，乩仙指示到某个竹箱子里的临川笔内去取丹药，那个竹箱的钥匙早就丢了，好久没开启过，先父检查了一番，锁簧自己弹开了，在笔管中发现了一粒金丹，先母吞下后，就怀上了我。朱文懿公有姬妾，而夫人陈氏是位河东狮，文懿公很苦恼，就向乩仙祷告，求取化解妒忌的丹药。乩仙写道："难，难！丹药在您枕头里面。"文懿公取出来送给夫人，夫人吃了以后，对别人说："老头子有仙丹，不给小妾们吃，单单给我吃，看来还是疼我的。"于是和文懿公恩爱如初。

天 镜 园

　　天镜园浴凫堂[1]，高槐深竹，樾暗千层。坐对兰荡，一泓漾之，水木明瑟，鱼鸟藻荇，类若乘空。余读书其中，扑面临头，受用一绿，幽窗开卷，字俱碧鲜。

　　每岁春老，破塘笋必道此[2]。轻舠飞出，牙人择顶大笋一株掷水面[3]，呼园中人曰："捞笋！"鼓枻飞去。园丁划小舟拾之，形如象牙，白如雪，嫩如花藕，甜如蔗霜。煮食之，无可名言，但有惭愧。

【注释】

　　[1]天镜园：绍兴张氏园林。《越中园亭记》："出南门里许，为兰荡，水天一碧。游人乘小艇过之，得天镜园。园之胜以水，而不尽于水也。远山入座，奇石当门，为堂为亭，为台为沼。每转一境界，辄自有丘壑，斗胜簇奇，游人往往迷所入。"

　　[2]破塘：绍兴西郊村落名，以产竹笋著称。

　　[3]牙人：买卖中间人，此处指贩笋者。

【译文】

  天镜园的浴凫堂里槐树高大、竹林幽深，绿荫重重遮天蔽日。堂中静坐，正对兰荡，唯见一泓湖水波光潋滟，水清清亮，树盈盈绿，游鱼、鸟影以及各色水草都像漂浮在澄澈的天际。我在堂中读书，举目抬头四周全是满满的绿意，徜徉其间，在清幽的窗下展卷阅读，只觉一个个字都变得碧嫩鲜绿起来。

  每到暮春时节，运送破塘笋的船只一定会经过此地。只见一叶轻舟飞一般驶来，笋贩子挑一株最大的破塘笋抛到水面上，向园子里的人喊一声"捞笋啦"，就撑着船飞快地离开了。园丁划小船过去把笋捡回来，那笋呈象牙状，有雪那么白，花藕那么嫩，蔗霜那么甜。煮着来吃，味道鲜得无法形容，只让人惭愧暴殄天物了。

包 涵 所

  西湖之船之楼，实包副使涵所创为之[1]。大小三号：头号置歌筵、储歌童；次载书画；再次偫美人[2]。涵老声伎非侍妾比，仿石季伦、宋子京家法[3]，都令见客，常靓妆走马，婴姗勃窣，穿柳过之，以为笑乐。明槛绮疏，曼讴其下，抶篪弹筝，声如莺试。客至，则歌童演剧，队舞鼓吹，无不绝伦。乘兴一出，住必浃旬，观者相逐，问其所止。

  南园在雷峰塔下[4]，北园在飞来峰下[5]。两地皆石薮，积牒磊砢[6]，无非奇峭，但亦借作溪涧桥梁，不于山上叠山，大有文理。大厅以栱斗抬梁，偷其中间四柱，队舞狮子甚畅。

  北园作八卦房，园亭如规，分作八格，形如扇面。

当其狭处，横亘一床，帐前后开合，下里帐则床向外，下外帐则床向内。涵老居其中，扃上开明窗，焚香倚枕，则八床面面皆出。穷奢极欲，老于西湖者二十年。金谷、郿坞[7]，着一毫寒俭不得，索性繁华到底，亦杭州人所谓"左右是左右"也。

西湖大家，何所不有！西子有时亦贮金屋[8]。咄咄书空[9]，则穷措大耳[10]。

【注释】

[1] 包涵所：即包应登，字涵所，钱塘（今浙江杭州）人。万历进士，官福建提学副使，后归卧西湖，以声色自娱，与作者祖父张汝霖友善。

[2] 偫(zhì)：储。

[3] 石季伦：晋石崇字季伦，官荆州刺史，为南方巨富。身边常有十余婢侍列，邀客宴集，命美人行酒。 宋子京：宋祁字子京，北宋天圣初进士。家蓄声伎，客至，令出见。

[4] 雷峰塔：在杭州西湖南岸夕照山的雷峰上，吴越王钱俶为王妃黄氏而建，今已倒塌。

[5] 飞来峰：一名灵鹫峰，在杭州灵隐寺前，岩石突兀，古木参天，洞壁遍布五代、宋、元石刻造像。

[6] 积牒：重叠。《淮南子·本经训》："积牒旋石。"牒，同"叠"。

[7] 金谷：别墅名，在洛阳郊外，石崇所建。 郿坞：汉末董卓所筑城堡，故城在今陕西眉县东北，号称"万岁坞"。坞中粮谷金银、珍宝奇玩无数，积如山丘。

[8] 西子：指西湖。 贮金屋：汉武帝幼时，喜姑母女阿娇，云："若得阿娇作妇，当作金屋贮之也。"事见《汉武故事》。

[9] 咄咄书空：晋代人殷浩率军北征，败归，黜为民，终日以指向空作"咄咄怪事"四字。咄咄，惊叹声。事见《世说新语·黜免》。

[10] 穷措大：旧时对迂腐贫穷书生的讥称。

【译文】

西湖游船上起楼，实际上是包涵所副使首创的。他的楼船分大小三号：头号设有歌舞筵席并蓄养着歌童；次一号的用来贮藏书画；再次一号的供养着美人。涵老不把歌舞伎当成一般的侍妾，他仿照石崇和宋祁的先例，让歌舞伎都出来见客，她们常常打扮得漂漂亮亮的，骑着马儿，袅袅娜娜地缓缓而来，分花拂柳而过，留下一地欢声笑语。她们在明丽精美的阑干和轩窗下轻歌曼唱，按篪弹筝，歌声如小莺初啼一般悦耳动听。客人来了，歌童就会扮演戏剧，表演歌舞，鼓吹伴奏，没有哪一项不精彩绝伦的。他们乘兴出游一趟，在船上一住就是十来天，看热闹的人都追着船跑，打听船在哪里靠岸。

南园在雷峰塔下，北园在飞来峰下。两个园子都是奇石荟萃，层层堆叠，没有哪一处不峻奇陡峭，但也有把石头借用为溪涧上的桥梁，而不是简单地在山上叠山，别具匠心。大厅里用斗拱托起横梁，省去了中间的四根柱子，这样就更能欢畅地在里面列队舞狮了。

北园修成了八卦房的样子，园中亭就如同一只圆规，分成八个格子，每格的形状都像扇面。在每个格子最窄的地方，横摆着一张床，床帐前后都可以开合，放下里面的帐子床就向外，放下外面的帐子床就向内。涵老住在最中间，门上开着透明的窗子，他焚着香靠着靠枕，八张床就同时出现在眼前。如此穷奢极欲的生活，他在西湖上一过就是二十年。就像石崇的金谷园、董卓的郿坞一样，没有一处露出寒素俭朴来，一概地繁华奢靡到底，这也就是杭州人所说的"左右是左右"了。

西湖上的豪门巨族想要什么要不到呢？连西子这样的绝代佳人都能被他们金屋藏娇。把这当作奇闻怪事喋喋不休的，不过是穷酸书生罢了。

斗　鸡　社

天启壬戌间好斗鸡[1]，设斗鸡社于龙山下，仿王勃《斗鸡檄》[2]，檄同社。仲叔、秦一生日携古董、书画、文锦、川扇等物与余博[3]，余鸡屡胜之。仲叔忿懑，金其距，介其羽[4]，凡足以助其膈膊翵味者[5]，无遗策，又不胜。人有言徐州武阳侯樊哙子孙[6]，斗鸡雄天下，长颈乌喙，能于高桌上啄粟。仲叔心动，密遣使访之，又不得，益忿懑。一日，余阅稗史[7]，有言唐玄宗以酉年酉月生，好斗鸡而亡其国。余亦酉年酉月生，遂止。

【注释】

［1］天启壬戌：明熹宗二年（1622）。

［2］王勃：字子安，绛州龙门（今山西河津）人，"初唐四杰"之一。据《唐书·王勃传》载，时诸王好斗鸡，勃戏为文《檄英王鸡》，因遭高宗斥逐。《斗鸡檄》不见于《王子安集》。

［3］仲叔：见卷二《焦山》注。秦一生：见卷一《天砚》注。

［4］"金其距"二句：意谓给鸡爪套上金属爪子，给鸡翅洒上芥粉。《左传·昭公二十五年》："季、郈之鸡斗，季氏介其鸡，郈氏为之金距。"刘孝威《斗鸡篇》："翅中含芥粉，距外耀金芒。"

［5］膈膊：奋翅鼓翼之声。翵味：张喙鸣叫。

［6］樊哙：汉初功臣，江苏沛县人，少以屠狗为业，后随刘邦起义，以军功封舞阳侯。

［7］稗史：指唐传奇《东城老父传》之类。

【译文】

天启壬戌年间（1622）斗鸡风靡一时，我在龙山下设立了一个斗鸡社，学王勃写了篇《斗鸡檄》，邀人入社斗鸡。我二叔和秦一生每天都带着古董、书画、文锦、川扇等物品前来和我斗鸡，我的鸡屡屡得胜。二叔非常生气，给他的鸡在脚爪上装了金属的爪套，翅膀上洒了芥粉，凡是能够帮助鸡振翅长鸣的方法都用尽了，还是斗不过我的鸡。有人说徐州那里武阳侯樊哙的后代养了一只斗鸡，雄甲天下，长长的脖子，乌黑的嘴巴，能跳到高桌上啄食粟米。二叔很是心动，悄悄派人前去查访，又没能找到，心里更加愤懑不平了。一天，我读野史，看到说唐玄宗因为是酉年酉月生人，却喜欢斗鸡，所以就亡国了。我也是酉年酉月生的，于是我就不再斗鸡了。

栖 霞

戊寅冬[1]，余携竹兜一、苍头一，游栖霞[2]，三宿之。山上下左右鳞次而栉比之岩石颇佳，尽刻佛像，与杭州飞来峰同受黥劓，是大可恨事。山顶怪石巉岏，灌木苍郁，有颠僧住之。与余谈，荒诞有奇理，惜不得穷诘之。日晡，上摄山顶观霞，非复霞理，余坐石上痴对。复走庵后，看长江帆影，老鹳河、黄天荡[3]，条条出麓下，悄然有山河辽廓之感。一客盘礴余前，熟视余，余晋与揖，问之，为萧伯玉先生[4]，因坐与剧谈，庵僧设茶供。伯玉问及补陀[5]，余适以是年朝海归，谈之甚悉。《补陀志》方成[6]，在箧底，出示伯玉，伯玉大喜，为余作叙。取火下山，拉与同寓宿，夜长，无不谈之，伯玉强余再留一宿。

【注释】

[1] 戊寅：明崇祯十一年(1638)。

[2] 栖霞：山名，一名摄山，在江苏南京东北约二十公里，有栖霞寺、千佛岩、舍利塔、无量殿诸名胜。

[3] 老鹳河：又名鹳水，在江苏淮安西。五代周显德五年用兵南唐，欲引战船自淮入江。今堙废。 黄天荡：南京东北长江下游的一段，古时江面辽阔，为南北险渡。

[4] 萧伯玉：萧士玮，字伯玉，江西泰和人。天启进士。福王时授光禄少卿，拜太常卿，移疾归。

［5］补陀：同"普陀"，指浙江普陀山。

［6］《补陀志》：即张岱所撰《海志》，载于《琅嬛文集》。

【译文】

  戊寅年（1638）冬天，我坐着一个竹兜，带着一个仆人，到栖霞山游玩，在那儿住了三晚。栖霞山上下左右鳞次栉比地排列着的岩石非常可观，但是全都雕刻着佛像，和杭州飞来峰一样如同遭受了刺字割鼻的刑罚，实在是很可恨的一件事。山顶上怪石嶙峋陡峭，灌木苍绿繁茂，有个疯和尚住在那里。他和我谈了谈，话语荒诞不经中又自有其独特的道理，可惜没办法穷根究底地追问下去。傍晚时分，我登上摄山顶观看落霞，只见霞光不与常时同，我就呆坐在石头上痴痴地欣赏。后来我又转到寺院后面去，俯瞰长江中的帆影点点，看着老鹳河、黄天荡一条条从山下流出来，一种山河辽阔之感自心底油然而生。有一个人张着两条腿大刺刺地坐在我面前，认真地盯着我看，我上前去见礼，一问，才知道是萧伯玉先生，于是坐下来和他畅谈，寺院里的僧人给我们准备了茶点。伯玉问起普陀山，我正好这一年从普陀山朝拜归来，就详细地告诉了他。我的《补陀志》刚写好，在箱子里，就拿出来给他看，他非常高兴，帮我写了一篇序文。天黑了，我们点起火把下山，他拉我在他那儿留宿，漫漫长夜，我们无话不谈，他就又强留我多住了一晚。

湖心亭看雪

  崇祯五年十二月[1]，余住西湖，大雪三日，湖中人鸟声俱绝。是日更定矣[2]，余挐一小舟[3]，拥毳衣炉火，独往湖心亭看雪。雾凇沆砀[4]，天与云与山与水，上下一白，湖上影子，惟长堤一痕，湖心亭一点，与余舟一芥，舟中人两三粒而已。

到亭上，有两人铺毡对坐，一童子烧酒炉正沸。见余大喜，曰："湖中焉得更有此人！"拉余同饮，余强饮三大白而别[5]。问其姓氏，是金陵人，客此。及下船，舟子喃喃曰："莫说相公痴，更有痴似相公者！"

【注释】

[1]崇祯五年：公元1632年。

[2]更定：初更开始，晚上八时许。

[3]拏：牵引，此指驾舟。

[4]雾凇：冬日雾气凝于树上，因冻结成的微粒。　沆砀：空中白气。

[5]大白：大酒杯。

【译文】

崇祯五年(1632年)十二月，我住在西湖边，大雪连下了三天，湖里万籁俱寂，人声、鸟鸣一无所闻。这天晚上八点左右，我雇了一条小船，裹着毛皮衣服，抱着一只小火炉，独自前往湖心亭看雪。当时湖上雾凇氤氲，天空、浮云、远山、近水，上上下下白茫茫一片，影影绰绰可见者，只有湖堤作长痕一道，湖心亭似墨一点，以及我的船似小草一茎、船中人如豆两三粒而已。

登上湖心亭，只见两个人在铺好的毡子上面对面坐着，一个童子正在火炉上把烫酒的水烧得沸滚。他们看到我很惊喜，说："湖里怎么还有您这样的人啊！"于是拉我一起喝酒，我强撑着喝下三大杯就辞别了他们。问起他们的姓氏，得知是金陵人，客居在此。等到我下船的时候，船夫嘟嘟囔囔地说："甭说相公您痴了，原来还有和您一样的痴人哪！"

陈　章　侯

崇祯己卯八月十三[1]，侍南华老人饮湖舫[2]，先月早归。章侯怅怅向余曰[3]："如此好月，拥被卧耶？"余敕苍头携家酿斗许，呼一小划船再到断桥，章侯独饮，不觉沾醉。过玉莲亭[4]，丁叔潜呼舟北岸[5]，出塘栖蜜橘相饷[6]，畅啖之。章侯方卧船上嚣嚣。岸上有女郎，命童子致意云："相公船肯载我女郎至一桥否[7]？"余许之。女郎欣然下，轻纨淡弱，婉嫕可人[8]。章侯被酒挑之曰："女郎侠如张一妹，能同虬髯客饮否[9]？"女郎欣然就饮。移舟至一桥，漏二下矣，竟倾家酿而去。问其住处，笑而不答。章侯欲蹑之，见其过岳王坟，不能追也。

【注释】

[1] 己卯：明崇祯十二年（1639）。

[2] 南华老人：即张汝霖之弟张汝懋、张岱称为季祖者。汝懋，万历四十一年（1613）进士，任休宁令，有惠政，官至大理寺丞，以忤阉党，坐徒三年，纳赎为民。

[3] 章侯：陈章侯，见本卷《白洋潮》注。

[4] 玉莲亭：在杭州西湖，杭民为纪念太守白居易而建，湖中多种青莲。

[5] 丁叔潜：未详。

[6] 塘栖：镇名，属浙江余杭。以产蜜橘著称，见张岱诗《咏方物》。

[7] 一桥：苏堤有六桥，一桥指跨虹桥。

[8] 婉嫕：仪态柔美。

[9]"女郎"二句：张一妹、虬髯客：唐传奇小说《虬髯客》中人物。

【译文】

　　崇祯己卯年（1639）八月十三日，我陪着季祖南华老人在西湖的画舫中饮酒，没等到月亮升起来就打道回府了。陈章侯满怀惆怅地对我说："今夜这么好的月色，就这样抱着被子窝在床上错过吗？"于是我让仆人带上一斗多自家酿的美酒，叫来一艘小划船，再次来到断桥，陈章侯一个人独自喝酒，不知不觉中已经有点醉意了。经过玉莲亭的时候，丁叔潜在北岸唤我们把船靠过去，拿出塘栖蜜橘招待我们，大家大吃一顿。喝醉的章侯正躺在船上大呼小叫，岸上有一位女子派童子过来问话："相公的船能把我家姑娘送到一桥吗？"我答应了。女子高兴地下岸，衣袂翩跹，袅袅娜娜，柔美可爱。章侯借酒壮胆挑逗她道："美人你有张一妹的侠气，能与虬髯客喝一杯吗？"女子爽快地和他对饮起来。船行至一桥的时候，已经是二更天了，那女子竟然把我家酿的美酒都喝光了，下船离开。我们问她家住哪里，她笑而不答。章侯想要跟踪她，却眼看着她过了岳王坟，就追不上了。

卷 四

不 系 园

甲戌十月^[1]，携楚生住不系园看红叶^[2]。至定香桥^[3]，客不期而至者八人：南京曾波臣^[4]，东阳赵纯卿，金坛彭天锡^[5]，诸暨陈章侯，杭州杨与民、陆九、罗三，女伶陈素芝。余留饮。章侯携缣素为纯卿画古佛，波臣为纯卿写照，杨与民弹三弦子，罗三唱曲，陆九吹箫。与民复出寸许界尺^[6]，据小梧^[7]，用北调说《金瓶梅》一剧，使人绝倒。是夜，彭天锡与罗三、与民串本腔戏^[8]，妙绝；与楚生、素芝串调腔戏^[9]，又复妙绝。章侯唱村落小歌，余取琴和之，牙牙如语。纯卿笑曰："恨弟无一长以侑兄辈酒。"余曰："唐裴将军旻居丧^[10]，请吴道子画天宫壁度亡母^[11]。道子曰：'将军为我舞剑一回，庶因猛厉以通幽冥。'旻脱缞衣，缠结，上马驰骤，挥剑入云，高十数丈，若电光下射，执鞘承之，剑透室而入，观者惊栗。道子奋袂如风，画壁立就。章侯为纯卿画佛，而纯卿舞剑，正今日事也。"纯卿跳身起，取其竹节鞭，重三十斤，作胡旋舞数缠，大噱而罢。

【注释】

[1] 甲戌：崇祯七年(1634)。

[2] 楚生：即朱楚生，戏曲女艺人，详卷五《朱楚生》。 不系园：一名随喜庵，明末名士汪汝谦园墅。形制似舟，可随水漂流，故又名"不系园"。

[3] 定香桥：一名袁公桥，在苏堤花港观鱼亭前，宋宝庆间京尹袁韶建。

[4] 曾波臣：曾鲸，字波臣，福建莆田人，流寓南京，擅画人物，妙得神情。

[5] 彭天锡：江苏金坛人，明末著名戏曲艺人，善演奸雄，详卷六《彭天锡串戏》。

[6] 界尺：即戒尺，僧人讲说戒律时用具，以两小木击之使鸣，以惊听众。

[7] 小梧：即小几，置榻上，供人凭倚，支肘托腮。《遵生八笺》载"靠几""隐几"，《庄子·齐物论》所谓"隐几""据梧"。

[8] 本腔戏：即昆剧、昆腔。

[9] 调腔戏：明末流行于杭州、绍兴一带的剧种，部分剧目用昆腔或四平腔演唱。

[10] 裴将军旻：裴旻，善射，又善剑舞，与李白诗歌、张旭草书并称三绝，曾官龙华军使。

[11] 吴道子：唐大画家，开元中召为内教博士，擅画释道人物及山水。道子画壁、裴旻舞剑事见郭若虚《图画见闻志》卷五。

【译文】

　　甲戌年(1634)十月，我带着朱楚生住在不系园观赏红叶。到了定香桥时，与八位客人不期而遇：南京曾波臣、东阳赵纯卿、金坛彭天锡，诸暨陈章侯，杭州杨与民、陆九、罗三，以及女艺人陈素芝。我留他们一起喝酒。陈章侯带着细绢为赵纯卿画古佛像，曾波臣为赵纯卿画肖像，杨与民弹起了三弦子，罗三唱起了曲子，陆九吹起了箫。杨与民又取出寸把长的界尺，靠着小几，用北调说了一出《金瓶梅》，把人都笑翻了。这天夜里，彭天锡与罗三、杨与民串演了一出昆腔戏，好极了；与朱楚生、陈素芝串演了一出调腔戏，也十分精彩。陈章侯唱起乡间小曲儿，我取来琴为他伴奏，咿咿呀呀得像在拉家常。赵纯卿笑着说："可惜我没有一技之长来给各位老兄助酒兴。”我说：“唐代裴旻将军居丧时，请吴道子在天宫寺壁上作画来超度亡母。吴道子说：‘请将军给我舞一回剑，也许能借助剑的威猛凌厉来与亡灵相通。’裴旻将军就脱下丧服，缠在腰间打个结，翻身上马，疾驰起来，把剑抛进云端，高达十多丈，落下时如同一道闪电射下来，裴旻拿剑鞘去接，剑穿鞘而入，看得人心惊胆战。吴道子衣袂翻飞，下笔如风，壁画一挥而就。章侯帮纯卿你画佛像，而纯卿你为他舞剑，正是今天最应景的事呀。”于是赵纯卿一跃而起，取来他的竹节鞭，那鞭子有三十斤重，纯卿挥着它跳了好几圈胡旋舞，大笑而止。

秦 淮 河 房

秦淮河河房[1]，便寓，便交际，便淫冶，房值甚贵，而寓之者无虚日。画船箫鼓，去去来来，周折其间。河房之外，家有露台，朱栏绮疏[2]，竹帘纱幔。夏月浴罢，露台杂坐，两岸水楼中，茉莉风起动儿女香甚。女客团扇轻纨，缓鬓倾髻，软媚着人。

年年端午，京城士女填溢，竞看灯船。好事者集小篷船百什艇，篷上挂羊角灯如联珠[3]，船首尾相衔，有连至十余艇者。船如烛龙火蜃，屈曲连蜷[4]，蟠委旋折，水火激射。舟中镗鞳星铙，宴歌弦管，腾腾如沸。士女凭栏轰笑，声光凌乱，耳目不能自主。午夜，曲倦灯残，星星自散。钟伯敬有《秦淮河灯船赋》[5]，备极形致。

【注释】

[1] 秦淮河：在南京，秦时所开，故名。旧时两岸多歌台舞榭，为冶游之地。

[2] 绮疏：雕花窗格。绮，花纹；疏，镂刻。

[3] 羊角灯：用经过特殊加工处理过的羊角作灯罩的灯，当时属于名贵的奢侈品，亦可防雨防雪。

[4] 连蜷：长曲貌。《楚辞·九歌·云中君》："灵连蜷兮既留。"

[5] 锺伯敬：锺惺，字伯敬，明代文学家，竟陵派首领。曾作《秦淮灯船赋》，描述秦淮景致。

【译文】

秦淮河两岸的河房，便于寓居、便于交游、便于玩乐，房价非常昂贵，但是前来投宿的人每天都络绎不绝。画舫上箫鼓声声，在河面来来往往，穿梭回旋在河房之间。河房外围，家家有露台，装饰着朱红栏杆和雕花轩窗，悬挂着竹帘、纱帐。夏天沐浴过后，人们都随意闲坐在露台上，两岸水楼里茉莉花香随风飘起，使得男男女女的体香愈加浓郁。女客们手摇团扇，身披纱衣，鬓发微散，发髻斜挽，柔媚温婉，楚楚动人。

每年的端午节，南京城的青年男女都涌到秦淮河边争着看灯船。有爱张罗的人收罗了上百条小篷船，蓬上像串珠一样挂着一串串羊角灯，船首尾相连，有的连接了多达十多条船。它们像烛龙、火蛟一般，在水面蜷曲环绕，盘旋弯折，水花与火光两相激荡，迸射出耀眼的光芒。船上铙钹敲击声、欢歌笑语声、丝竹管弦声沸腾成一片。男男女女们依着栏杆纵情欢笑，一时间喧闹声与光影搅成了一锅粥，让人的眼睛、耳朵都忙不过来了。到了午夜，歌声渐停、灯光黯淡，人们像星星一样一点点各自散去。钟伯敬有一篇《秦淮河灯船赋》，写尽了秦淮河的此情此景。

兖 州 阅 武

辛未三月[1]，余至兖州[2]，见直指阅武[3]。马骑三千，步兵七千，军容甚壮。马蹄卒步，滔滔旷旷，眼与俱驰，猛掣始回。其阵法奇在变换，旛动而鼓[4]，左抽右旋，疾若风雨。阵既成列，则进图直指前，立一牌曰："某阵变某阵。"连变十余阵，奇不在整齐而在便捷。扮敌人百余骑，数里外烟尘坌起。迥卒五骑，小如黑子，顷刻驰至，入辕门报警。建大将旗鼓，出奇设伏。敌骑突至，一鼓成擒，俘献中军。内以姣童扮女三四十骑，荷旃被毳，绣袪犙结[5]，马上走解[6]，颠倒横竖，借骑翻腾，柔如无骨。乐奏马上，三弦、胡拨[7]、琥珀词、四上儿密失、叉儿机[8]，僸佅兜离[9]，罔不毕集，在直指筵前供唱，北调淫俚，曲尽其妙。是年，参将罗某，北人，所扮者皆其歌童外宅[10]，故极姣丽，恐易人为之，未必能尔也。

【注释】

　　[1]辛未：崇祯四年(1631)。

　　[2]兖州：今属山东。

　　[3]直指：直指使者，朝廷特命查办重大案件和处理紧急事务的官员，掌"讨奸猾，治大狱"及监军、督运等事。

　　[4]旛：犹"旖"，令旗。

　　[5]绣袪：绣花袖口。　犙结：即椎髻，撮发以椎束之。

　　[6]马上走解：即表演马术。《帝京景物略》："马之解，人马并而驰，方驰，忽跃而上，立焉，倒卓焉，鼍悬，跃而左右焉，掷鞭忽下，拾而登焉，镫而腹藏焉，鞦而尾赘焉。"

　　[7]胡拨：少数民族乐器。

　　[8]四上儿密失：或指土儿密失，一种与筝相似的弹拨乐器。此处三弦、胡拨、琥珀词、土儿密失、叉儿机均为民族乐器名。

　　[9]僸佅兜离：少数民族乐曲。《文选·东都赋》李善注："东夷之乐曰佅，南夷之乐曰任，西夷之乐曰株离，北夷之乐曰僸。"

[10] 外宅：犹外室、外妇，指妾。

【译文】

辛未年(1631)三月，我到兖州，观看了直指使者的阅兵仪式。当时有骑兵三千、步兵七千，军容非常壮观。马蹄声与步兵脚步声，如滔滔江水，排山倒海，吸引着人的视线紧跟着一起走，要费很大劲儿才能拉回来。阅兵仪式上阵法的奇妙在于阵形的变换，令旗一挥，战鼓就擂起来，队伍随之左右来回调整排布，像疾风骤雨一样迅猛。一个方阵列好后，就给直指使者呈上阵图，树一块牌子写上"某阵变某阵"。接连变换了十多个方阵，其出奇之处不在于队列之齐整，而在于变幻之迅捷。扮成敌人的一百多骑兵从数里外奔袭而来，扬起滚滚烟尘。五名负责侦查的小兵飞骑而来，远看像围棋黑子那么小，转眼间就奔到眼前，进入辕门汇报敌情。于是树起我军大将的旗帜，敲响战鼓，派出奇兵设下埋伏。敌骑突然冲过来，敲第一遍鼓就被我军全部擒获，押解到中军献俘。内营中则让清俊少年扮成三四十名女骑兵，扛着旗帜，穿着毛皮衣服，挽起绣花袖口，盘起椎髻，表演马术，颠来倒去，横躺竖立，在马背上翻转腾挪，腰身柔软得像没有骨头一样。又在马上奏乐，凡三弦、胡拨、琥珀词、土儿密失、叉儿机等各少数民族乐器无所不包，在直指使者筵席前献唱，用着北方的俚俗淫调，唱得惟妙惟肖。这一年的参将罗某是北方人，献演的都是他的歌童和外宅，所以都很俏丽，恐怕换一批人来演，不一定能达到这种水平。

牛首山打猎

戊寅冬[1]，余在留都[2]，同族人隆平侯与其弟勋卫[3]、甥赵忻城，贵州杨爱生，扬州顾不盈，余友吕吉士、姚简叔，姬侍王月生、顾眉、董白、李十、杨能[4]，取戎衣衣客，并衣姬侍。姬侍服大红锦狐嵌箭衣、昭君套，乘款段马。鞲青骹，继韩卢[5]，铳箭手百余人，旗帜棍棒称是，出南门，校猎于牛首山前后[6]，极驰骤纵送之乐。得鹿一、麂三、兔四、雉三、猫狸七。看剧于献花岩[7]，宿于祖茔[8]。次日午后猎归，出鹿麂以飨士，复纵饮于隆平家。江南不晓猎较为何事，余见之图画戏剧，今身亲为之，果称雄快。然自须勋戚豪右为之，寒酸不办也。

【注释】

［1］戊寅：崇祯十一年（1638）。

［2］留都：指南京。

［3］隆平侯：张信，临淮人。建文元年调北平都司，曾助成祖，定计起兵，因功封隆平侯，子孙世袭。此指张拱薇，崇祯三年加太子太傅，七年金书南京中府，十一年战没。详《明史·功臣世表二》。

［4］王月生：又名王月，秦淮名妓。有殊色，名动公卿。　顾眉：字眉生，南京秦淮名妓，通文史，善画兰，后为龚鼎孳妾。　董白：字小宛，天姿巧慧，容貌娟妍，后为如皋冒襄侧室。　李十：即李十娘，名湘真，字云衣，能鼓琴清歌，略涉文墨。

［5］"鞲（gōu）青骹"二句：张衡《西京赋》："青骹挚于鞲下，韩卢噬于继末。"青骹，青胫之鹰。鞲，臂衣，披在肩臂以擎鹰。韩卢，疾犬名。韩国所产的一种黑犬。《战国策·齐策三》："韩之卢者，天下之疾犬也。"

［6］牛首山：又称牛头山，在南京城南三十里，有二峰东西相对，晋元帝初作宫殿，王导指双峰曰："此天阙也。"因名天阙山。

［7］献花岩：在牛首山桃花硐之东。从桃花硐东行五里，有石窟如屋，题曰献花岩。唐法融禅师入定处，有百鸟献花之说，故名。见余宾硕《金陵览古·献花岩》。

［8］祖茔：当作"祖堂"，南京山名，唐高僧法融禅师得道于此，为南宗第一祖师，故名。明末，阮大铖以附魏党废斥，尝避居于此。

【译文】

戊寅年(1638)冬天,我在留都南京,和族人隆平侯张信及他的弟弟勋卫、外甥赵忻城,贵州人杨爱生,扬州人顾不盈,我的朋友吕吉士、姚简叔,侍妾王月生、顾眉、董白、李十、杨能,拿出戎服给大伙儿穿,让侍妾们也都穿上。侍妾们身穿大红色锦狐毛镶嵌的箭衣,头戴昭君套,骑着慢腾腾四平八稳的老马。我们臂上站着青鹣那样的猎鹰,手上牵着韩卢那样的猎犬,带着一百多名猎枪手、射箭手,以及相同数量的旗帜棍棒,浩浩荡荡从南门出城,到牛首山附近去打猎,好好享受了一番纵横驰骋的快乐。共猎得一头鹿、三头麂、四只兔子、三只野鸡、七只猫狸。然后我们到献花岩看戏,在祖堂寺过夜。第二天午后打猎归来,拿出鹿、麂等猎物犒劳大家,再次在隆平侯家里畅饮。江南人不知道打猎究竟是怎么一回事,我也只是在图画和戏剧里见过打猎的场景,现如今亲身体验了一番,果然爽快极了!但是,也只有豪门贵族才能办得起这样的活动,贫寒之家是无能为力的。

杨神庙台阁

枫桥杨神庙[1],九月迎台阁[2]。十年前迎台阁,台阁而已;自骆氏兄弟主之,一以思致文理为之。扮马上故事二三十骑,扮传奇一本,年年换,三日亦三换之。其人与传奇中人必酷肖方用,全在未扮时一指点为某似某,非人人绝倒者不之用。迎后,如扮胡梿者[3],直呼为胡梿,遂无不胡梿之,而此人反失其姓。人定,然后议扮法。必裂缯为之[4]。果其人其袍铠须某色、某缎、某花样,虽匹锦数十金不惜也。一冠一履,主人全副精神在焉。

　　诸友中有能生造刻画者[5]，一月前礼聘至，匠意为之，唯其使。装束备，先期扮演，非百口叫绝又不用。故一人一骑，其中思致文理，如玩古董名画，一勾一勒不得放过焉。土人有小小灾祲，辄以小白旗一面到庙禳之，所积盈库。是日以一竿穿旗三四，一人持竿三四走神前，长可七八里，如几百万白蝴蝶回翔盘礴在山坳树隙[6]。四方来观者数十万人。市枫桥下，亦摊亦篷。台阁上马上，有金珠宝石堕地，拾者，如有物凭焉不能去，必送还神前。其在树丛田坎间者，问神，辄示其处，不或爽。

【注释】

　　[1] 枫桥：镇名，在绍兴诸暨东北五十里。　杨神庙：又称杨相公庙。相传有山寇扰乡里，有神马夜逐之，寇即屏迹。神名杨俨，宋时封紫薇侯。

　　[2] 台阁：百戏之一种。周密《武林旧事·迎新》："以木床铁擎为仙佛鬼神之类，驾空飞动，谓之台阁。"

　　[3] 胡楂：又作"胡连"，明单本所作传奇《蕉帕记》中人物。近人吴梅《蕉帕记跋》云："此记词颇精警，用本色处至多，又摹写招讨公子胡连，憨状可掬。明人作剧，辄不长于科诨，此记犹可发粲。"

　　[4] 裂缯为之：将整匹整段丝织品加以裁剪，用来制作众角色的服装。

　　[5] 生造：不落俗套，而能创造出新。

　　[6] 盘礴：气势盛大。此指遍布，充满。

【译文】

　　枫桥镇的杨神庙，每年九月迎台阁。十年前迎台阁，也就是演演台阁戏而已。自从骆氏兄弟主持之后，就开始着力在意境构思、文辞义理方面精益求精。扮马上故事时要有二三十骑，扮传奇的话就要扮完一本，且年年换新戏本，连演三天也要换三次花样。演员一定要和传奇中的角色很相像才会被用上，全凭尚未扮上相时被人一眼就指出谁像谁而定，若不是人人都觉得像极了的演员，就不会被派上场。迎台阁结束后，如果是扮了胡桩的演员，就直接叫他胡桩，于是没有人不叫他胡桩了，而这个人反倒失去了自己的真名真姓。演员选定了，再讨论怎么装扮。一定是不惜重金来打造。如果确实是某个角色的袍子、铠甲一定要用某种颜色、某种缎子、某种花样，即便是一匹锦缎要价几十两银子也在所不惜。每一顶帽子、每一双鞋子，都倾注了主人的全部心血。

我的朋友中有一位擅长化妆造型的，提前一个月就被礼聘过去专职指导，一切都任他安排。人物装扮好之后，先预演一遍，若不是众口一词地夸赞也不采用。所以哪怕只是一个人、一骑马，其中蕴含意趣之深远、辞理之精妙，也如同把玩古董名画一样，一笔一画都不能放过。当地人有点小灾小难，就拿一面小白旗到庙里去祈祷消灾避祸，长年累月下来庙里堆满了小白旗。迎台阁的这一天，人们就用一根竹竿挑上三四面旗子，一人举这样三四根竿子在神像前列队行走，队伍长达七八里，看上去就像是有几百万只白蝴蝶漫布在山坳和林间翩翩回旋飞舞。四面八方来看热闹的有几十万人。人们在枫桥下做买卖，有摆摊的，有搭棚的。台阁上或者马上如果有金珠宝石等掉到地上，捡到的人就像被什么附身了一样没办法拿着离开，一定会把东西送回到神像前。那些滚落到树丛里或田坎间的，只要问神，神就会指示出它的方位，从没出过差错。

雪　精

外祖陶兰风先生[1]，倅寿州[2]，得白骡，蹄跆都白[3]，日行二百里，畜署中。寿州人病噎嗝，辄取其尿疗之。凡告期[4]，乞骡尿状常十数纸。外祖以木香沁其尿，诏百姓来取。后致仕归，捐馆[5]，舅氏啬轩解骖赠余。余羡之十年许，实未尝具一日草料，日夜听其自出觅食，视其腹未尝不饱，然亦不晓其何从得饱也。天曙，必至门祗候，进厩候驱策，至午勿御，仍出觅食如故。后渐趹跋难御，见余则驯服不动，跨鞍去如箭，易人则咆哮蹄啮，百计鞭策之不应也。一日，与风马争道城上，失足堕濠堑死，余命葬之，谥之曰"雪精"[6]。

【注释】

[1] 陶兰风：陶允嘉，号兰风，山阴人。岁贡生，曾任福建运副，后退隐，博洽好书。

[2] 倅寿州：任寿州（今安徽寿县）地方官辅佐之职。

[3] 跆：足趾。

[4] 告期：旧时官府每月定期坐衙受理案件的日子。

[5] 捐馆：旧时死亡的讳辞。

[6] 雪精：神驴名。传说仙人洪崖炼丹成，跨神驴雪精从枫树升云。陈继儒《太平清话》卷三："洪崖跨白驴，曰雪精。"

【译文】

我的外祖父陶兰风先生在寿州任副职时，得到一头白骡子，蹄趾全都是雪白色，每天可以跑两百里，就养在官衙里。寿州人得了咽喉梗塞之类的毛病，就接它的尿来治病。每到官府坐衙受理案件的日子，请求骡尿的状纸往往能有十多张。外祖父把木香浸泡在骡尿里，召集百姓来取。后来外祖父辞官归里、去世，舅父啬轩把骡子送给了我。我养了它十几年，实际上从未喂过它一天草料，白天黑夜都任由它自己出去找吃的，看它的肚子也从没有不饱的，但也不知道它是在哪里吃饱的。每天天一亮，它就到门口恭敬地等着，进入骡棚里等候差遣，到了中午没有人使唤它，它就又照常出去找吃的了。后来这骡子渐渐不服管教，难以驾驭，看到我就服服帖帖，我骑上去它跑得像箭一样快，换个人它就咆哮不止，又踢又咬，百般鞭打驱策都无济于事。一天，它和一匹疯马在城墙上抢道，一个没站稳坠落城墙跌到壕沟里摔死了。我让人埋葬了它，给它起了一个谥号叫"雪精"。

严 助 庙

陶堰司徒庙，汉会稽太守严助庙也[1]。岁上元设供，任事者聚族谋之终岁。凡山物粗粗（虎、豹、麋、鹿、獾、猪之类），海物噩噩（江豚、海马、鲟黄、鲨鱼之类），陆物痴痴（猪必三百斤，羊必二百斤，一日一换。鸡、鹅、凫、鸭之属，不极肥不上贡），水物险险（凡虾、鱼、蟹、蚌之类，无不鲜活），羽物毵毵（孔雀、白鹇、锦鸡、白鹦鹉之属，即生供之），毛物毦毦（白鹿、白兔、活貂鼠之属，亦生供之），洎非地（闽鲜荔枝、圆眼、北苹婆果、沙果、文官果之类）[2]、非天（桃、梅、李、杏、杨梅、枇杷、樱桃之属，收藏如新撷）、非制（熊掌、猩唇、豹胎之属）、非性（酒醉、蜜饯之类）、非理（云南蜜唧、峨眉雪蛆之类）[3]、非想（天花龙蜒、雕镂瓜枣、捻塑米面之类）之物[4]，无不集。庭实之盛，自帝王宗庙社稷坛壝所不能比隆者[5]。十三日，以大船二十艘载盘辂[6]，以童崽扮故事，无甚文理，以多为胜。城中及村落人，水逐陆奔，随路兜截，转折看之，谓之"看灯头"。五夜，夜在庙演剧，梨园必倩越中上三班，或雇自武林者，缠头日数万钱。唱《伯喈》《荆钗》[7]，一老者坐台下，对院本，一字脱落，群起噪之，又开场重做。越中有"全伯喈""全荆钗"之名起此。

天启三年^[8]，余兄弟携南院王岑，老串杨四、徐孟雅，圆社河南张大来辈往观之。到庙蹴鞠，张大来以"一丁泥""一串珠"名世。球着足，浑身旋滚，一似粘毙有胶、提掇有线、穿插有孔者，人人叫绝。剧至半^[9]，王岑扮李三娘，杨四扮火工窦老，徐孟雅扮洪一嫂，马小卿十二岁^[10]，扮咬脐，串《磨房》《撇池》《送子》《出猎》四出^[11]。科诨曲白，妙入筋髓，又复叫绝，遂解维归。戏场气夺，锣不得响，灯不得亮。

【注释】

[1]"陶堰"二句：陶堰即陶家堰，在会稽县东三十五里。 严助：汉武帝时拜会稽太守，廷尉张汤劾其与淮南王交私，竟弃市。《汉书》有传。越人思之，为立严司徒庙。司徒，主管教化。严助未尝为司徒，盖司徒之职与太守之职相当，皆主民事。司徒掌全国，太守掌地方，轻重有别。立庙时乃将神主升格为司徒，以示尊崇。

[2]苹婆果：即苹果。 沙果：即花红，果名。 文官果：即文冠果，落叶灌木或小乔木，果实种仁香甜，味如莲子，可生吃或榨油。

[3]蜜唧：取鼠胎儿，渍之以蜜，挟取啮之，唧唧有声，故名。雪蛆：又名冰蛆，如蚕，味甘如蜜，出四川峨眉山。

[4]天花龙蜒：以雪花浸渍的蜗牛。

[5]坛墙：土筑的高台称坛，坛四周的矮墙称墙。

[6]盘铃：当作盘铃，乐器名，以盘铃伴奏演出的傀儡戏称"盘铃傀儡"。

[7]《伯喈》《荆钗》：指南戏《琵琶记》和《荆钗记》。

[8]天启三年：公元1623年。

[9]剧：游戏，嬉闹。

[10]马小卿：作者的家养戏班女伶。

[11]《磨房》等四出：俱见传奇《白兔记》。

【译文】

陶家堰的司徒庙，是供奉汉代会稽太守严助的庙。每年上元节陈设供品祭祀，主事者要集全族之力筹备一整年。举凡生猛的山货（如虎、豹、麇、鹿、獾、猪之类），鲜腴的海味（如江豚、海马、鲟鳇、鲨鱼之类），肥美的家畜家禽（猪一定要三百斤重的，羊一定要两百斤重的，一天换一头。鸡、鹅、凫、鸭之类，不是最肥的不拿来上供），鲜美的水产河鲜（凡是虾、鱼、蟹、蚌之类，没有不活蹦乱跳的），羽毛丰满的飞禽（孔雀、白鹇、锦鸡、白鹦鹉之类，就用活的来供奉），皮毛细密的走兽（白鹿、白兔、活貂鼠之类，也用活的来供奉），乃至非本地所产的（福建特产的新鲜荔枝、龙眼，北方特产的苹果、沙果、文官果之类）、非当季所产的（桃子、梅子、李子、杏子、杨梅、枇杷、樱桃之类，保存得像刚刚采摘下来的一样新鲜）、不按常规制法制成的（熊掌、猩唇、豹胎之类）、改变了食物本味的（酒醉、蜜饯之类）、不合乎自然天理的（云南蜜唧、峨眉雪蛆之类）、超乎人类想象的（天花龙蜒、雕镂瓜枣、捻塑米面之类）物品，全部集齐了。祭品的丰盛程度，即便是帝王祭祀宗庙社稷的供品也不能与之相比。正月十三日，用二十艘大船载着盘铃，让孩童们在船上扮演盘铃傀儡戏，没什么文采章法，纯粹以人多热闹为噱头。城里人和村里人乘船跟着，在岸上追着，一路兜兜转转走到哪儿看到哪儿，称为"看灯头"。连续五夜，夜夜在庙里演戏，所请的戏班子一定是越中本地上三班的，或者是花钱从杭州请过来，每天开销几万钱。演唱《伯喈》《荆钗》两剧时，一位老人坐在台下，拿着脚本对唱词，只要发现有一个字唱漏了，台下众人就吵嚷起哄起来，于是就重新开场再演。越中地方有所谓"全伯喈""全荆钗"的名号，就是由此而来的。

天启三年（1623），我们兄弟几个带着南院王岑，老串杨四、徐孟雅，圆社河南人张大来等人去严助庙看戏。到了严助庙，玩蹴鞠，张大来凭"一丁泥""一串珠"的绝技闻名于世，球只要碰着他的脚，就滴溜溜跟着他翻滚，好像有胶水粘着、有线拴着、有孔插着一样，人人叫好。球玩到一半，王岑扮演李三娘，杨四扮演火工窦老，徐孟雅扮演洪一嫂，马小卿十二岁，扮演咬脐郎，唱了《白兔记》里的《磨房》《撒池》《送子》《出猎》四出戏。

插科打诨，唱曲念白，精妙绝伦，深得精髓，人们再一次拍手叫好。随后我们乘船回去。严助庙戏台的气氛被我们压倒，显得锣鼓声不再响亮，灯光也不再明亮了。

乳　酪

　　乳酪自驵侩为之[1]，气味已失，再无佳理。余自豢一牛，夜取乳置盆盎，比晓，乳花簇起尺许，用铜铛煮之，瀹兰雪汁，乳斤和汁四瓯，百沸之。玉液珠胶，雪腴霜腻，吹气胜兰，沁入肺腑，自是天供。或用鹤觞、花露入甑蒸之[2]，以热妙；或用豆粉揉和，漉之成腐，以冷妙；或煎酥，或作皮，或缚饼，或酒凝，或盐腌，或醋捉，无不佳妙。

　　而苏州过小拙和以蔗浆霜，熬之、滤之、钻之、掇之、印之，为带骨鲍螺[3]，天下称至味。其制法秘甚，锁密房，以纸封固，虽父子不轻传之。

【注释】

　　[1] 驵侩（zǎng kuài）：指牲畜买卖经纪人，也泛称商贩。

　　[2] 鹤觞：酒名，一种"骑驴酒"，北朝时河东人刘白堕善酿此酒。见《洛阳伽蓝记》。　花露：亦酒名。

　　[3] 带骨鲍螺："鲍"，《咏方物》作"炮"。

【译文】

　　商贩做出来的乳酪，本味早就消失了，再也不可能有好的了。我就自己养了一头奶牛，晚上把牛奶挤下来放在盆里，待到天亮时，乳花一簇簇耸起一尺多高，用铜铛煮它，加入兰雪茶汁同煮，一斤牛奶混合四瓯兰雪茶汁，反复煮沸它们。煮好后，如珠玉般明润柔滑，如霜雪般白嫩丰腴，飘出来的香气比兰香更胜，沁人心脾，真真是大自然的恩赐。还可以与鹤觞、花露等美酒混合，放在甑上蒸，趁热吃最好；或者掺入豆粉，过滤成乳酪豆腐，凉下来再吃最妙；或者煎成奶酥，或者做成奶皮，或者摊成奶饼子，或者加酒曲凝固，或者加盐盐渍，或者用醋凉拌，都非常美味。

还有，苏州的过小拙用蔗糖浆霜掺入乳酪，经过熬煮、过滤、捶打、剥离、刻印等工序，做成名为带骨鲍螺的甜品，被称为天下至味。他的制作方法保密得很，被锁在密室里，用纸封条封存，哪怕是父子之间也不轻易传授。

二十四桥风月

广陵二十四桥风月[1]，邗沟尚存其意[2]。渡钞关[3]，横亘半里许，为巷者九条。巷故九，凡周旋折旋于巷之左右前后者什百之。巷口狭而肠曲，寸寸节节，有精房密户，名妓歪妓杂处之。

名妓匿不见人，非向导莫得入。歪妓多可五六百人，每日傍晚，膏沐熏烧，出巷口，倚徙盘礴于茶馆酒肆之前，谓之"站关"。茶馆酒肆、岸上下，纱灯百盏，诸妓掩映闪灭于其间，肥癡者帘[4]，雄趾者闑[5]。灯前月下，人无正色，所谓"一白能遮百丑"者，粉之力也。游子过客，往来如梭，摩睛相觑，有当意者，逼前牵之去。而是妓忽出身分，肃客先行，自缓步尾之。至巷口，有侦伺者，向巷门呼曰："某姐有客了！"内应声如雷，火燎即出。一一俱去，剩者不过二三十人。

沉沉二漏，灯烛将烬，茶馆黑魆无人声。茶博士不好请出，惟作呵欠。而诸妓醵钱向茶博士买烛寸许，以待迟客；或发娇声，唱《劈破玉》等小词[6]；或自相谑浪嘻笑，故作热闹，以乱时候。然笑言哑哑声中，渐带凄楚。夜分不得不去，悄然暗摸如鬼。见老鸨，受饿受笞，俱不可知矣。

余族弟卓如，美须髯，有情痴，善笑。到钞关必狎妓，向余噱曰："弟今日之乐，不减王公。"余曰："何谓也？"曰："王公大人侍妾数百，到晚耽耽望幸，当御者不过一人。弟过钞关，美人数百人；目挑心招[7]，视我如潘安[8]，弟颐指气使，任意拣择，亦必得一当意者呼而侍我。王公大人岂遂过我哉！"复大噱，余亦大噱。

【注释】

[1] 广陵：扬州之别称。　二十四桥：扬州名胜。一说扬州城内有二十四座桥；一说为一桥之名，即红叶桥或吴家砖桥。相传有二十四美人吹箫于此，故名。杜牧《寄扬州韩绰判官》诗云："二十四桥明月夜，玉人何处教吹箫？"

[2] 邗沟：古运河名。故道自扬州市南引江水北过高邮县西，折东北入射阳湖，又西北至淮安县北入淮河。

[3] 钞关：在扬州旧城南门外，水陆要冲。

[4] 疤戾（bā lì）：形容肌肤粗糙，长相不周正。疤，同"疤"。戾，同"戾"，曲而不正。　帘：用作动词，藏于帘中。

[5] 雄趾：大脚。　阃：门槛，这里用作动词，意为在门内。

[6] 《劈破玉》：流行的民间小曲。

[7] 目挑心招：形容娼妓诱惑人的情态，典出《史记·货殖列传》。

[8] 潘安：即潘岳，字安仁，晋代才子。貌美，长于诗赋，尤善哀诔之文，辞藻华丽。

【译文】

扬州的二十四桥风月韵事，邗沟还保留着一点遗风。过了钞关，方圆半里左右，分布着九条巷子。巷子本来有九条，但是围绕巷道又曲曲拐拐地延伸出几十上百条小巷子。巷口狭窄，像肠子一样弯弯绕绕，曲曲折折，里面有精致而隐秘的房子，名妓与歪妓混住在这里。

名妓秘不见客，没有向导引路没人能进入其住处。歪妓多达五六百人，每天傍晚，她们沐浴熏香，走出巷口，在茶馆酒楼门前流连徘徊，这叫做"站关"。茶馆酒楼、河岸上下悬挂着上百盏纱灯，妓女们的身影在灯光掩映中若隐若现，歪脸有疤的就用帘子遮一遮，脚大的就用门槛挡一挡。灯光与月光交映下，人人都显不出真面目，这就是常说的"一白能遮百丑"，都是脂粉的功劳。游子过客们来来往往穿行其间，挨个儿溜眼打量，遇到合心意的人，就凑上前去拉走；而此时，妓女突然自重身份矜持起来，请客人先行一步，自己缓步跟在后面；到了巷口，有负责通风报信的人朝巷门喊道："某姐有客了！"门里应答声如雷鸣般响起，随即有火把跟出来。如此这般一个个被客人带走，剩下的不过二三十个人。

二漏时分夜色沉沉，灯烛将要燃尽，茶馆里黑黢黢的悄无人声。茶博士不好意思赶客人走，只能在那儿打呵欠。而剩下的妓女们就凑钱向茶博士买一截寸把长的蜡烛，以便等待迟来的客人。有的娇声唱起《劈破玉》等小曲儿，有的互相打闹嬉笑，故意做出热闹的样子，来打发时间。然而她们的哑哑笑声中，渐渐透出几分凄楚。等到半夜时分不得不离开时，她们像鬼一样静悄悄地摸黑回去。回去后见到老鸨，是挨饿还是挨打，就都不得而知了。

我族弟张卓如，有一副漂亮的胡子，多情又爱笑。他只要到钞关就一定会狎妓。曾经跟我笑称："弟弟我今日的快乐，不亚于王公贵族。"我问："为什么这么说呢？"他说："王公贵族虽然有几百个侍妾，到了晚上都眼巴巴地盼着被宠幸，然而能侍寝的也不过一个人。我每到钞关，几百个美人都对我献媚，把我看作潘安一样的美男子，我动动下巴、使个眼色，随意挑选，也一定能挑到一个最称心如意的人唤过来伺候我。王公大人哪能比得过我呢？"说完又大笑起来，我也跟着大笑。

世 美 堂 灯

儿时跨苍头颈，犹及见王新建灯[1]。灯皆贵重华美，珠灯、料丝无论[2]，即羊角灯亦描金细画[3]，缨络罩之。悬灯百盏，尚须秉烛而行，大是闷人。余见《水浒传》灯景诗有云："楼台上下火照火，车马往来人看人。"已尽灯理。余谓灯不在多，总求一亮。余每放灯，必用如椽大烛，专令数人剪卸烬煤，故光迸重垣，无微不见。

十年前，里人有李某者，为闽中二尹[4]，抚台委其造灯，选雕佛匠，穷工极巧，造灯十架，凡两年。灯成，而抚台已物故，携归藏楼中。又十年许，知余好灯，举以相赠。余酬之五十金，十不当一。是为主灯，遂以烧珠、料丝、羊角、剔纱诸灯辅之。

而友人有夏耳金者[5]，剪彩为花，巧夺天工，罩以冰纱，有烟笼芍药之致。更用粗铁线界画规矩，匠意出样，剔纱为蜀锦[6]，皴其界地[7]，鲜艳出人。耳金岁供镇神，必造灯一盏。灯后，余每以善价购之。余一小傒善收藏，虽纸灯亦十年不得坏，故灯日富。又从南京得赵士元夹纱屏及灯带数副[8]，皆属鬼工，决非人力。灯宵，出其所有，便称胜事。

鼓吹弦索，厮养臧获，皆能为之。有苍头善制盆花，夏间以羊毛练泥墩，高二尺许，筑"地涌金莲"[9]，声同雷炮，花盖亩余。不用煞拍鼓铙[10]，清吹唢呐应之。望花缓急为唢呐缓急，望花高下为唢呐高下。灯不演剧，则灯意不酣；然无队舞鼓吹，则灯焰不发。余敕小傒串元剧四五十本，演元剧四出，则队舞一回，鼓吹一回，弦索一回。其间浓淡、繁简、松实之妙，全在主人位置，使易人易地为之，自不能尔尔。故越中夸灯事之盛，必曰"世美堂灯"[11]。

【注释】

[1] 王新建：明季浙江收藏家，与朱石门、项墨林、周铭仲、张尔葆齐名。

[2] 珠灯：即琉璃灯。 料丝：用玻璃丝织为片，作为灯罩。

[3] 羊角灯：以羊角熬制成透明的胶状物，罩于灯外，亦有以牛角者，统称明角灯。见本卷《秦淮河房》注。

[4] 二尹：古代百官之长皆称尹，此处指左、右布政使各一人，掌一省之政。"李某"曾先后分任左、右布政使，故称"二尹"。 抚台：巡抚之尊称，朝廷派往各省监察政纪、提督军务之要员。

[5] 夏耳金：绍兴灯彩剪纸艺人，盖为破落子弟。

[6] 剔纱：一种提花纱灯。 蜀锦：四川成都织成的花锦。

[7] 皲（màn）其界地：意谓用蜀锦罩在灯架上。皲，表皮。

[8] 赵士元：明末著名灯彩艺人。《夜航船》卷十二："赵士元制夹纱及夹纱帏屏，其所剧翎毛花卉，颜色鲜明，毛羽生动，妙不可言。"

[9] 地涌金莲：烟花名。

[10] 煞拍：整套曲的结尾和中段。此指歌唱。

[11] 世美堂：为张氏厅堂名。

【译文】

我小时候骑在老仆人的脖子上，还见到过一次王新建家的花灯。他家的花灯都很贵重华美，且不说珠灯、料丝灯等，哪怕是羊角灯也要用金粉精刻细画，外面还罩着璎珞。即使挂着上百盏灯，人们还必须举着蜡烛照明才能行走，憋得人难受得很。我看到《水浒传》中有一首灯景诗说："楼台上下火照火，车马往来人看人。"把赏灯的真谛已经写尽了。我认为花灯不在于多，主要是追求明亮的效果。我每次放灯，都会用像椽子那么粗的大蜡烛，并专门派几个人负责剪除灯花烛灰，因此灯光能穿透数重院墙，没有什么小角落是照不见的。

十年前，我有一位姓李的同乡，在闽中担任二尹，巡抚委派他监造花灯，他挑选了几个雕刻佛像的能工巧匠，极尽能事打造了十架灯，总共耗时两年。灯造好了，但巡抚却已经去世了，他就带着这些灯回乡，收藏在匣子里。又过了十年左右，他知道我喜欢花灯，就把这些灯全都送给了我。我拿出五十两银子酬谢他，这点钱还不及灯造价的十分之一。这些灯就成了我家的主灯，于是用烧珠灯、料丝灯、羊角灯、剔纱灯等各种灯来搭配它们。

而我的朋友里有一个叫夏耳金的，用彩纸剪花的手艺巧夺天工，再在纸花外面罩上冰纱，看上去有烟雾笼罩着芍药花的朦胧之美。他又用粗铁丝框定花灯轮廓，别出心裁地设计新花样，用蜀锦做剔纱灯，连灯架一起罩住，更使得花灯鲜艳照人。夏耳金每年供奉南镇神的时候，一定会造一盏灯。灯节过后，我常常出高价把灯买下来。我有一个小仆很懂得收藏，即便是纸灯也能保存十年不坏，所以我的灯一天天多了起来。我又从南京得到了赵士元制作的夹纱屏和几副灯带，都堪称鬼爷神工之作，绝不是凡人可以做成的。元宵灯节的时候，我把自己收藏的所有灯都拿出来，就称得上一桩灯火盛事了。

吹拉弹唱，我家的仆人们都在行。有个老仆很会做盆花，夏天的时候，他用羊毛和泥烧成泥墩，有两尺来高，做成烟花"地涌金莲"，燃放时响声如同炸雷鸣炮，烟花绽开来能覆盖方圆一亩多地。放烟花时，不需要敲锣打鼓，只要清吹唢呐来应和它。看着烟花迸放的急促与平缓来变换唢呐声音的急促与平缓，看着烟花的升降起伏来变换唢呐声音的高低起伏。只是张灯结彩却不演戏，那么赏灯就不够尽兴；而缺少了歌舞吹打，那么灯焰就显不出那么亮。所以我让小仆串演了四五十本元剧，每演四出元剧，就要表演一次歌舞、一次吹打，一次弹奏。演出中浓烈与平淡、繁复与简洁、松弛与紧凑等分寸的把握，全取决于主人和场地，若是换个人、换个地方来做，自然不能有这样的效果。所以越中人推许灯事的盛大，一定会说"世美堂灯"。

宁 了

大父母喜豢珍禽：舞鹤三对，白鹇一对，孔雀二对，吐绶鸡一只，白鹦鹉、鹩哥、绿鹦鹉十数架。一异鸟名"宁了"，身小如鸽，黑翎如八哥，能作人语，绝不含糊。大母呼媵婢，辄应声曰："某丫头，太太叫！"有客至，叫曰："太太，客来了，看茶！"有一新娘子善睡，黎明辄呼曰："新娘子，天明了，起来吧！太太叫，快起来！"不起，辄骂曰："新娘子，臭淫妇，浪蹄子[1]！"新娘子恨甚，置毒药杀之。

"宁了"疑即"秦吉了"[2]，蜀叙州出[3]，能人言。一日夷人买去，惊死，其灵异酷似之。

【注释】

[1] 浪蹄子，即淫妇。《金瓶梅》中多此语。

[2] 秦吉了：又名了哥、结辽鸟、九官鸟，出岭南，体小，能效人言。白居易《新乐府·秦吉了》："秦吉了，出南中。彩毛青黑花颈红。耳聪心慧舌端巧，鸟语人言无不通。"

[3] 叙州：府名，治今四川宜宾。

【译文】

我的祖父母喜欢豢养珍奇的禽鸟：他们养了三对舞鹤，一对白鹇，两对孔雀，一只吐绶鸡，十几架白鹦鹉、鹩哥、和绿鹦鹉。有一只奇异的鸟名字叫"宁了"，有鸽子般小小的身子，八哥那样黑黑的翎毛，能说人话，吐字清清楚楚不带一点含混。祖母呼唤婢女，它就应声说："某丫头，太太叫！"有客人来了，它就叫："太太，客来了，看茶！"有一个新娘子爱睡懒觉，它一大早就大喊："新娘子，天明了，起来吧！太太叫，快起来！"新娘子赖床不起来，它就骂道："新娘子，臭淫妇，浪蹄子！"新娘子恨死它了，用毒药毒死了它。

我怀疑"宁了"就是"秦吉了"，生长在蜀地叙州，能说人话。有一天被外族人买走，秦吉了就受惊而死了，它的灵异程度和宁了太相像了。

张 氏 声 伎

谢太傅不畜声伎[1]，曰："畏解，故不畜。"王右军曰[2]："老年赖丝竹陶写，恒恐儿辈觉。"曰"解"，曰"觉"，古人用字深确。盖声音之道入人最微，一解则自不能已，一觉则自不能禁也。

我家声伎，前世无之，自大父于万历年间与范长白、邹愚公、黄贞父、包涵所诸先生讲究此道[3]，遂破天荒为之。有"可餐班"，以张彩、王可餐、何闰、张福寿名；次则"武陵班"，以何韵士、傅吉甫、夏清之名；再次则"梯仙班"，以高眉生、李岕生、马蓝生名；再次则"吴郡班"，以王畹生、夏汝开、杨啸生名[4]；再次则"苏小小班"，以马小卿、潘小妃名；再次则平子"茂苑班"，以李含香、顾岕竹、应楚烟、杨骎骎名。主人解事日精一日，而僮童技艺亦愈出愈奇。余历年半百，小僮自小而老、老而复小、小而复老者，凡五易之。无论"可餐""武陵"诸人，如三代法物，不可复见；"梯仙""吴郡"间有存者，皆为佝偻老人；而"苏小小班"亦强半化为异物矣；"茂苑班"则吾弟先去，而诸人再易其主。余则婆娑一老，以碧眼波斯^[5]，尚能别其妍丑。山中人至海上归，种种海错皆在其眼，请共舐之。

【注释】

[1] 谢太傅：谢安，字安石，东晋名臣，累迁太保，录尚书事，赠太傅。不畜声伎：《世说新语·识鉴》则称"谢公在东山畜妓"，又引《文章志》曰："安纵心事外，疏略常节，每畜女妓，携持游肆也。"

[2]"王右军曰"三句：语见《世说新语·言语》。 王右军：即晋书法家王羲之。

[3] 范长白：范允临，字长倩，号长白，华亭（今上海松江）人，万历进士。 邹愚公：邹迪光，字彦吉，号愚公，江苏无锡人，万历进士。 黄贞父：见卷一《奔云石》注。 包涵所：见卷三《包涵所》注。

[4] 夏汝开：张氏家养戏班艺人。详《琅嬛文集》卷六《祭义伶文》。

[5] 碧眼波斯：波斯（今伊朗）国商人善鉴珠宝，其人眼凹而绿，故称。

【译文】

谢太傅不养歌伎，他说："畏解，故不畜（怕懂声乐，所以不养歌伎）。"王羲之说："老年赖丝竹陶写，恒恐儿辈觉（年纪大了靠音乐来陶冶宣泄，又常常担心儿女晚辈发觉）。"称"解"，称"觉"，可见古人用字之深刻精确。大概是因为音乐最能够打动人心，一"解"就自己停不下来了，一"觉"就管不住自己了。

我家之前是不养歌伎的，自从我祖父在万历年间与范长白、邹愚公、黄贞父、包涵所几位先生探讨这种事情之后，我家就破天荒开始养歌伎了。有"可餐班"，以张彩、王可餐、何闰、张福寿最为出名；其次是"武陵班"，以何韵士、傅吉甫、夏清之最为出名；再次是"梯仙班"，以高眉生、李岕生、马蓝生最为出名；再次是"吴郡班"，以王畹生、夏汝开、杨啸生最为出名；

再次是"苏小小班"，以马小卿、潘小妃最为出名；再次是张平子的"茂苑班"，以李含香、顾岕竹、应楚烟、杨骙骍最为出名。随着主人对曲艺的理解一天天精进，歌伎们的技艺也越来越精奇。我长到五十岁，见到歌伎从小孩子长成老人，从老人又换成小孩，小孩又长成老人，如此这般一共换了五次了。且不说"可餐班""武陵班"那些人，就像夏商周三代的古董，再也见不到了；"梯仙班""吴郡班"里或许还有活着的人，都是弯腰驼背的老人了；即便是"苏小小班"的人，也大半变成鬼了；"茂苑班"则自从我弟弟早一步离世后，班里的歌伎就另找其他主家了。至于我自己，已然是一个步履蹒跚的老人了，靠着绿眼睛的波斯商人那样的鉴宝功夫，还能分辨出戏曲的好坏。这一切就如同一个山里人刚刚看海回来，种种海味都还浮现在眼前，请大家一起来舔他的眼睛吧。

方　物

越中清馋，无过余者，喜啖方物。北京则苹婆果、黄鼠、马牙松[1]；山东则羊肚菜、秋白梨、文官果、甜子[2]；福建则福橘、福橘饼、牛皮糖、红腐乳；江西则青根、丰城脯；山西则天花菜；苏州则带骨鲍螺、山查丁、山查糕、松子糖、白圆、橄榄脯；嘉兴则马交鱼脯、陶庄黄雀；南京则套樱桃、桃门枣、地栗团、窝笋团、山查糖；杭州则西瓜、鸡豆子、花下藕、韭芽、玄笋、塘栖蜜橘[3]；萧山则杨梅、莼菜、鸠鸟、青鲫、方柿；诸暨则香狸、樱桃、虎栗；嵊则蕨粉、细榧、龙游糖；临海则枕头瓜；台州则瓦楞蚶、江瑶柱[4]；浦江则火肉；东阳则南枣；山阴则破塘笋、谢橘、独山菱、河蟹、三江屯蛏、白蛤、江鱼、鲥鱼、里河鲢^[5]。远则岁致之，近则月致之、日致之。耽耽逐逐，日为口腹谋，罪孽固重。但由今思之，四方兵燹，寸寸割裂，钱塘衣带水，犹不敢轻渡，则向之传食四方，不可不谓之福德也。

【注释】

[1] 黄鼹：即黄芽菜。　马牙松：即白菜。松，同"菘"。

[2] 羊肚菜：蘑菇之属。　甜子：当作"秋子"，似沙果而小。

[3] 鸡豆子：即鸡头，芡实，可食或药用。

[4] 瓦楞蚶：蚶类，又称"瓦稜子"，田种者佳。　江瑶柱：即干贝。

[5] 破塘：见卷三《天镜园》注。　独山：即蜀山，在绍兴城西三十五里柯山之东，俗称独山，以产菱著称。　三江屯：在绍兴城北三十里，践山背海，为明代巡检司所在地。　鲢：白鲦鱼，身圆头扁，长不逾尺。

【译文】

绍兴地区讲究吃这方面，没有胜过我的。我喜欢吃各地土特产：北京则有苹婆果、黄鼹、马牙松；山东则有羊肚菜、秋白梨、文官果、甜子；福建则有福橘、福橘饼、牛皮糖、红腐乳；江西则有青根、丰城脯；山西则有天花菜；苏州则有带骨鲍螺、山楂丁、山楂糕、松子糖、白圆、橄榄脯；嘉兴则有马交鱼脯、陶庄黄雀；南京则有套樱桃、桃门枣、地栗团、窝笋团、山楂糖；杭州则有西瓜、鸡豆子、花下藕、韭芽、玄笋、塘栖蜜橘；萧山则有杨梅、莼菜、鸠鸟、青鲫、方柿；诸暨则有香狸、樱桃、虎栗；嵊县则有蕨粉、细榧、龙游糖；临海则有枕头瓜；台州则有瓦楞柑、江瑶柱；浦江则有火肉；东阳则有南枣；山阴则有破塘笋、谢橘、独山菱、河蟹、三江屯蛏、白蛤、江鱼、鲥鱼、里河鲢。离得远的就一年采买一次，离得近的就一月采买一次、一天采买一次。瞪着眼睛等着盼着，整天就想着怎么满足口腹之欲，真是罪孽深重啊。但是现如今想到这些，相比于当下到处兵荒马乱，国土四分五裂，钱塘江一衣带水，人们还不敢轻易渡到对岸的情况，那么我以前能吃遍四面八方，不能不说是一种福分啊。

祁止祥癖

人无癖不可与交，以其无深情也；人无疵不可与交，以其无真气也。余友祁止祥有书画癖[1]，有蹴鞠癖，有鼓钹癖，有鬼戏癖[2]，有梨园癖。壬午[3]，至南都，止祥出阿宝示余，余谓："此西方迦陵鸟[4]，何处得来？"阿宝妖冶如蕊女，而娇痴无赖，故作涩勒，不肯着人。如食橄榄，咽涩无味，而韵在回甘；如吃烟酒，鲠饐无奈[5]，而软同沾醉。初如可厌，而过即思之。止祥精音律，咬钉嚼铁，一字百磨，口口亲授，阿宝辈皆能曲通主意。乙酉[6]，南都失守，止祥奔归，遇土贼，刀剑加颈，性命可倾，至宝是宝。丙戌[7]，以监军驻台州，乱民卤掠，止祥囊箧都尽，阿宝沿途唱曲，以膳主人。及归，刚半月，又挟之远去。止祥去妻子如脱躧耳，独以娈童崽子为性命，其癖如此。

【注释】

　　[1] 祁止祥：祁豸佳，字止祥，山阴人。天启举人，尝任吏部司务，通诗文书画及戏曲，从弟祁彪佳抱节自沉后，遂隐居不出。

　　[2] 鬼戏：祁彪佳《祁忠敏公日记·归南快录》："午后作书，饯罗和阳公祖，止祥兄于灯下作鬼戏，眉面生动，亦一奇也。"

　　[3] 壬午：明崇祯十五年(1642)。

　　[4] 迦陵鸟：佛教传说中神鸟，又称妙声鸟、美音鸟，本出雪山，鸣声美妙动听。

　　[5] 鲠饐（yē）：同"鲠噎"，谓食物堵住食道。

[6] 乙酉：清顺治二年(1645)。

[7] 丙戌：清顺治三年(1646)。

【译文】

　　一个人没有癖好是不可以结交的，因为这样的人没有深沉的感情。一个人没有毛病是不可以结交的，因为这样的人没有真挚的性情。我的朋友祁止祥有书法绘画的癖好、有踢球的癖好、有敲鼓打钹的癖好、有做鬼戏的癖好、有教习伶人的癖好。壬午年(1642)我到南京，祁止祥让阿宝出来见我，我说："这般西方迦陵鸟一样的妙人儿，你从哪里找到的？"阿宝美艳得天仙似的，又娇憨顽皮，故意装出执拗的样子，不愿和人亲近。这种感觉，就像吃橄榄，咽下去时涩口没味道，但是回味起来又甜滋滋的；又像吃烟酒，喉咙辣得难受，但是吃下后又让人轻飘飘地如痴如醉。刚接触时似乎很惹人厌，但是事后回想起来就念念不忘。祁止祥精通音律，咬钉子、嚼铁块一般硬磕着一个个字眼百般打磨，一对一亲口传授，所以阿宝这些家养伶人都能宛转精细地领会到主人的乐理妙趣。乙酉年(1645)，南京失守，祁止祥逃难回家途中遇到了山贼，对方的刀剑都架到他脖子上了，命悬一线之时，他最珍视的是阿宝。丙戌年(1646)，祁止祥以监军的身份驻守台州，遭遇乱民抢掠，他的钱财被洗劫一空，是阿宝沿路卖唱来养活他。等回到家，刚过了半个月，祁止祥就又带着阿宝远走高飞了。祁止祥抛妻去子就像脱鞋子一样随意，唯独爱娈童崽子如命，他的癖好就是这样。

泰安州客店

　　客店至泰安州[1]，不复敢以客店目之。余进香泰山，未至店里许，见驴马槽房二三十间；再近，有戏子寓二十余处；再近，则密户曲房，皆妓女妖冶其中。余谓是一州之事，不知其为一店之事也。投店者，先至一厅事^[2]，上簿挂号，人纳店例银三钱八分，又人纳税山银一钱八分。^[3]店房三等：下客夜素早亦素，午在山上用素酒果核劳之，谓之"接顶"。夜至店，设席贺，谓烧香后求官得官，求子得子，求利得利，故曰贺也。贺亦三等：上者专席，糖饼、五果、十肴、果核、演戏；次者二人一席，亦糖饼，亦肴核，亦演戏；下者三四人一席，亦糖饼、肴核，不演戏，用弹唱。计其店中，演戏者二十余处，弹唱者不胜计。庖厨炊爨亦二十余所，奔走服役者一二百人。下山后，荤酒狎妓惟所欲。此皆一日事也。若上山落山，客日日至，而新旧客房不相袭，荤素庖厨不相混，迎送厮役不相兼，是则不可测识之矣。泰安一州与此店比者五六所，又更奇。

【注释】

　　[1] 泰安：州名，今山东泰安。

　　[2] 厅事：堂屋，厅堂。

　　[3] 税山银：又称"山税""香税"。张岱《岱志》："山税每人一钱二分，千人百二十，万人千二百，岁入二三十万。"数额巨大，尽归地方政府。"泰山香税乃士女所舍物，藩司于税赋外，资为额费"（见王士性《广志绎》卷三）。

【译文】

　　客店开到了泰安州，就不再敢把它看作客店了。我去泰山进香，离客店还有一里左右，就见到二三十间拴驴马的槽房；再走近些，有二十多处戏子的住所；再近些，就是一些幽深隐蔽的房子，里面住的都是妖艳的妓女。我本以为这是整个泰安州的客店规模，哪知道这只是一家客店的规模。到店投宿的人先到一个厅堂，在登记簿上登记，每人交纳三钱八分的店例银，以及一钱八分的税山银。客房分三个等级：下等房当天夜里和第二天早上都提供素食，中午在山上有素酒和干果招待，叫作"接顶"。晚上客人回到店里，客店会设宴席来"贺"，说是上泰山烧香后求官得官、求子得子、求利得利，所以叫做"贺"。"贺"席也分三个等级：上等席是专桌，提供糖饼、五种水果、十道菜肴、干果、演戏；次等席是两人一桌，也有糖饼，也有菜肴和干果，也有演戏；下等席是三四人一桌，也有糖饼、菜肴和干果，没有演戏，只有弹唱。总计这家店里演戏的地方有二十多处，弹唱的不计其数。厨房炊灶也有二十多间，来回奔走的仆役有一两百人。客人下山后，喝酒吃肉、嫖妓寻欢，想干什么就干什么。这些都是发生在一天之内的事。像这样上山的下山的，客人每天都源源不断地往来，但是新客房与旧客房互不相扰，荤菜厨房与素菜厨房互不相混，迎来的与送往的仆役各司其职，是怎么做到的，这就猜不出来了。泰安一个州内像这种规模的店有五六家之多，又更加神奇了。

卷　五

范　长　白

范长白园在天平山下[1]，万石都焉[2]。龙性难驯，石皆笏起，旁为范文正墓[3]。园外有长堤，桃柳曲桥，蟠屈湖面。桥尽抵园，园门故作低小，进门则长廊复壁，直达山麓。其缯楼幔阁，秘室曲房，故故匿之，不使人见也。山之左为桃源，峭壁回湍，桃花片片流出。右孤山，种梅千树。渡涧为小兰亭，茂林修竹，曲水流觞，件件有之。竹大如椽，明静娟洁，打磨滑泽如扇骨，是则兰亭所无也。地必古迹，名必古人，此是主人学问。但桃则溪之，梅则屿之，竹则林之，尽可自名其家，不必寄人篱下也。

余至，主人出见。主人与大父同籍[4]，以奇丑著。是日释褐[5]，大父嘲之曰[6]："丑不冠带，范年兄亦冠带了也。"人传以笑。余亟欲一见。及出，状貌果奇，似羊肚石雕一小猱，其鼻垩，颧颐犹残缺失次也。冠履精洁，若谐谑谈笑，面目中不应有此。开山堂小饮，绮疏藻幕，备极华褥。秘阁清讴，丝竹摇飏，忽出层垣，知为女乐。饮罢，又移席小兰亭。比晚辞去，主人曰："宽坐，请看'少焉'。"余不解，主人曰："吾乡有缙绅先生，喜调文袋，以《赤壁赋》有'少焉月出于东山之上'句[7]，遂字月为'少焉'。顷言'少焉'者，月也。"固留看月，晚景果妙。主人曰："四方客来，都不及见小园雪，山石峻岈，银涛蹴起，掀翻五泄[8]，捣碎龙湫，世上伟观，惜不令宗子见也。"步月而出，至玄墓[9]，宿葆生叔书画舫中[10]。

【注释】

　　[1] 范长白：范允临，字长倩，号长白，华亭(今上海松江)人。万历进士，官至福建布政司参议。晚居苏州天平山麓，建园林，乐声伎，称神仙中人。　天平山：在苏州城外西南三十余里，林木秀润，奇石万状。

　　[2] 都：聚集。

　　[3] 范文正：范仲淹，字希文，苏州吴县人。北宋名臣，卒谥"文正"。

　　[4] 同籍：同年进士。张岱祖父张汝霖与范允临同为万历乙未(1595)进士。

　　[5] 释褐：脱去布衣而服官服，谓入仕做官。褐，粗布衣，贫贱者所服。

　　[6] 嬲（niǎo）：戏弄。

　　[7]《赤壁赋》：北宋苏轼所著名篇。

　　[8] 五泄：即五瀑，凡五级，故名，在浙江诸暨。

　　[9] 玄墓：山名，在苏州吴县邓尉山东南六里，面太湖，丹崖翠阁，望之如屏。

　　[10] 葆生：见卷二《焦山》注。

【译文】

　　范长白的园子坐落在天平山脚下，园里聚集了上万种石头。这些石头还有点难以驯服的"龙性"，都像笏板一样耸立着，旁边就是文正公范仲淹的墓。园子外面有一条长堤，桃树柳树掩映下曲折的小桥像蟠龙盘旋在湖面上。桥的尽头直达园子，园门故意做得矮小，一进门就是长长的走廊与夹墙，一直通到山脚下。这样一来，园子里雕梁画栋、慢帐垂垂的亭台楼阁，隐蔽的内宅，就被特意掩藏起来了，不会被人看见。天平山左面是桃源，峭壁间溪水湍湍，一片片桃花顺流而出。天平山的右面是孤山，种着上千株梅树。溪涧对面就是小兰亭，诸如茂林修竹、曲水流觞等兰亭所有的景致，件件都有。那里的竹子有椽子那么粗大，清雅秀美，打磨得像扇骨那样光润，这却是兰亭所没有的。园子里但凡布景一定会仿照古迹，但凡命名一定会用古人用过的名字，这是体现园主人学问的地方。但是像桃树种在溪水边、梅树种在小岛上、竹子种在树林旁这类景致，完全可以自己命名，不一定非要依附古人用过的名字。

我去拜访时，园主人范长白出来相见。范长白和我祖父是同年进士，他因丑得出奇而闻名。正式穿上官服那天，我祖父调侃他说："常言道'丑'时不戴帽束带，范年兄这个'丑'人竟然也戴帽束带起来了。"这话被人们传为笑谈。因此我迫切地想见一见他。等到他走出来，样貌果然很奇特，活像羊肚石雕成的一个小猴子，他鼻子上有一片白，颧骨和下巴像缺了一块长错了位置一样。他的穿衣打扮考究整洁，这种反差像是在故意搞怪，脸上不应该是这副模样。我们在开山堂小饮，那里有镂花窗子、彩绘帷幕，极尽奢华。清亮的歌声伴着悠扬的丝竹声从秘阁里飘出，忽然穿透层层垣墙而来，我知道这是他家歌伎在弹唱。喝完后，我们又移席小兰亭。临近傍晚我请辞离开，范长白说："你再坐一会儿，请你欣赏'少焉'。"我有些不明白，他解释说："我们这儿有一位缙绅先生，喜欢掉书袋，因为《赤壁赋》中有'少焉，月出于东山之上'一句，于是就把月亮叫做'少焉'。刚才说的'少焉'，就是指月亮。"他坚持要我留下来赏月，晚上的景致果真美妙。范长白说："天南地北的访客来到这里，都没能见到小园的雪景。园中山石嶙峋突兀，下雪后就如同银色波涛滚滚涌起，有掀翻五泄、捣碎龙湫的气势，堪称世间奇观，可惜今天不能让宗子你见到了。"我踏着月色走出园子，去到玄墓山，当夜留宿在葆生叔父的书画舫中。

于　园

　　于园在瓜州步五里铺[1]，富人于五所园也。非显者刺[2]，则门钥不得出。葆生叔同知瓜州[3]，携余往，主人处处款之。

园中无他奇，奇在磥石。前堂石坡高二丈，上植果子松数棵，缘坡植牡丹、芍药，人不得上，以实奇。后厅临大池，池中奇峰绝壑，陡上陡下，人走池底，仰视莲花反在天上，以空奇。卧房槛外，一壑旋下如螺蛳缠，以幽阴深邃奇。再后一水阁，长如艇子，跨小河，四围灌木蒙丛，禽鸟啾唧，如深山茂林，坐其中，颓然碧窈。瓜州诸园亭，俱以假山显，胎于石，娠于磥石之手，男女于琢磨搜剔之主人，至于园可无憾矣。

仪真汪园[4]，葊石费至四五万[5]，其所最加意者，为"飞来"一峰，阴翳泥泞，供人唾骂。余见其弃地下一白石，高一丈，阔二丈而痴，痴妙；一黑石，阔八尺，高丈五而瘦，瘦妙。得此二石足矣，省下二三万收其子母[6]，以世守此二石何如？

【注释】

　　[1] 于园、瓜州：见卷二《焦山》注。　步：水边停船之处。
　　[2] 刺：名帖。
　　[3] 葆生：即张联芳。
　　[4] 仪真：今江苏仪征。　汪园：即寤园，又名荣园，崇祯间汪机筑，构置天然，为江北绝胜，往来巨公大僚多宴会于此。
　　[5] 葊（jú）：用车运土石。
　　[6] 子母：利息和本钱。

【译文】

　　于园坐落在瓜州码头的五里铺，是富人于五所的园子。如果不是显达贵人来投帖，是不会开门放人进去的。葆生叔父担任瓜州同知时，带我前去游园，于园主人殷勤款待了我们。

这座园子没有其他出奇的地方，奇就奇在石头的堆叠。前堂有两丈高的石坡，上面种着几棵果子松，沿坡种着牡丹、芍药，人上不去，奇在石头堆得很真实。后厅临近一个大水池，池中石头堆成奇绝的山峰沟壑，直上直下很陡峭，人从水池底走过，抬头仰望荷花仿佛绽放在天上，奇在石头堆得空灵。卧房的栏杆外面，有一道石沟像螺蛳壳一样盘旋而下，奇在石头堆得幽深。再往后有一座水阁，长长的像一条小艇，横跨在小河上，四周灌木丛生，禽鸟和鸣，如同深山老林，人坐在水阁里，便与碧绿幽远的自然融为一体了。瓜州地方的各种园林亭榭，都是因假山闻名的，这些假山以自然山石为胚胎，经匠人巧手堆叠而孕育成形，因主人的孜孜以求而有了生命与个性，直至达到于园假山这样的程度，可以说没有遗憾了。

仪真的汪园，运石头的花费就高达四五万两银子，园里最着力打造的是一座"飞来峰"，但那里阴森森的，路面泥滑，很招人骂。我在那里看见过他们丢弃在地上的一块白石，一丈高、两丈宽，从而显得痴肥，痴得极妙；还有一块黑石，八尺宽、五丈高，从而显得瘦削，瘦得极妙。其实园里得到这两块石头便足够了，省下两三万两银子存起来坐收利银，来世代守护这两块石头，怎么样？

诸　工

竹与漆与铜与窑，贱工也。嘉兴之腊竹，王二之漆竹，苏州姜华雨之筹箓竹[1]，嘉兴洪漆之漆，张铜之铜[2]，徽州吴明官之窑，皆以竹与漆与铜与窑名家起家，而其人且与缙绅先生列坐抗礼焉。则天下何物不足以贵人，特人自贱之耳。

【注释】

[1]姜华雨：张岱《夜航船》卷十二："又有以斑竹为椅桌等物者，以姜姓第一，因有姜竹之称。" 筹篆：即"梅绿"，竹名，其干似湘妃而细，人多取为扇骨。

[2]张铜：即著名铜匠张鸣岐，善制薰炉。

【译文】

竹器、漆器、铜器、窑器制作，都是地位低贱的工种。嘉兴地区的腊竹器，及当地王二的漆竹器，苏州姜华雨的梅绿竹器，嘉兴洪漆的漆器，张铜的铜器，徽州吴明官的窑器，都是靠竹、漆、铜、窑手艺出名发家的，而这些手艺人却能与士大夫们平起平坐。那么天下有什么东西是不能让人尊贵的呢，只不过人容易自轻自贱罢了。

姚 简 叔 画

姚简叔画千古[1]，人亦千古。戊寅[2]，简叔客魏[3]，为上宾。余寓桃叶渡，往来者闵汶水、曾波臣一二人而已[4]。简叔无半面交，访余，一见如平生欢，遂榻余寓。与余料理米盐之事，不使余知。有空则拉余饮淮上馆[5]，潦倒而归。京中诸勋戚大老、朋侪缁衲、高人名妓与简叔交者，必使交余，无或遗者。与余同起居者十日，有苍头至，方知其有妾在寓也。简叔塞渊不露聪明[6]，为人落落难合，孤意一往，使人不可亲疏。与余交不知何缘，反而求之不得也。

访友报恩寺，出册叶百方，宋元名笔。简叔眼光透入重纸，据梧精思[7]，面无人色。及归，为余仿苏汉臣^[8]：一图，小儿方据澡盆浴，一脚入水，一脚退缩欲出；宫人蹲盆侧，一手掖儿，一手为儿擤鼻涕；旁坐宫娥，一儿浴起伏其膝，为结绣裾^[9]。一图，宫娥盛妆端立，有所俟，双鬟尾之。一侍儿捧盘，盘列二瓯，意色向客。一宫娥持其盘，为整茶锹^[10]，详视端谨。覆视原本，一笔不失。

【注释】

[1] 姚简叔：姚允在，字简叔，会稽（今浙江绍兴）人。明末画家，尤工山水，笔墨遒劲，思致不凡，小幅愈佳。但自矜其画，不肯多作，有人持重金购之，竟不能得其一水一石。

[2] 戊寅：崇祯十一年（1638）。

[3] 魏：指徐达后人，袭封魏国。详见卷一《钟山》注。

[4] 闵汶水：见卷三《闵老子茶》注。 曾波臣：见卷四《不系园》注。

[5] 淮上：秦淮河上。

[6] 塞渊：思虑深远。《诗·邶风·燕燕》："其心塞渊，终温且惠。"

[7] 据梧：典出《庄子·齐物论》。此处犹言凭几。

[8] 苏汉臣：南宋宣和年间宫廷画师，善人物，尤工婴孩。

[9] 裾（qū）：短衣。

[10] 茶锹：即茶匙、茶勺，取茶之具。蔡襄《茶录》："茶匙要重，击拂有力，黄金为上，人间以银铁为之；竹者轻，建茶不取。"

【译文】

姚简叔的画可以流传千古，他这个人也可以流芳千古。戊寅年（1638），姚简叔客居在魏国公府上，贵为上宾。我寓居在桃叶渡，日常来往的只有闵汶水、曾波臣等一两个人罢了。姚简叔和我素不相识，来看我，和我一见如故，于是就在我寓所里住下了。他帮我料理柴米油盐等琐事，却不让我知道。一有空他就拉我到秦淮河上的馆子里喝酒，喝得醉醺醺地回来。南京的各位皇亲国戚、朋党僧侣、高人名妓中凡是和姚简叔交好的，他统统都介绍给我认识，一个不落。他与我同住了十天，直到一个老仆来找他，我才知道他还有一个妾侍留在寓所里。姚简叔心地实诚有远见，又不露锋芒，为人孤高寡合，一意孤行，让人不敢轻易亲近。他和我交往不知道是因为什么缘故，却反倒像是求之不得似的。

我们到报恩寺拜访朋友，对方拿出上百幅画卷给我们看，都出自宋元名家之手。姚简叔聚精会神地盯着看，目光好似能穿透层层画纸，身体靠着小几陷入沉思，脸上也没什么血色了。等到回家后，他给我仿作了苏汉臣的画：一幅画上，一个小孩子正靠着澡盆洗澡，一只脚踩进水里了，一只脚缩着想出来；宫人蹲在澡盆侧面，一只手拉着孩子的手臂，一只手为孩子擤鼻涕；旁边坐着的一个宫娥，一个小孩儿洗好澡出来后正趴在她膝头，她在给孩子系彩绣的短衣。另一幅画上，一个宫娥盛装打扮端端正正地站着，像在等着什么，梳两个环形发髻的小宫女跟在后面。一名侍儿双手捧着托盘，托盘上摆着两个茶杯，脸上神色正看向客人。一个宫娥扶着她的托盘，帮她整理茶匙，查看得很仔细，态度很恭谨。再去看苏汉臣的原作，姚简叔模仿得一笔不差。

炉　峰　月

炉峰绝顶[1]，复岫回峦，斗耸相乱。千丈岩陬牙横梧[2]，两石不相接者丈许，俯身下视，足震慑不得前。王文成少年曾跻而过[3]，人服其胆。余叔尔蕴以毡裹体[4]，缒而下。余挟二樵子，从壑底掏而上[5]，可谓痴绝。

丁卯四月，余读书天瓦庵[6]，午后同二三友人登绝顶，看落照。一友曰："少需之，俟月出去。胜期难再得，纵遇虎，亦命也；且虎亦有道，夜则下山觅豚犬食耳，渠上山亦看月耶？"语亦有理。四人踞坐金简石上^[7]。是日，月政望^[8]，日没月出，山中草木都发光怪，悄然生恐。

月白路明，相与策杖而下。行未数武，半山噪呼，乃余苍头同山僧七八人，持火燎、鞚刀、木棍^[9]，疑余辈遇虎失路，缘山叫喊耳。余接声应，奔而上，扶掖下之。

次日，山背有人言："昨夜更定，有火燎数十把，大盗百余人，过张公岭^[10]，不知出何地？"吾辈匿笑不之语。谢灵运开山临澥^[11]，从者数百人，太守王琇惊骇，谓是山贼，及知为灵运，乃安。吾辈是夜不以山贼缚献太守，亦幸矣。

【注释】

[1] 炉峰：即香炉峰，绍兴会稽山支峰，形似香炉，故名。

[2] 陬（zōu）牙横梧：突起如角牙的岩石横空触人。陬，角。梧，通"迕"，触。语本秦观《淮海集·游汤泉记》"其陬牙横迕"。迕，同"迕"。

[3] 王文成：王守仁，字伯安，号阳明，绍兴余姚人。明中叶名臣，心学大师。卒谥文成。

[4] 尔蕴：张烨芳，字尔蕴，号七磐，张岱从叔。性豪奢，广交游，筑室炉峰，日游城市，夜必往山宿。

[5] 掫：牵挽。

[6] 天瓦庵：即天瓦山房，在香炉峰附近。《越中园亭记》："天瓦山房，在表胜庵下，背负绝壁，楼台在丹崖青嶂间。近张平子读书其中，引溪当门，夹植桃李，建溪山草亭于山趾，更自引人着胜。"平子，张岱之弟。

[7] 金简石：相传香炉峰旁宛委山上有盘石，石上有金简青玉古字，后世据传说指为金简石。

[8] 政：通"正"。

[9] 鞘：刀鞘。

[10] 张公岭：又称阳和岭，在绍兴市南五里。

[11] 谢灵运：南朝宋诗人。"开山"事见《宋书》本传。

【译文】

　　香炉峰的峰顶，峰峦层层叠叠，连绵起伏，峭壁耸峙，乱石嶙峋。千丈岩的山石如角牙突起，两块岩石之间的缝隙有一丈多宽，人站在上面弯腰向下看，脚都吓软挪不动了。王守仁年少时曾经能一跃而过，人们都佩服他的胆量。我叔叔张尔蕴曾经用毛毡裹住身体，拴在绳子上把自己放下去。我曾经在两个樵夫的帮助下，从谷底攀援上来，可以说痴狂极了。

　　丁卯年（1627）四月，我在天瓦庵读书，午后与两三位朋友一起登上香炉峰峰顶看日落。一位朋友说："我们稍等一下，等月亮出来了再下山。这样的好机会千载难逢，即便遇到老虎，也是命数使然。况且老虎也有自己的活动规律，晚上就下山去找猪狗吃了，怎么会也上山来赏月呢？"他的话也有道理。于是我们四个人蹲坐在金简石上等日落。当天正是农历十五月圆之日，太阳落山、月亮升起，山上的花草树木都发出奇怪的光芒，恐怖的感觉一点点爬上了我们心头。

　　皎洁的月光照得山路白亮亮的，我们拄着拐杖结伴下山。没走几步路，半山腰传来叫喊声，原来是我家老仆同七八个山僧拿着火把、靴刀、木棍，担心我们这些人遇到老虎迷路了，就沿着山道一路叫喊。我连声回应他们，他们奔跑上来，搀扶着我们下山。

　　第二天，后山那边有人说："昨晚更定时分，有几十个火把，一百多名大盗，经过张公岭，不知从哪里来的。"我们几个偷笑着不告诉他们真相。昔日谢灵运伐木开山开到了临海，几百个人跟着一起干，临海太守王琇吓得不轻，以为是山贼，等到得知是谢灵运，才放下心来。我们当夜没有被误当成山贼绑起来献给太守，也算是万幸了。

湘　湖

西湖，田也而湖之，成湖焉；湘湖[1]，亦田也而湖之，不成湖焉。湖西湖者，坡公也，有意于湖而湖之者也；湖湘湖者，任长者也[2]，不愿湖而湖之者也。任长者有湘湖田数百顷，称巨富。有术者相其一夜而贫，不信。县官请湖湘湖，灌萧山田，诏湖之，而长者之田一夜失，遂赤贫如术者言。今虽湖，尚田也，不下插板，不筑堰，则水立涸；是以湖中水道，非熟于湖者不能行咫尺。游湖者坚欲去，必寻湖中小船与湖中识水道之人，溯十阕三，鲠咽不之畅焉。湖里外锁以桥，里湖愈佳。盖西湖止一湖心亭为眼中黑子，湘湖皆小阜、小墩、小山乱插水面，四围山趾，棱棱砺砺，濡足入水，尤为奇峭。余谓西湖如名妓，人人得而媒亵之；鉴湖如闺秀，可钦而不可狎；湘湖如处子，眠娗羞涩[3]，犹及见其未嫁时也。此是定评，确不可易。

【注释】

[1] 湘湖：在萧山西二里，周八十里，溉田数千顷，产莼丝最美，乡民以贩渔为业者不可数计。

[2] 任长者：任氏自山阴桑盆里徙家萧山，富甲一方，元明之际，遭时饥乱，好行仁义，子孙继之，一乡称"长者"。见《绍兴府志》。

[3] 眠娗：又作"眠娗"，犹腼腆。

【译文】

西湖本来是田，挖田造湖变成了湖；湘湖本来也是田，也挖田造湖，却没能变成真正的湖。把西湖变成湖的，是东坡居士，他是有意造湖而去造湖的人。把湘湖变成湖的，是任长者，他是不愿意造湖而造了湖的人。任长者在湘湖有几百顷田，算是巨富，有一位相士给他看相，说他会一夜变贫，他不相信。后来县官申请开挖湘湖来灌溉萧山的农田，发布告造湖，长者的田一夜之间就都失去了，于是真如相士所说一贫如洗。现如今湘湖虽然叫做湖，实际上还是田，如果不放下插板，不修筑土堰，那么湖水立马就会干涸。所以湘湖里的水路，如果不是非常熟悉湘湖的人来行船，则寸步难行。如果游湖的人坚持要去，一定要找湖里的小船以及湖里熟识水道的人一起，即便如此走十处也会有三处都淤塞难通，如鲠在喉般无法畅行。里湖和外湖用桥隔开，里湖更美。西湖只有一座湖心亭是点睛之笔，湘湖则到处都是小土山、小土墩，小山包胡乱插在水面上，四面的山脚，重叠突兀，伸出去浸泡在湖水里，尤其显得奇特峻峭。依我看西湖就像名妓，人人都可以轻薄亵玩；鉴湖就像大家闺秀，可远观而不可以亲近；湘湖就像处子，腼腆羞涩，还看得到她出阁前的闺中模样。这是定论，中肯到位，不容更改。

柳敬亭说书

南京柳麻子[1]，黧黑，满面疤瘤，悠悠忽忽，土木形骸[2]。善说书，一日说书一回，定价一两，十日前先送书帕下定[3]，常不得空。南京一时有两行情人[4]：王月生[5]、柳麻子是也。

余听其说《景阳冈武松打虎》白文[6]，与本传大异。其描写刻画，微入毫发，然又找截干净[7]，并不唠叨。哱夬声如巨钟[8]，说到筋节处，叱咤叫喊，汹汹崩屋。武松到店沽酒，店内无人，謷地一吼[9]，店中空缸空甓皆瓮瓮有声。闲中着色，细微至此。

主人必屏息静坐，倾耳听之，彼方掉舌。稍见下人咕哗耳语[10]，听者欠伸有倦色，辄不言，故不得强。每至丙夜，拭桌剪灯，素瓷静递，款款言之。其疾徐轻重，吞吐抑扬，入情入理，入筋入骨。摘世上说书之耳而使之谛听，不怕其不齰舌死也[11]。

柳麻子貌奇丑，然其口角波俏[12]，眼目流利，衣服恬静，直与王月生同其婉娈，故其行情正等。

【注释】

[1] 柳麻子：即柳敬亭，原名曹逢春，江苏泰州人，著名说书艺人，曾为南明将领左良玉幕僚，广交天下名士文人。

[2]"悠悠"二句：谓柳敬亭性格真率，行为随便，放荡不羁，无矫饰之态。语出《世说新语·容止》："刘伶身长六尺，貌甚丑颓，而悠悠忽忽，土木形骸。"

[3] 书帕：明代官场行贿，常以绢帕包装新刻图书，并将金银藏在里面。此指说书定金。

[4] 行情人：走时、走红的人。

[5] 王月生：见卷四《牛首山打猎》注。

[6] 白文：说大书（只有说白，不带弹唱）的底本。

[7] 找截：说书术语。"找"指回叙或补叙，"截"指中间休息和终场收束。

[8] 呦夬：形容声音刚脆。

[9] 䨻（bó）：大叫。

[10] 咕哗：低声轻语。

[11] 齰（zé）：咬。齰舌死，谓羞愧欲死。《史记·魏其武安侯列传》："魏其必内愧，杜门齚（齰）舌自杀。"

[12] 波俏：俊俏。此指口齿伶俐。

【译文】

南京的柳麻子，黑脸膛，满脸疙疙瘩瘩，人大大咧咧的，不修边幅。他擅长说书，一天说一回书，定价一两银子，提前十天送请帖定金跟他预订，还常常约不到时间。当时南京城有两位红极一时的人物，那就是王月生、柳麻子了。

我听他说《景阳冈武松打虎》的说白，与《水浒传》中写的大不相同。他的描写刻画都丝丝入扣，但起承转合又干净利落、毫不啰嗦。他声如洪钟，说到紧要关头，一声怒喝，声势浩大，几乎要把房顶震塌。讲到武松到酒馆买酒，店中空无一人，武松平地一声吼，店里的空缸空罐子都随之嗡嗡作响。可见他善于在常人不经意处着力渲染，且细致入微到这个地步。

请他来说书的时候，主人一定要屏住呼吸安静地坐好，聚精会神地听，他才会开口。只要见到有下人窃窃私语，或者听众打哈欠、伸懒腰，显出疲倦的样子，他就不再说下去了，所以要听他说书不能勉强他。每值三更时分，把桌子擦拭干净，把灯芯剪亮，静静地递上白色的茶杯，就可以听他缓缓道来。节奏的轻重缓急，气息的吐纳与抑扬顿挫，他都拿捏得合情合理，深得故事精髓。若是揪住世上其他说书人的耳朵让他们一起来仔细倾听，不怕他们不会羞愧得咬舌自尽。

柳麻子相貌十分丑陋，但是他口齿伶俐，眼神灵动，衣着淡雅舒适，简直是和王月生一样美好，所以他俩声价相当。

樊江陈氏橘

樊江陈氏[1]，辟地为果园，枸菊围之。自麦为蒟酱[2]，自秫酿酒；酒香冽，色如淡金蜜珀[3]，酒人称之。自果自蔗，以螯乳醴之为冥果[4]。树谢橘百株[5]，青不撷，酸不撷，不树上红不撷，不霜不撷，不连蒂剪不撷[6]。故其所撷，橘皮宽而绽，色黄而深，瓣坚而脆，筋解而脱，味甜而鲜。第四门、陶堰、道墟以至塘栖[7]，皆无其比。

余岁必亲至其园买橘，宁迟，宁贵，宁少。购得之，用黄砂缸藉以金城稻草或燥松毛收之^[8]。阅十日，草有润气，又更换之，可藏至三月尽，甘脆如新撷者。枸菊城主人橘百树^[9]，岁获绢百匹，不愧木奴^[10]。

【注释】

[1] 樊江：市镇名，在绍兴城东三十里。

[2] 蒟酱：即蒟子酱。蒟，植物果实，可作酱，故称。

[3] 蜜珀：黄色琥珀。

[4] 螫乳：蜂蜜。　冥果：蜜汁浸泡制成的果脯。

[5] 谢橘：绍兴余姚东山谢玄后裔谢氏园所产之橘，小而甘。

[6] 连蒂剪：宋韩彦《橘录》："及经霜二三夕才尽剪，遇天气晴霁，数十辈为群，以小剪就枝间平蒂断之，轻置筐筥中，护之必甚谨，惧其香雾之裂则易坏。"

[7] 第四门：绍兴地名。　陶堰：见卷四《严助庙》注。　道墟：市镇名，在绍兴城东七十里。　塘栖：镇名，在杭州城北五十里，以产蜜橘著名。

[8] 金城稻：即占城稻，原产占城（今越南）。《闽书·南产》引《湘山录》云：宋真宗以福建田多高仰，闻占城稻耐旱，遣使求其种，得一千石，以遗其民，使莳之。绍兴方言，"占""金"同音，故以"占城"呼为"金城"。

[9] 枸菊城主人：指陈氏。

[10] 木奴：柑橘别称。三国吴人李衡为丹阳太守，于龙阳洲上种橘千树。临终，敕其子曰："吾州里有千头木奴，不责汝衣食。岁上一匹绢，亦足用矣。"事见《三国志·吴书·孙休传》注引《襄阳记》。

【译文】

樊江的陈氏开辟了一块地作为果园，四周围种了一圈枸杞和菊花。他自己种麦子来做蒟酱，自己种高粱来酿酒；酿出的酒清香甘冽，颜色像淡金色的琥珀，好酒的人都称许它。他自己种植瓜果，用蜂蜜浸泡做成蜜饯。园里种着上百株谢橘，青的不摘，酸的不摘，尚未在树上自然长红的不摘，不经过霜打的不摘，不能连着果蒂一起剪下的不摘。所以他采摘下来的橘子，橘皮宽松易剥，色泽深黄，橘肉紧实清脆，橘络一撕就掉，味道清甜鲜美。第四门、陶家堰、道墟乃至塘栖出产的橘子，都比不上这里的。

我每年都会亲自到陈氏果园去买橘子，宁愿晚一点、贵一点、少一点。买回来以后，用底部垫着金城稻草或干燥松叶的黄砂缸来存放。十天后，稻草有了潮气，就再换一次，这样可以保存到第二年三月底，吃起来还能像新摘下来的一样清甜爽脆。枸菊城主人种上百株橘树，每年卖橘子就可以有上百匹绢帛的收益，橘树真不愧"木奴"的称号啊。

治 沅 堂

古有拆字法。宣和间，成都谢石拆字[1]，言祸福如响。钦宗闻之，书一"朝"字，令中贵人持试之。石见字，端视中贵人曰："此非观察书也。"中贵人愕然。石曰："'朝'字离之为'十月十日'，乃此月此日所生之天人，得非上位耶？"一国骇异。吾越谢文正厅事名"保锡堂"[2]，后易之他姓，主人至，亟去其匾，人问之，曰："分明写'呆人易金堂'。"朱石门为文选署中额"典劇（剧）"二字[3]，继之者顾诸吏曰："尔知朱公意乎？此二字离合言之，曰'曲處（处）曲處（处）[4]，八刀八刀'耳。"歙许相国孙志吉为大理评事[5]，受魏珰指[6]，案卖黄山[7]，势张甚，当道媚之，送一匾曰"大卜于门"。里人夜至，增减其笔划凡三：一曰"天下未闻"；一倒读之曰"阉手下犬"；一曰"太平拿问"。后直指提问，械至太平，果如其言。凡此数者皆有义味。而吾乡缙绅有名"治沅堂"者，人不解其义，问之，笑不答，力究之，缙绅曰："无他意，亦止取'三台三元'之义云耳[8]！"闻者喷饭。

【注释】

[1]谢石：字润夫，成都人，宋宣和间至京师，以拆字言人祸福，求相者但随意书一字，即就其字离拆，而言无不奇中者。为钦宗拆字事，详《夷坚志再补》"谢石拆字"条。

[2]谢文正：谢迁，字于乔，余姚人。明成化进士，弘治中官兵部尚书，兼东阁大学士，卒谥文正。

[3]朱石门：朱赓之子，作者舅祖，著名收藏家。

[4]曲處：二字由"典"上半与"劇"左边合成。 八刀：由"典"下半与"劇"右边合成。

[5]许相国：许国，字维桢，安徽歙县人。明嘉靖进士，万历十一年以礼部尚书兼东阁大学士入参机务。

[6]魏珰：指魏忠贤。

[7]案卖黄山：事见《明史·魏忠贤传》："编修吴孔嘉与宗人吴养春有仇，诱养春仆告其主隐占黄山，养春父子瘐死。忠贤遣主事吕下问、评事许志吉先后往徽州籍其家，株蔓残酷。知府石万程不忍，削发去，徽州几乱。"

[8]三台：指三公，上台为太尉，中台为司徒，下台为司空，皆显要之职。三台二字合为"治"。 三元：指状元(廷试第一)、会元(会试第一)、解元(乡试第一)。三元二字合为"沅"。

【译文】

古时候有拆字法。北宋宣和年间，成都人谢石为人拆字，预测吉凶祸福百灵百验。宋钦宗听说了这件事，写了一个"朝"字，让宦官拿着去试试他。谢石见到这个字，端详着宦官说："这不是观察大人您写的。"宦官感到惊愕。谢石说："'朝'字拆开来是'十月十日'，是这一月这一日所出生的天人，莫不是当今圣上？"全国人都震惊了。我们越中谢文正家的厅堂名叫"保锡堂"，后来换了主人，新主人一到就急忙摘掉了这个匾额，有人问他，他说："分明写的是'呆人易金堂'。"朱石门给文选署的中堂题写额匾"典劇"二字，继任者对众位官员说："你们知道石门公题这两个字的用意吗？这两个字拆开来看，就是'曲處曲處，八刀八刀'。"歙人许相国的孙子许志吉担任大理评事时，受魏忠贤的指使，办理私卖黄山的案子，气焰很嚣张，地方官巴结他，送他一块写着"大卜于门"的匾。当地人夜里跑过去，将匾上字增减笔划一共改了三次：一次改成"天下未闻"，一次倒着读成"阉手下犬"，一次改成"太平拿问"。后来直指使者提审问案，许志吉被带上刑具押解到太平府审问，下场果真如改匾额的人预言的那样。以上这几个例子都很有意思。而我家乡一位士大夫家有一个题着"治沅堂"的匾，人们都不理解这是什么意思，问他，他笑而不答，再三追问他，他回答说："没有别的意思，也只是取'三台三元'的意思而已。"听到的人饭都要笑喷出来了。

虎丘中秋夜

虎丘八月半[1]，土著流寓，士夫眷属，女乐声伎，曲中名妓戏婆，民间少妇好女，崽子娈童[2]，及游冶恶少、清客帮闲、傒僮走空之辈[3]，无不鳞集。自生公台、千人石、鹤涧、剑池、申文定祠下[4]，至试剑石、一二山门[5]，皆铺毡席地坐。登高望之，如雁落平沙，霞铺江上。

天暝月上，鼓吹百十处，大吹大擂，十番铙钹[6]，渔阳掺挝[7]，动地翻天，雷轰鼎沸，呼叫不闻。更定，鼓铙渐歇，丝管繁兴，杂以歌唱，皆"锦帆开"、"澄湖万顷"同场大曲[8]，蹲踏和锣丝竹肉声[9]，不辨拍煞[10]。更深，人渐散去，士夫眷属皆下船水嬉，席席征歌，人人献技，南北杂之，管弦迭奏，听者方辨句字，藻鉴随之。二鼓人静，悉屏管弦，洞箫一缕，哀涩清绵，与肉相引，尚存三四，迭更为之。三鼓，月孤气肃，人皆寂阒，不杂蚊虻。一夫登场，高坐石上，不箫不拍，声出如丝，裂石穿云，串度抑扬，一字一刻。听者寻入针芥，心血为枯，不敢击节，惟有点头。然此时雁比而坐者，犹存百十人焉。使非苏州，焉讨识者！

【注释】

　　[1]虎丘：山名，在苏州阊门外山塘街，相传吴王夫差葬其父阖闾于此，葬后三日，有白虎踞其上，故名虎丘。为名胜古迹荟集之地。

　　[2]崽子：男孩。　娈童：美童。

　　[3]走空：拆白，行骗。

　　[4]生公台：相传梁高僧道生在虎丘说法，聚石为徒，石皆点头。生公台即道生说法讲坛。　千人石：虎丘山中心一块平坦的大盘石，可容千人列坐，故名。　剑池：在千人石北，四季不涸，两侧崖高百尺如削，传说是秦始皇用剑劈开，一说是冶炼宝剑淬火之处。　申文定：申时行，长洲(今苏州)人，明嘉靖进士，万历中累官吏部尚书，入内阁为首辅。谥文定。

　　[5]试剑石：虎丘石名，传为秦王试剑之处。

　　[6]十番：即十番鼓。用十种乐器合奏的乐名。

　　[7]渔阳掺挝：鼓曲名。掺挝，又作"参挝"。

　　[8]锦帆开：句出传奇《浣纱记》第十四出。　澄湖万顷：句出《浣纱记》第三十出。　同场大曲：指合唱曲。

　　[9]蹲踏：又作"噂沓"，众人聚语，声音嘈杂。　锣丝竹肉声：指乐器与歌声。

　　[10]拍煞：乐曲的中段与收尾部分。

【译文】

　　虎丘的八月十五中秋节，当地人，客居的外乡人，士大夫及其家眷亲属、歌舞伎、青楼的名妓与戏婆子，民间的小媳妇儿大姑娘、娈子娈童以及浪荡公子、地痞无赖、清客帮闲、奴仆骗子之类的人，全都聚集过来。从生公门、千人石、鹤涧、剑池、申文定祠一路下来，直至试剑石、二山门、头山门，都铺着毡子就地而坐。登到高处远远望过去，黑压压的人群就像雁群飞落在平坦的沙滩、霞光平铺在江面上一样。

天暗下来，月亮升起来了，处处都开始吹打奏乐，锣鼓齐鸣，《十番铙钹》敲起来，《渔阳掺挝》奏起来，震天撼地，如雷声轰鸣，如鼎水沸腾，彼此的呼叫声都听不见了。更定时分，锣鼓声渐渐停下来，丝竹声越来越响，伴着歌声，唱的都是"锦帆开""澄湖万顷"一类合唱曲子，人群的聒噪声与锣鼓声、丝竹声、歌唱声混杂在一起，究竟是什么声音节拍都分辨不清了。到了深夜，人群渐渐散去，士大夫及其亲眷都乘着彩船玩水上游戏，每一桌席面都征召歌伎，歌伎们都拿出看家本领，南北曲调交织在一起，丝竹之声交叠在一起，听的人刚刚听得清一句词曲，马上就有人评头论足起来。二更时分，人声安静下来了，管弦之乐都歇下了，只听得一缕洞箫声飘来，哀怨迟缓，清幽缠绵，引出歌声与之相和，是还剩下的三四位歌者在那里轮流演唱。到了三更天，月亮孤零零地挂在空中，天气肃杀，人人都静下来了，连蚊虫牛虻的嗡嗡声都听不见了。一名男子登场了，他高高地坐在石头上，不吹箫也不用拍板，声音如纤细绵长的丝线一样从口中发出，有穿云裂石之势，起承转合、抑扬顿挫，一个字拖腔长达一刻之久。听者旋即如被磁石吸住的针、被琥珀吸引的芥一般一动不动，心跳停止了，血液也凝固了，不敢击节喝彩，只剩下点头了。然而这时候像雁群一样排排坐着欣赏的，还有几十上百个人。假使不是在苏州，哪里能得来这么多知音人！

麋　公

万历甲辰[1]，有老医驯一大角鹿，以铁钳其趾，设较鞯其上[2]，用笼头衔勒，骑而走，角上挂葫芦药瓮，随所病出药，服之辄愈。家大人见之喜，欲售其鹿，老人欣然，肯解以赠，大人以三十金售之。五月朔日，为大父寿。大父伟硕，跨之走数百步，辄立而喘，常命小傒笼之，从游山泽。次年，至云间[3]，解赠陈眉公[4]。眉公羸瘦，行可连二三里，大喜。后携至西湖六桥、三竺间[5]，竹冠羽衣，往来于长堤深柳之下，见者啧啧，称为"谪仙"。后眉公复号"麋公"者，以此。

【注释】

[1] 万历甲辰：公元 1604 年。

[2] 鞍韅(xiǎn)：鲨鱼皮制成的革带。

[3] 云间：松江华亭（今属上海）别称。

[4] 眉公：陈继儒，字仲醇，号眉公，松江华亭人。诗文书画有名于时，与张岱祖父友善。

[5] 六桥：指苏堤六座桥。　三竺：指上天竺法喜寺、中天竺法净寺、下天竺法镜寺，在杭州灵隐寺南群山中。

【译文】

万历甲辰年（1604），有一位老郎中驯养了一头大角鹿，把铁脚掌钉在它的脚趾上，把鲨鱼皮制成的鞍韅绑在它身上，用笼头和马嚼子套住它的嘴，骑着它走路，鹿角上挂着药葫芦，根据病人的病情给药，药吃下去病就好了。我父亲看到了很喜欢，想买下他的鹿，老人很爽快地同意割爱，我父亲花三十两银子买下了鹿。五月初一日，把鹿当作寿礼送给我祖父贺寿。祖父体格高大，骑上鹿走几百步，鹿就站在那里不停喘气，于是祖父就常常让小厮牵着鹿，跟着他游历山水。

第二年，去到松江时，祖父把鹿赠送给了陈眉公。陈眉公身体瘦弱，骑上去可以连续走两三里路，非常开心。后来陈眉公带着这头鹿来到了西湖六桥、三天竺一带，头戴竹皮冠，身披羽衣，在长堤绿柳浓荫下骑鹿穿行，看到的人都啧啧称奇，叫陈眉公

"谪仙"。后来陈眉公又号"麋公"，就是因为这个缘故。

扬 州 清 明

扬州清明日，城中男女毕出，家家展墓，虽家有数墓，日必展之。故轻车骏马，箫鼓画船，转折再三，不辞往复。监门小户[1]，亦携肴核纸钱，走至墓所，祭毕，则席地饮胙。自钞关、南门、古渡桥、天宁寺、平山堂一带[2]，靓妆藻野，袨服缛川。

随有货郎，路旁摆设骨董古玩，并小儿器具。博徒持小机坐空地，左右铺袒衫半臂，纱裙汗帨，铜炉锡注，瓷瓯漆奁，及肩龙鲜鱼、秋梨福橘之属[3]。呼朋引类，以钱掷地，谓之"跌成"[4]，或六或八或十，谓之"六成""八成""十成"焉。百十其处，人环观之。

是日，四方流寓，及徽商西贾[5]，曲中名妓，一切好事之徒，无不咸集。长塘丰草，走马放鹰；高阜平冈，斗鸡蹴踘；茂林清樾，劈阮弹筝[6]。浪子相扑，童稚纸鸢；老僧因果，瞽者说书。立者林林，蹲者蛰蛰[7]。日暮霞生，车马纷沓，宦门淑秀，车幕尽开，婢媵倦归，山花斜插，臻臻簇簇，夺门而入。

余所见者，惟西湖春、秦淮夏、虎丘秋，差足比拟。然彼皆团簇一块，如画家横披；此独鱼贯雁比，舒长且三十里焉，则画家之手卷矣。南宋张择端作《清明上河图》[8]，追摹汴京景物，有西方美人之思[9]，而余目盯盯，能无梦想？

【注释】

[1] 监门：守门小吏。

[2] 钞关：在扬州南门外，水陆要冲，设关卡收税。　南门：即安江门，当旧城正南。　古渡桥：在扬州城南。　天宁寺：在扬州城北，为八大寺之首，本为晋太傅谢安别墅，唐武则天时改寺。　平山堂：在扬州城西北蜀冈上，北宋庆历年间欧阳修建。

[3] 肩膃：又作“膃肩”，猪腿。

[4] 跌成：一种赌博游戏。李斗《扬州画舫录》卷十六对其有详细记载，谓其“用三钱者为三星，六钱者为六成，八钱者为八乂，均字均幕为成，四字四幕为天分”。

[5] 西贾：山西商人。

[6] 劈阮：“劈”为“擘”之讹字，以拇指拨弦谓擘。阮，一种乐器，形似月琴。

[7] 蛰蛰：众多貌。《诗·周南·螽斯》：“宜尔子孙，蛰蛰兮。”

[8] 张择端：字正道，山东诸城人，宋徽宗朝供职翰林图画院。所作《清明上河图》，是一幅著名的城市风情画。

[9] 西方美人：《诗·邶风·简兮》：“云谁之思，西方美人。”朱熹《诗集传》注云：“西方美人，托言以指西周之盛王。”此则寄托对故国明朝的情思。

【译文】

在扬州每逢清明节这一天，城中男男女女全部出动，家家户户都去扫墓，即便一家有多处墓地，一天之内也一定都要祭扫完。因此这一天轻快的车子、高头大马、吹箫打鼓的华丽游船转过来又折回去，一而再再而三，不辞辛苦地来回穿梭。最底层的小吏小民也带着肉食、瓜果、纸钱步行到墓地祭扫，祭扫过后，便就地坐下来吃祭祀用过的酒肉。从钞关、南门、古渡桥、天宁寺到平山堂一带，靓丽华美的妆饰衣衫把山水田野点缀得熠熠生辉。

随时随处有货郎在路边摆摊售卖古董古玩和小孩儿玩具。玩博戏的人搬张小矮凳坐在空地上，两旁摆放着内衣衫、短袖衫、纱裙、汗巾、铜炉、锡注、瓷碗、漆盒及猪肘子、鲜鱼、秋梨、福橘之类物品，吆喝着招呼人过来玩往地上丢铜钱的游戏，称之为"跌成"。有的丢"六"，丢"八"，丢"十"，叫做"六成""八成""十成"。这样的摊位有几十上百处，人们都围着看热闹。

这一天，四面八方客居此地的外乡人以及徽州商人、山西商人、青楼名妓等所有喜欢凑热闹的人，全都聚在一起。他们在长堤丰茂的水草间骑马、放鹰，在山丘平坦的坡地上斗鸡、踢球，在密林清荫处拨阮、弹筝。少年人在玩摔跤，孩子们在放风筝，老和尚在讲解佛法，盲人在演说评书，站着的人密密麻麻，蹲着的人也黑压压一片。傍晚彩霞腾空，车水马龙纷至沓来，官宦人家女眷们的车也都拉开了车帘，婢女媵妾们拖着疲倦的身子回去，山间野花歪歪斜斜地插在发髻上，蜂拥而来，争先恐后地挤进城门。

我见过的景象中，只有西湖的春季香市，秦淮河的夏夜，虎丘的中秋夜，勉强能够与扬州清明的盛况相比。然而，那些都是团团簇拥在一起的，如同画家作的一幅横披；而唯独扬州清明之景却如游鱼连贯而入，大雁列阵而飞，层层展开，绵延将近三十里路，则是画家的长幅手卷了。南宋张择端画了一幅《清明上河图》，来追摹汴京当日的景物，寄托思念故国之情，而我眼睁睁看到过扬州清明迤逦三十里之繁华长卷，怎么能不魂牵梦绕呢？

金 山 竞 渡

看西湖竞渡十二三次，己巳竞渡于秦淮[1]，辛未竞渡于无锡，壬午竞渡于瓜州，于金山寺[2]。西湖竞渡，以看竞渡之人胜，无锡亦如之，秦淮有灯船无龙船，龙船无瓜州比，而看龙船亦无金山寺比。

瓜州龙船一二十只，刻画龙头尾，取其怒；旁坐二十人，持大楫，取其悍；中用彩篷，前后旌幢绣伞，取其绚；撞钲挝鼓，取其节；艄后列军器一架，取其锣；

龙头上一人足倒竖，战斸其上[3]，取其危；龙尾挂一小儿，取其险。

　　自五月初一至十五，日日画地而出，五日出金山，镇江亦出。惊湍跳沫，群龙格斗，偶堕洄涡，则百蛄捷捽[4]，蟠委出之。金山上，人团簇，隔江望之，蚁附蜂屯，蠢蠢欲动。晚则万艘齐开，两岸沓沓然而沸。

【注释】

　　[1] 己巳：崇祯二年（1629）。

　　[2] 壬午：崇祯十五年（1642）。　瓜州：见本卷《于园》注。　金山寺：在镇江金山，始建于东晋。

　　[3] 战斸（duō）：用手掂斤两。此处形容健儿以手倒立船头，随船上下颠簸。

　　[4] 蛄：虾蟆。形容健儿动作敏捷。　捷捽（zuó）：疾取，救援。捽，揪。《淮南子·兵略训》：“同舟而济于江，卒遇风波，百族之子，捷捽招杼船，若左右手。”

【译文】

　　西湖的划船比赛我看过十二三次，己巳年（1629）在秦淮河看过划船比赛，辛未年（1631）在无锡看过划船比赛，壬午年（1642）在瓜州和金山寺看过划船比赛。西湖的划船比赛，最有看头的是看划船比赛的人，无锡也是如此，秦淮河上的划船比赛只有灯船却没有龙船，论龙船则没有能比得上瓜州的，至于看龙船比赛，也没有哪里能比得上金山寺的。

　　瓜州龙船有一二十艘，刻画出龙头龙尾，用来彰显它的威怒；龙船两边坐着二十个人，拿着大船桨，用来彰显它的彪悍；龙船的中部撑着彩色的船篷，前后张挂着旌旗绣伞，用来彰显它的绚丽多彩；钲鼓敲打得铮铮响，用来彰显它的进退有节；船艄后摆着一架军器，用来彰显它的锐气；龙头上一个人双脚倒立着，在上面颠来颠去，用来彰显它的高峻危险；龙尾上悬挂着一个小孩，用来彰显它的惊险刺激。

从五月初一到十五，每天都划定不同的区域赛龙船。初五这天龙船从金山寺驶出，镇江的龙船也同时驶出。一时间惊涛翻起、水沫横飞，如群龙格斗，偶尔有龙船陷进漩涡里，健儿们就像蛤蟆一样牢牢扒着船，敏捷地帮船挣脱出来。金山上人头攒动，隔着江面望过去，像蚂蚁、蜜蜂一样挤成一堆堆的蠕动着。到了晚上，上万只小船一起发动，两岸就更加人声鼎沸了。

刘晖吉女戏

女戏以妖冶恕[1]，以啴缓恕[2]，以态度恕，故女戏者全乎其为恕也。若刘晖吉则异是。[3]刘晖吉奇情幻想，欲补从来梨园之缺陷。如《唐明皇游月宫》[4]，叶法善作[5]，场上一时黑魆地暗，手起剑落，霹雳一声，黑幔忽收，露出一月，其圆如规，四下以羊角染五色云气，中坐常仪[6]，桂树吴刚[7]，白兔捣药[8]。轻纱幔之，内燃“赛月明”数株，光焰青黎，色如初曙。撒布成梁，遂蹑月窟，境界神奇，忘其为戏也。其他如舞灯，十数人手携一灯，忽隐忽现，怪幻百出，匪夷所思，令唐明皇见之，亦必目睁口开，谓氍毹场中那得如许光怪耶！彭天锡向余道[9]：“女戏至刘晖吉，何必男子！何必彭大！”天锡曲中南、董[10]，绝少许可，而独心折晖吉家姬，其所赏鉴，定不草草。

【注释】

[1] 恕：忖度。此言演员对角色的揣摩与演绎。

[2] 啴缓：声音舒缓中节。

[3] 刘晖吉：刘光斗，字晖吉，号讱庵，常州武进人。天启五年进士，明年出任推官。与张岱友善，曾为岱《古今义烈传》作序。

[4]《唐明皇游月宫》：元杂剧名。本事见薛用弱《集异记》，明皇与道士叶法善游月宫，聆听月中天乐，归传其音，名曰《霓裳羽衣》。

[5] 叶法善：字道元，号清溪居士。传言他遇仙人授以飞召之法，唐玄宗召封越国公，尊为天师。

[6] 常仪：即嫦娥。

[7] 桂树吴刚：段成式《酉阳杂俎·天咫》："旧言月中有桂，有蟾蜍。故异书言，月桂高五百丈，下有一人，常斫之，树创随合。人姓吴，名刚，西河人，学仙有过，谪令伐树。"

[8] 白兔捣药：傅玄《拟天问》："月中何有？白兔捣药。"此言月中物象。

[9] 彭天锡：戏曲艺人，江苏金坛人。见卷六《彭天锡串戏》一文。

[10] 南、董：南史、董狐，春秋时史官，以直笔不讳著称。

【译文】

　　女戏凭借艳丽的颜色、舒缓的语调、柔美的仪态来演绎人物，所以说女戏的精髓全在于演绎。像刘晖吉家的女戏就与众不同。刘晖吉富于奇思妙想，想弥补梨园一直以来存在的空白。比如《唐明皇游月宫》这场戏，叶法善出场时，场上一时间漆黑一片，只见他手起剑落，霹雳一声响，黑色的帷幕忽然收起来，露出一轮明月，像圆规画出来一样圆滚滚的，四周用羊角灯渲染出五色云气，中间坐着嫦娥，还有吴刚在伐桂，白兔在捣药。场中遮着轻薄的纱帐，纱帐里燃起几株"赛月明"烟花，发出青黑色的光焰，像破晓时的天光。叶法善撒出绢布变成一座桥，于是和唐明皇登入月宫，意境营造得如此神奇，让人忘了这是在演戏。其他场景比如舞灯，十几个人人手拿着一盏灯，灯光忽明忽暗，变幻莫测，花样百出，超乎想象。假使让真的唐明皇见到了这一幕，也一定会目瞪口呆，诧异舞台上怎么能出现如此光怪陆离的景象！彭天锡对我说："女戏到了刘晖吉这种程度，还有什么必要看男子戏！还有什么必要看彭天锡的戏！"彭天锡是戏曲评论界的南史、董狐，很少夸人，却唯独推崇刘晖吉家的歌姬，他的赞语一定不是随便说说的。

朱 楚 生

朱楚生，女戏耳，调腔戏耳[1]。其科白之妙，有本腔不能得十分之一者。盖四明姚益城先生精音律[2]，尝得与楚生辈讲究关节，妙入情理。如《江天暮雪》《霄光剑》《画中人》等戏[3]，虽昆山老教师细细摹拟[4]，断不能加其毫末也。班中脚色，足以鼓吹楚生者方留之，故班次愈妙。

楚生色不甚美，虽绝世佳人，无其风韵。楚楚谡谡[5]，其孤意在眉，其深情在睫，其解意在烟视媚行。性命于戏，下全力为之。曲白有误，稍为订正之，虽后数月，其误处必改削如所语。

楚生多坐驰[6]，一往深情，摇飏无主。一日，同余在定香桥[7]，日晡烟生，林木窅冥，楚生低头不语，泣如雨下。余问之，作饰语以对。劳心忡忡，终以情死。

【注释】

[1] 调腔戏：明末流行于杭州、绍兴一带的一个剧种。

[2] 四明：见卷一《日月湖》注。

[3]《江天暮雪》：明无名氏传奇作品，演崔君瑞、郑月娘事。《霄光剑》：明徐复祚撰，演卫青、铁勒奴事。《画中人》：明吴炳撰，演庚启、郑琼枝事。

[4] 昆山：今江苏昆山，昆剧发源地。

[5] 楚楚谡谡：形容仪态美好而整肃。

　　[6]坐驰：形坐而心驰。
　　[7]定香桥：杭州桥名。在西湖花港观鱼亭前，一名袁公桥，南宋袁韶建先贤堂时并建。见《湖山便览》卷三。

【译文】

　　朱楚生，一个女伶而已，一个唱调腔戏的女伶而已。但是她身段和念白的精妙水平，连演本腔戏的伶人都达不到其十分之一。因为四明的姚益诚先生精通音律，曾经有机会和朱楚生他们一起琢磨各个戏曲的关键点，打磨得入情入理。如《江天暮雪》《霄光剑》《画中人》等戏，即便是昆山老教师细细揣摩演绎，也绝对不能在朱楚生的基础上再增添分毫了。戏班子里的脚色，只有那些能够为朱楚生的表演增色的人才能留下来，所以戏班的表演越来越精妙。

　　朱楚生生得并不很美，但即便是绝代佳人，也没有她那种神韵。她气质清清冷冷的，眉宇间含着一抹孤傲，眼睫里流露着一片深情，眼波流转、举手投足中透着善解人意。她用生命在演戏，全力以赴地去做。遇到曲调念白有不对的地方，她就稍加更正，哪怕是已经过了几个月，那些不对的地方也一定要改成她所说的那样。

　　朱楚生常常一个人坐着出神，一腔深情飘飘悠悠，无处安放。一天，她和我在定香桥上，正是黄昏来临炊烟升起时，林间幽暗下来，朱楚生低着头不说话，泪如雨下。我问她怎么了，她拿别的话来敷衍我。她总是这样忧心忡忡的，最终为情而死。

扬 州 瘦 马

　　扬州人日饮食于瘦马之身者[1]，数十百人。娶妾者切勿露意，稍透消息，牙婆驵侩[2]，咸集其门，如蝇附膻，撩扑不去。

　　黎明，即促之出门。媒人先到者，先挟之去，其余尾其后，接踵伺之。至瘦马家，坐定，进茶，牙婆扶瘦马出，曰："姑娘拜客！"下拜。曰："姑娘往上走！"走。曰："姑娘转身！"转身向明立，面出。曰："姑娘借手睄睄！"尽褫其袂[3]，手出，臂出，肤亦出。曰："姑娘睄相公！"转眼偷觑，眼出。曰："姑娘几岁了？"曰几岁，声出。曰："姑娘再走走！"以手拉其裙，趾出。然看趾有法，凡出门裙幅先响者，必大；高系其裙，人未出而趾先出者，必小。曰："姑娘请回！"一人进，一人又出。看一家必五六人，咸如之。

　　看中者，用金簪或钗一股插其鬓，曰"插带"；看不中，出钱数百文赏牙婆，或赏其家侍婢，又去看。牙婆倦，又有数牙婆踵伺之。一日二日，至四五日，不倦亦不尽。然看至五六十人，白面红衫，千篇一律，如学字者，一字写至百至千，连此字亦不认得矣。心与目谋，毫无把柄，不得不聊且迁就，定其一人。

　　"插带"后，本家出一红单，上写彩缎若干、金花若干、财礼若干、布匹若干，用笔蘸墨，送客点阅。客批财礼及缎匹如其意，则肃客归。归未抵寓，而鼓乐盘担、红绿羊酒在其门久矣。不一刻，而礼币糕果俱齐，鼓乐导之去。去未半里，而花轿花灯、擎燎火把、山人傧相[4]、纸烛供果牲醴之属，门前环侍。厨子挑一担至，则蔬果、肴馔汤点、花棚糖饼、桌围坐褥、酒壶杯箸、龙虎寿星、撒帐牵红[5]、小唱弦索之类，又毕备矣。不待覆命，亦不待主人命，而花轿及亲送小轿一齐往迎，鼓乐灯燎，新人轿与亲送轿一时俱到矣。新人拜堂，亲送上席，小唱鼓吹，喧阗热闹。日未午而讨赏遽去，急往他家，又复如是。

【注释】

[1] 瘦马：旧时，扬州土豪地痞以贱价收买贫家童女，教以歌舞、琴棋、书画诸技艺，又以高价转卖给四方官绅、商贾做小妾，俗称"瘦马"。如贩马者养瘦马为肥，而得善价。

[2] 牙婆驵侩：指介绍买卖瘦马的中间人，女的叫牙婆，男的叫驵侩，又叫"牙郎"。

[3] 襡（chǐ）：扯起，卷挽。

[4] 山人：俗称卜卦、算命、礼赞之流，此谓主持婚仪的礼赞者。

[5] 撒帐牵红：旧时的一种婚俗。孟元老《东京梦华录》卷五："二家各出彩段绾一同心，谓之牵巾，男挂于笏，女搭于手，男倒行出，面皆相向。……对拜毕，就床，女向左，男向右坐。妇女以金钱彩果撒掷，谓之撒帐。""牵巾"，吴自牧《梦粱录》卷二十《嫁娶》同。唯张岱《陶庵梦忆》诸本皆作"牵红"，"红"字见匠心。

【译文】

扬州人每天靠瘦马买卖为生的有几十上百号人。想要纳妾的人千万不能透露自己的想法，否则只要稍微放出一点消息，牙婆驵侩等人口贩子就都聚拢到他家门口，像苍蝇吸附在膻肉上一样，怎么扑打都赶不走。

天刚亮，媒人就来催促客人出门。媒人谁先到谁就先带着客人离开，其余的人尾随其后，随时准备候补做媒。到了瘦马家，坐下来上了茶，牙婆就扶着瘦马出来，说："姑娘拜客！"瘦马就下拜。牙婆说："姑娘往上走！"瘦马就上前几步。牙婆说："姑娘转身！"瘦马就转身朝向明亮处站着，面容就露出来了。牙婆说："姑娘借手睄睄！"就把瘦马的袖子全部挽上去，手露出来，臂膀露出来，皮肤也露出来了。牙婆说："姑娘睄相公！"瘦马就转眼偷看一下客人，眼睛露出来了。牙婆说："姑娘几岁了?"瘦马回答说几岁，声音发出来了。牙婆说："姑娘再走走！"就用手提着瘦马的裙摆让她走几步，脚就露出来了。不过看脚有法子，凡是出门时裙摆先响的，脚一定大；凡是高高地系着自己的裙子，人还没有出来脚先露出来的，脚一定小。牙婆说："姑娘请回！"于是这一个人进去，另一个人又出来。看一家必然要相看五六个人，都是如此这般看法。

客人看中了，就用一股金簪或金钗插在瘦马的鬓发上，叫做"插带"；客人看不中，就拿出几百文钱打赏牙婆，或者打赏这家的侍婢，再去别家看。一个牙婆累了，还有好几个牙婆紧跟着替补做媒。一天两天，乃至四五天，看不倦也看不完。但是看到五六十人的时候，满眼都是白白的面庞，红红的衣衫，千篇一律，就像学写字的人，一个字写到成百上千遍，连这个字也不认得了。心和眼睛都没了主意，不得不权且凑合一下，定下其中的某个人。

"插带"后，瘦马本家会拿出一份红色的礼单，上面写着彩缎多少、金花多少、财礼多少、布匹多少，把笔蘸好墨，递给客人批点过目。如果客人批点的财礼和缎匹数目让本家满意，媒人就会恭恭敬敬地把客人送回去。客人还没回到家，鼓乐队陪送着的礼盒担子，红绿花纸装饰的羊肉酒坛就在他门前等候多时了。不一会儿，礼币、糕点、果品全都齐备了，鼓乐队引着客人去迎亲。走了还没半里路，花轿、花灯、火燎、火把、方士、傧相、符纸香烛、瓜果供品、祭祀的牺牲甜酒之类都围在门前候着了。一个厨子挑来一副担子，于是蔬菜、瓜果、菜肴、茶点、花棚、糖饼、桌围、坐垫、酒壶、杯筷、龙虎寿星、撒帐的果子、牵红、唱曲的弹琴的之类，也全都齐备了。不用等回话，也不用等主人下命令，花轿和送亲小轿一起前去迎亲，锣鼓喧天，灯火通明，新人的轿子和送亲的轿子一时间都到了。于是新人拜堂，送亲的人入席吃酒，唱曲儿的敲锣打鼓的闹哄哄一片。还不到午时这些人就领得赏钱迅速离开，急急忙忙赶往下一家，再做一遍同样的事情。

卷　六

彭天锡串戏

彭天锡串戏妙天下[1]，然出出皆有传头[2]，未尝一字杜撰。曾以一出戏，延其人至家，费数十金者，家业十万，缘手而尽。三春多在西湖，曾五至绍兴，到余家串戏五六十场，而穷其技不尽。

天锡多扮丑净，千古之奸雄佞幸，经天锡之心肝而愈狠，借天锡之面目而愈刁，出天锡之口角而愈险。设身处地，恐纣之恶不如是之甚也！皱眉视眼，实实腹中有剑，笑里有刀，鬼气杀机，阴森可畏。盖天锡一肚皮书史，一肚皮山川，一肚皮机械[3]，一肚皮磊砢不平之气，无地发泄，特于是发泄之耳。

余尝见一出好戏，恨不得法锦包裹[4]，传之不朽。尝比之天上一夜好月，与得火候一杯好茶，只可供一刻受用，其实珍惜之不尽也。桓子野见山水佳处，辄呼"奈何！奈何！"[5]真有无可奈何者，口说不出。

【注释】
　　[1]彭天锡：江苏金坛人，明末著名戏曲演员。
　　[2]传头：来头，根据。
　　[3]机械：机变，巧智。

[4]法锦：西南少数民族编织的锦囊。

[5]"桓子野"二句：《世说新语·任诞》："桓子野每闻清歌，辄唤'奈何'。谢公闻之，曰：'子野可谓一往有深情。'"晋桓伊，字叔夏，小字子野。

【译文】

彭天锡演戏妙绝天下，然而他的每出戏都有根有据，不曾杜撰过一个字。他曾经有过为了学一出戏，把师傅请到家里，花费几十两银子的事情，十万家业就这样从他手上溜光了。春天他大都在西湖，曾经五次到绍兴，到我家演了五六十场戏，却还没能把他的技艺展示完。

天锡大多扮演丑角、净角，那些千古以来的奸雄佞幸，经过天锡用心揣摩演出来就变得更加歹毒，借天锡的脸装扮出来就变得更加奸诈，从天锡的嘴巴里说出来就变得更加阴险。假如亲身处在戏里所说的那个环境，恐怕商纣王的恶毒也远远比不上天锡演出来的样子！天锡一皱眉，一瞪眼，就完全是口蜜腹剑、笑里藏刀、鬼气森森、杀气腾腾、阴森可怕的样子。大概天锡装了一肚子史书，一肚子山川，一肚子机巧，一肚子郁郁不平之气，没地方发泄，只好在戏里发泄出来了。

我曾经看过他一出好戏，恨不得用锦囊把它包裹起来，让它流传千古。我曾经将其比作天上的一夜好月，和恰到火候的一杯好茶，只有那一刻能够享受到，其实怎么珍惜都是不够的。桓子野一看见好山好水，就会惊呼"奈何！奈何！"真有无可奈何的美好事物啊，那是语言表达不出来的。

目 莲 戏

余蕴叔演武场搭一大台[1]，选徽州旌阳戏子剽轻精悍、能相扑跌打者三四十人，搬演目莲[2]，凡三日三夜。四围女台百十座，戏子献技台上，如度索舞絚、翻桌翻梯、觔斗蜻蜓、蹬坛蹬臼、跳索跳圈、窜火窜剑之类，大非情理。凡天神地祇、牛头马面、鬼母丧门、夜叉罗刹、锯磨鼎镬、刀山寒冰、剑树森罗、铁城血澥，一似吴道子《地狱变相》[3]，为之费纸札者万钱，人心惴惴，灯下面皆鬼色。戏中套数，如《招五方恶鬼》《刘氏逃棚》等剧，万余人齐声呐喊。熊太守谓是海寇卒至[4]，惊起，差衙官侦问，余叔自往复之，乃安。台成，叔走笔书二对。一曰："果证幽明，看善善恶恶随形答响，到底来那个能逃；道通昼夜，任生生死死换姓移名，下场去此人还在。"一曰："装神扮鬼，愚蠢的心下惊慌，怕当真也是如此；成佛作祖，聪明人眼底忽略，临了时还待怎生？"真是以戏说法。

【注释】

[1] 蕴叔：张烨芳，字尔蕴，号七磐，张岱季叔，恣睢暴虐，然多才多艺，能粉墨登场，喜结天下名士。

[2] 目连：即目犍连，释迦牟尼十大弟子之一，神通广大，侍佛左边。佛教传说，目连见其亡母在地狱受苦，求佛救度，佛告当于七月十五日备百味饮食供养十方僧众，母即得脱一切饿鬼之苦。见《盂兰盆经》。曲家据此搬演为目连戏，如明郑子珍《目连救母劝善记》。

[3] "一似"句：黄休复《益州名画录》："吴道子画地狱变相，都人咸观，惧罪修善。"吴道子，名道玄。阳翟人。唐代著名画家，擅长释道人物及山水画，被誉为"画圣"。

[4] 熊太守：指绍兴知府熊鸣岐。

【译文】

我的叔叔张尔蕴在演武场搭了一座大戏台，挑选了徽州旌阳戏子中剽悍灵活、擅长相扑摔跤的三四十个人来扮演目莲戏，连演了三天三夜。四周搭了一百多座女宾台。戏子在台上献艺，诸如走索舞绳、翻桌子翻梯子、翻筋斗竖蜻蜓、踢坛子踢碗盆、跳索跳圈、钻火圈钻刀圈之类，都远远超出常人身体极限。凡是天神地祇、牛头马面、鬼母丧门、夜叉罗刹、锯磨鼎镬、刀山寒冰、剑树森罗、铁城血澥等场景，都很像吴道子《地狱变相》里画的那样，为此花了上万钱的纸札费，吓得人胆战心惊，灯光下脸色都像鬼一样。戏里的套数，如《招五方恶鬼》《刘氏逃棚》等剧目，一万多人齐声呐喊。熊知府以为是海盗突然来袭，大受惊动，派官吏来查问，我叔叔亲自前去回话，知府才安下心来。戏台搭成时，我叔叔挥毫写了两副对联。一副是："果证幽明，看善善恶恶随形答响，到底来那个能逃；道通昼夜，任生生死死换姓移名，下场去此人还在。"一副是："装神扮鬼，愚蠢的心下惊慌，怕当真也是如此；成佛作祖，聪明人眼底忽略，临了时还待怎生？"这真是借戏说法了。

甘 文 台 炉

香炉贵适用，尤贵耐火。三代青绿[1]，见火即败坏，哥、汝窑亦如之[2]。便用便火，莫如宣炉[3]。然近日宣铜一炉，价百四五十金，焉能办之？

北铸如施银匠亦佳[4]，但粗夯可厌。苏州甘回子文台[5]，其拨蜡范沙[6]，深心有法，而烧铜色等分两，与宣铜款致分毫无二，俱可乱真。

然其与人不同者，尤在铜料。甘文台以回回教门，不崇佛法，乌斯藏渗金佛[7]，见即锤碎之，不介意，故其铜质不特与宣铜等，而有时实胜之。

甘文台自言，佛像遭劫已七百尊有奇矣。余曰："使回回国别有地狱，则可。"

【注释】

[1]三代青绿：指夏、商、周三代古青铜器。

[2]哥、汝窑：宋时浙江龙泉有章氏兄弟皆善烧瓷，兄所烧者名琉田窑，又名哥窑。哥窑之器"薄胎铁骨"，以青为主，有碎纹，称"鱼子纹"和"百圾碎"。宋代汝州（今河南临汝）也以烧窑著称，其器胎骨深灰，釉色近于雨过天青，或含棕眼及蟹爪纹，世称汝窑。

[3]宣炉：即宣德炉，明宣德年间以暹罗风磨铜和多种贵金属烧制而成的精美铜炉，有冶炼精细、款式丰富、色彩妙丽等特点。宣宗三年铸炉，此后即停烧，故真宣难觅，世多仿制或伪制。

[4]北铸：北京所铸宣炉仿制品。　施银匠：工匠施念峰。

[5]甘回子文台：甘文台，明末仿制宣德炉的著名工匠。回子，回族人。

[6]拨蜡：一种烧铸工艺，在泥模上涂抹黄蜡牛油。　范沙：用细沙与炭末为泥涂铺在油蜡上。见《天工开物·冶铸》。

[7]乌斯藏：西藏别称。　渗金佛：用渗金技术冶铸的佛像，其法"以金铄为泥，数四涂抹，火炙成赤"（见《遵生八笺》）。

【译文】

香炉贵在适用，尤其贵在耐得住火烧。夏商周三代的青铜器，一遇火就烧坏了，哥窑、汝窑也是这样。就方便使用、方便火烧而言，没有什么能比得上宣德炉的。不过近来宣铜做的香炉一个就要价一百四五十两银子，哪里能置办得起呢？

北铸炉比如银匠施念峰所做的也不错，就是显得粗笨令人生厌。苏州回民甘文台在拨蜡范沙铸造香炉方面很有一套心得，而烧出来香炉的铜色匀称，与宣铜烧出来的样式分毫不差，都能以假乱真。

然而他与众不同之处，主要在铜料上。甘文台信奉回教，不崇尚佛法，像乌斯藏的渗金佛，他见到就会捶碎来做铜料，不当一回事儿，所以他用的铜料质地不仅和宣铜一样，而且有时候更胜一筹。

甘文台自己说，佛像毁在他手里的已经有七百多尊了。我说："假如回回国里另外还有一个地狱，那么你就这样做也行。"

绍 兴 灯 景

绍兴灯景，为海内所夸者，无他，竹贱、灯贱、烛贱；贱，故家家可为之；贱，故家家以不能灯为耻。故自庄逵以至穷檐曲巷[1]，无不灯，无不棚者。棚以二竿竹搭过桥，中横一竹，挂雪灯一、灯球六。大街以百计，小巷以十计。从巷口回视巷内，复迭堆垛，鲜妍飘洒，亦足动人。十字街搭木棚，挂大灯一，俗曰"呆灯"，画《四书》《千家诗》故事，或写灯谜，环立猜射之。庵堂寺观，以木架作柱灯及门额，写"庆赏元宵""与民同乐"等字。佛前红纸荷花琉璃百盏，以佛图、灯带间之，熊熊煜煜[2]。庙门前高台，鼓吹五夜。市廛如横街轩亭、会稽县西桥，闾里相约，故盛其灯。更于其地斗狮子灯，鼓吹弹唱，施放烟火，挤挤杂杂。小街曲巷有空地，则跳大头和尚，锣鼓声错，处处有人团簇看之。城中妇女多相率步行，往闹处看灯；否则，大家小户杂坐门前，吃瓜子糖豆，看往来士女，午夜方散。乡村夫妇多在白日进城，乔乔画画[3]，东穿西走，曰"钻灯棚"，曰"走灯桥"，天晴无日无之。

万历间，父叔辈于龙山放灯，称盛事，而年来有效之者。次年朱相国家放灯塔山[4]，再次年放灯蕺山[5]。

蕺山以小户效颦，用竹棚，多挂纸魁星灯。有轻薄子作口号嘲之曰："蕺山灯景实堪夸，筋篥竿头挂夜叉。[6] 若问搭彩是何物？手巾脚布神袍纱。"由今思之，亦是不恶。

【注释】

[1] 庄逵：庄与逵，俱指四通八达的道路。《左传·襄公二十八年》："得庆氏之木百车于庄。"《诗·周南·兔罝》："肃肃兔罝，施于中逵。"

[2] 熊熊煜煜：形容灯火辉煌。

[3] 乔乔画画：打扮得漂漂亮亮。

[4] 朱相国：朱赓，字少钦，山阴人。隆庆进士，累官吏部尚书、文华殿大学士，故称"相国"。塔山：又称龟山，在卧龙山南。朱赓曾在山下建逍遥楼。

[5] 蕺(jí)山：在绍兴卧龙山东北三里处，山产蕺菜，越王勾践尝采食之，山因得名。

[6] 筋篥：细竹。

【译文】

绍兴的灯景被海内夸赞，没有别的原因，主要在于竹子便宜、花灯便宜、火烛便宜。因为便宜，所以家家户户都做得起；因为便宜，所以家家户户都把不能张灯当作耻辱。因此从康庄大道到柴门陋巷，没有哪一家不张灯的，也没有哪一家不搭灯棚的。灯棚是用两根竹竿搭成过桥，中间横上一根竹竿，挂上一盏雪灯，六盏灯球。大街上的灯棚数以百计，小巷里的灯棚数以十计。从巷口回头看巷内，花灯层层堆叠，流光溢彩，随风飘荡，也足够动人心弦。十字街头搭着木棚，挂着一盏大灯，俗称为"呆灯"，上面画着《四书》《千家诗》里的故事，有的写着灯谜，大家围着灯笼站着猜谜。庵堂、寺庙、道观用木架子作柱灯和门额，写着"庆赏元宵""与民同乐"等字样。佛像前面悬挂着上百盏红纸做的荷花琉璃灯，用佛图和灯带间隔开，光辉璀璨。庙门前的高台上，吹吹打打要热闹五个晚上。闹市中如横街轩亭、会稽县西桥，邻里相约着一起放灯，因此那里的灯市特别红火。还有人在那里斗狮子灯，吹拉弹唱，燃放烟花，闹哄哄地挤在一起。小街小巷一有空地，就在那里跳大头和尚舞，锣鼓声此起彼伏，处处都有人挤成一堆看热闹。城中的妇女大多结伴步行，前往最热闹的地方看灯；不然的话，大家小户的妇女就都随意坐在门口，吃着瓜子和糖豆，看来来往往的男男女女，直到午夜才散去。乡村夫妇大都在白天进城，打扮得漂漂亮亮的，东穿西走，叫做"钻灯棚"，叫做"走灯桥"，天晴时没有哪一天不是这样的。

万历年间，我父亲与叔叔他们在龙山放灯，被称为一大盛事，而且随后几年还有人效仿他们。第二年，朱相国家在塔山放灯。第三年，又在蕺山放灯。蕺山那边有小户人家东施效颦也放灯，用的是竹棚，大多挂的是纸糊的魁星灯。有轻浮的人编顺口溜嘲笑他们说："蕺山灯景实堪夸，葫篓竿头挂夜叉。若问搭彩是何物？手巾脚布神袍纱。"现如今再回想起这些，其实能有那样的灯景也是不错的。

韵　山

大父至老[1]，手不释卷，斋头亦喜书画、瓶几布设。不数日，翻阅搜讨，尘堆砚表，卷帙正倒参差。常从尘砚中磨墨一方，头眼入于纸笔，潦草作书生家蝇头细字。日晡向晦，则携卷出帘外就天光。爇烛檠高，光不到纸，辄倚几携书就灯，与光俱俯，每至夜分，不以为疲。常恨《韵府群玉》《五车韵瑞》寒俭可笑[2]，意欲广之。乃博采群书，用淮南"大小山"义[3]，摘其事曰《大山》，摘其语曰《小山》，事语已详本韵而偶寄他韵下曰《他山》，脍炙人口者曰《残山》，总名之曰《韵山》。小字襞襀，烟煤残楮，厚如砖块者三百余本。一韵积至十余本，《韵府》《五车》不啻千倍之矣。正欲成帙，胡仪部青莲携其尊人所出中秘书[4]，名《永乐大典》者，与《韵山》正相类，大帙三十余本，一韵中之一字犹不尽焉。大父见而太息曰："书囊无尽，精卫衔石填海[5]，所得几何！"遂辍笔而止。以三十年之精神，使为别书，其博洽应不在王弇州、杨升庵下[6]。今此书再加三十年，亦不能成，纵成亦力不能刻。笔冢如山[7]，只堪覆瓿，余深惜之。丙戌兵乱[8]，余载往九里山[9]，藏之藏经阁，以待后人。

【注释】

　　[1]大父：张岱祖父张汝霖。

　　[2]《韵府群玉》：二十卷，元阴时夫撰，阴中夫注。　《五车韵瑞》：一百六十卷，明凌稚隆撰。

　　[3]"用淮南"句：汉淮南王刘安，博雅好古，招天下俊伟之士，各竭其才，著书作赋，以类相从，或称小山，或称大山。见王逸《楚辞章句》卷十二。

　　[4]仪部：即礼部。

　　[5]精卫：鸟名，炎帝少女所化，常衔西山木石以填东海。见《山海经·北山经》。

　　[6]王弇州：见卷一《奔云石》注。　杨升庵：杨慎，字用修，号升庵。明中叶学者，以博洽著称。

　　[7]笔冢：李肇《国史补》中："长沙僧怀素，好草书，自言得草圣三昧。弃笔堆积，埋于山下，号曰笔冢。"

　　[8]丙戌：清顺治三年（1646）。

　　[9]九里山：即侯山，一名小隐山，在山阴南九里，故俗称九里山。

【译文】

　　我祖父一生到老都手不释卷，书案上也喜欢放书画、瓶几等摆设。但过不了几天，由于常常要在书案上翻翻检检，砚台上面就积满了灰尘，书画卷轴也横七竖八了。祖父常常在满布灰尘的砚台里磨好一方墨，把自己深埋在纸笔中，随意写着抄书人写的那种蝇头细字。日近黄昏天色变暗，他就拿着书走到门外，借着天光读书。点蜡烛的时候，如果烛台太高光照不到纸上，他就靠在几案上拿起书凑近灯火，弯着腰在灯下看，每每看到半夜，不知疲倦。祖父常常为《韵府群玉》、《五车韵瑞》内容单薄浅显而感到遗憾，想要增补它们。于是博采群书，采用淮南王"大山"、"小山"的概念，把摘录事典的叫做《大山》，摘录语典的叫做《小山》，事典和语典已详细摘录在本韵字下却又偶尔重见于其他韵字下的，叫做《他山》，脍炙人口的叫做《残山》，总称为《韵山》。用密密麻麻的小字写在灰扑扑的破纸片上，写成像砖块那么厚的三百多本。一个韵字的资料可以累积到十多本，与《韵府群玉》《五车韵瑞》相较扩充了不下一千倍。正打算装订成册，仪部胡青莲带来了他父亲带出来的一部名叫《永乐大典》的宫廷藏书，与《韵山》十分相似，三十多册大本子，都没能写完一个韵部下的一个韵字的内容。祖父见后感叹道："书是看不完的，即便是像精卫衔石填海那样锲而不舍，又能收获多少呢！"于是搁笔不写了。假使用这三十年心血去写别的书，祖父的渊博应该不在王弇州、杨升庵之下。现如今这部书哪怕再写三十年也写不完，纵使写完了也没有能力刻印。用坏的毛笔堆成了山，写成的书却只能用来盖酱菜坛子，我对此深感惋惜。丙戌年（1646）战乱四起时，我把这些手稿运到了九里山，藏在藏经阁里，留待后人来完成它。

天 童 寺 僧

戊寅[1]，同秦一生诣天童访金粟和尚[2]。到山门，见万工池绿净，可鉴须眉。旁有大锅覆地，问僧，僧曰："天童山有龙藏，龙常下饮池水，故此水刍秽不入。

正德间，二龙斗，寺僧五六百人撞钟鼓撼之，龙怒，扫寺成白地，锅其遗也。"入大殿，宏丽庄严。折入方丈，通名刺。老和尚见人便打，曰"棒喝"。余坐方丈，老和尚迟迟出，二侍者执杖、执如意先导之，南向立，曰："老和尚出。"又曰："怎么行礼?"盖官长见者皆下拜，无抗礼。余屹立不动，老和尚下，行宾主礼。侍者又曰："老和尚怎么坐?"余又屹立不动，老和尚肃余坐。坐定，余曰："二生门外汉，不知佛理，亦不知佛法，望老和尚慈悲，明白开示。勿劳棒喝，勿落机锋，只求如家常白话，老实商量，求个下落。"老和尚首肯余言，导余随喜[3]。早晚斋方丈，敬礼特甚。余遍观寺中僧匠千五百人，俱舂者、碓者、磨者、甑者、汲者、爨者、锯者、劈者、菜者、饭者，狰狞急遽，大似吴道子一幅《地狱变相》[4]。老和尚规矩严肃，常自起撞人，不止"棒喝"。

【注释】

[1] 戊寅：崇祯十一年(1638)。

[2] 秦一生：见卷一《天砚》注。　天童：指天童寺，在宁波鄞县太白山麓，晋永康元年僧义兴来此结茅，唐开元中始建寺，为佛教禅宗圣地。　金粟和尚：即圆悟禅师，字觉初，号密云，俗姓蒋，江苏宜兴人。历主龙池、通玄、金粟、黄檗、育王、天童诸寺，使久芜的天童古刹营建一新，临济宗得以中兴。见《天童寺志》。

[3] 随喜：佛家语，游览参观寺院。

[4] 地狱变相：见本卷《目莲戏》注。

【译文】

戊寅年（1638），我和秦一生到天童寺拜访金粟和尚。走到山门时，看见万工池池水碧绿澄净，连人的胡子眉毛都能照得见。旁边有一口大锅倒扣在地上，问僧人是怎么回事，僧人说："天童山上有龙潜藏，龙常常下山来喝池子里的水，所以杂草秽物落不进去。正德年间，有两条龙在此争斗，寺里五六百名僧人一起撞钟击鼓想吓唬它们，龙生气了，就把天童寺夷为平地，这口锅就是那时候遗留下来的。"进入大殿，里面宏丽庄严。转到方丈室，递上名帖。听说老和尚见人就打，叫做"棒喝"。我坐在方丈室里，老和尚很久才出来，两位侍者拿着仪杖、如意在前面引路，进来后向南站定，说："老和尚出。"又说："怎么行礼？"大概官员们见到老和尚都要下拜，没有行平礼的。我站着不动，老和尚就下来和我行宾主之礼。侍者又说："老和尚怎么坐？"我仍然一动不动，老和尚只好恭敬地请我入座。坐好后，我说："我们二人是门外汉，不懂佛理，也不懂佛法，希望老和尚大发慈悲，明明白白地开导启发我们。不用劳烦您棒喝，不用打机锋，只求能和您像聊家常那样直白说话，实实在在地探讨一番，求个明白。"老和尚同意了我的话，带着我游览寺院。我们早晚都在方丈室用斋饭，老和尚对我们很客气。我跟寺里一千五百名僧匠都打了照面，他们都是些春粮的、捣米的、推磨的、蒸食的、打水的、烧火的、拉锯的、劈柴的、种菜的、煮饭的，一个个凶巴巴、急吼吼的，很像吴道子的一幅《地狱变相》。老和尚规矩很严格，常常亲自动手打人，不只是"棒喝"而已。

水　浒　牌[1]

古貌古服、古兜鍪、古铠胄、古器械，章侯自写其所学所问已耳[2]。而辄呼之曰"宋江"曰"吴用"，而"宋江""吴用"亦无不应者，以英雄忠义之气，郁郁芊芊，积于笔墨间也。周孔嘉丐余促章侯[3]，孔嘉丐之，余促之，凡四阅月而成。余为作缘起曰："余友章侯，才足扻天[4]，笔能泣鬼。昌谷道上，婢囊呕血之诗[5]；兰渚寺中，僧秘开花之字[6]。兼之力开画苑，遂能目无古人。有索必酬，无求不与。既蠲郭恕先之癖[7]，喜周贾耘老之贫[8]。画《水浒》四十人，为孔嘉八口计，遂使宋江兄弟，复睹汉官威仪。伯益考著《山海》遗经[9]，兽毻鸟毨皆拾为千古奇文；吴道子画《地狱变相》，青面獠牙尽化作一团清气。收掌付双荷叶，能月继三石米，致二斗酒，不妨持赠[10]；珍重如柳河东，必日灌蔷薇露，薰玉蕤香，方许解观[11]。非敢阿私，愿公同好。"

【注释】

[1] 水浒牌：即水浒叶子，一种酒牌，上画《水浒》人物，画者为陈洪绶。

[2] 章侯：即陈洪绶，见卷三《陈章侯》注。

[3] 周孔嘉：张岱好友，原籍苏州，天启五年僦居绍兴轩亭之北。

[4] 扻（yàn）：光耀。

[5]"昌谷"二句：唐诗人李贺外出恒带童仆，骑驴背一锦囊，遇有诗料即书投囊中。其母常常感叹道："是儿要当呕出心乃已尔！"详李商隐《李长吉小传》。昌谷，今河南宜阳，李贺故里。

[6]"兰渚"二句：山阴西南二十七里有兰渚山，山麓有亭，为王羲之流觞修禊处。唐代僧人辨才居此，藏兰亭真迹，秘不示人。太宗求之不与，用萧翼赚得之。

[7]"既蠲"句：郭忠恕，字恕先，北宋洛阳人，善画楼观台榭、山水树石，玩世疾俗，纵酒肆言，多游王侯公卿之家，待以美酒，预张纨素乘兴即画之；苟意不欲，虽固请必怒而去。

[8]"喜周"句：贾收，号耘老，北宋浙江乌程人，与苏轼游，轼画古木怪石以周济其贫。

[9] 伯益考：即伯益，舜臣，佐禹治水有功，旧说以为是《山海经》

的作者。

[10]"收掌"四句：用苏轼《答贾耘老》事，书云："念贾处士贫甚，无以慰其意，乃为作怪石古木一纸，每遇饥时，辄一开看，还能饱人否？若吴兴有好事者，能为君月致米三石、酒三斗，终君之世者，便以赠之。不尔者，可令双荷叶收掌。"收掌，收管。双荷叶，贾耘老之妾。

[11]"珍重"四句：据《云仙杂记》载，柳宗元得韩愈所寄诗，必以蔷薇露灌手，以玉蕤香薰炉，其珍爱如此。

【译文】

　　古人的样貌、古人的服装、古人的头盔铠甲、古人的兵器，这些都不过是陈章侯把学到的问到的知识自顾自画了出来而已。而之所以直呼此人为"宋江"、直呼彼人为"吴用"，而"宋江""吴用"无不应声跃然纸上，是因为郁郁葱葱的英雄忠义之气都凝聚在陈章侯的笔墨中了。周孔嘉求我督促陈章侯画水浒牌，在孔嘉的请求、我的督促之下，陈章侯总共花了四个月终于完成一套水浒牌。我为此写了一篇缘起如下："我的朋友陈章侯，才华足以光耀九天，下笔能使鬼神哭泣。如昌谷道上，奴仆背囊中李贺呕心沥血的诗篇；如兰渚寺中，僧人秘藏里王羲之妙笔生花的《兰亭序》。再加上他大大开拓了传统画苑画风，故而能摆脱古人的束缚。对于求画的人，他有求必应。既摒弃了郭恕先那种多为王侯公卿作画的癖好，又喜欢像苏轼周济贾耘老一样周济清贫。他这套牌中画了《水浒》中的四十个人，就是为了照顾周孔嘉一家老小的生计问题，于是就使得人们从宋江兄弟身上也能看到汉官的赫赫威仪。就如同伯益考著《山海》遗经，连鸟羽兽毛都能写成千古奇文；又如吴道子画《地狱变相》，连妖魔鬼怪的青面獠牙都能画出一团清气。得到这套牌，让内人好好收着，将来每个月能换得三石米、两斗酒，就不妨用它来应急；要像柳宗元对待韩愈诗那样珍而重之，必须每天用蔷薇露洗手、用玉蕤香薰手后才能打开来看。这样精美的作品，我不敢私藏，希望与同好一起欣赏。"

烟　雨　楼

　　嘉兴人开口烟雨楼[1]，天下笑之，然烟雨楼故自佳。楼襟对莺泽湖[2]，浤浤濛濛，时带雨意，长芦高柳，能与湖为浅深。

　　湖多精舫，美人航之，载书画茶酒，与客期于烟雨楼。客至，则载之去，舣舟于烟波缥缈。态度幽闲，茗炉相对，意之所安，经旬不返。舟中有所需，则逸出宣公桥、甪里街[3]，果蓏蔬鲜，法膳琼苏[4]，咄嗟立办[5]，旋即归航。柳湾桃坞，痴迷伫想，若遇仙缘，洒然言别，不落姓氏。间有倩女离魂[6]，文君新寡[7]，亦效颦为之。淫靡之事，出以风韵，习俗之恶，愈出愈奇。

【注释】

　　[1] 烟雨楼：在浙江嘉兴南湖湖心岛上，五代时广陵郡王钱元璙建，取唐代诗人杜牧"南朝四百八十寺，多少楼台烟雨中"诗意名楼。明嘉靖中仿旧制，建楼于湖心。四面临水，水木清华，晨烟暮雨，向称胜景。

　　[2] 莺泽湖：即鸳鸯湖，今称南湖，在嘉兴城南三里。昔日湖中多鸳鸯，或云，以其东南两湖相接如鸳鸯，故名。

　　[3] 宣公桥：在嘉兴城东一里，跨月河上，相传为陆宣公(唐宰相陆贽)建。　甪(lù)里街：即甪里坊，在嘉兴东门外。

　　[4] 琼苏：美酒名。

　　[5] 咄嗟立办：谓顷刻之间即能办到。《晋书·石崇传》："为客作豆粥，咄嗟便办。"

　　[6] 倩女离魂：唐武则天时，清河张镒有女倩娘，端妍绝伦，与镒外甥太原王宙相爱。后镒以女许他人，女闻而郁抑，而魂飞王宙处，遂

结为夫妇，生两子。事见唐陈玄祐《离魂记》，元人郑德辉据此改编为杂剧《倩女离魂》。

[7] 文君新寡：汉武帝时，蜀富人卓王孙之女文君有才貌，新寡在家。司马相如作客卓家，以琴挑之，文君夜奔相如。事见《史记·司马相如列传》。

【译文】

嘉兴人口口声声称道烟雨楼，天下人都笑话他们，然而烟雨楼确实是很美的。它正对着鸳泽湖，烟水朦胧，又常伴雨丝飘洒，湖边长长的芦苇与高高的柳树，与湖水深浅相映。

湖上有很多精美的小船，美人撑着船，船上载着书画茶酒，与客人约在烟雨楼会面。客人一到，美人就载上他离开烟雨楼，荡舟于烟波浩渺的湖面上。大家神态悠闲自得，对炉品茶，感觉惬意舒心的话，可以流连十多天都不回去。船上有什么需要添置的，就荡舟到宣公桥、甪里街，那里时鲜瓜果菜蔬、美酒佳肴随到随得，即刻就可以返航。客人迷失在柳湾桃坞里痴痴地出神，感觉自己遇到了仙女结了一段仙缘，事后美人潇洒地与自己话别，没有留下姓名。偶尔有倩女离魂、文君新寡之类少女怀春、寡妇私奔的奇缘，也乐得东施效颦。这种淫逸奢靡的事情，因风流韵事而起，习俗的败坏，就越来越出奇了。

朱 氏 收 藏

朱氏家藏[1]，如"龙尾觥""合卺杯"，雕镂锲刻，真属鬼工，世不再见。余如秦铜汉玉、周鼎商彝、哥窑倭漆[2]、厂盒宣炉[3]、法书名画、晋帖唐琴，所畜之多，与分宜埒富[4]，时人讥之。余谓博洽好古，犹是文人韵事，风雅之列，不黜曹瞒[5]，鉴赏之家，尚存秋壑[6]。诗文书画未尝不抬举古人，恒恐子孙效尤，以袖攫石、攫金银以赚田宅，豪夺巧取，未免有累盛德。闻昔年朱氏子孙，有欲卖尽"坐朝问道"四号田者，余外祖兰风先生谑之曰："你只管坐朝问道，怎不管垂拱平章？"[7]一时传为佳话。

【注释】

[1] 朱氏：指朱敬循，号石门，山阴人。大学士朱赓之子，作者祖舅，曾官礼部郎中，卒于右通政，为浙江收藏名家。

[2] 倭漆：日本彩漆。

[3] 厂盒：明代北京果园厂所制漆盒。

[4] 分宜：指嘉靖间宰相严嵩。严是江西分宜人，故称。

[5] 曹瞒：曹操小字阿瞒，善诗，以风雅称。

[6] 秋壑：贾似道，字师宪，号秋壑，南宋末奸相，性嗜宝玩，建多宝阁，日登阁赏玩。

[7] "余外祖"三句：张岱《快园道古》卷十四："朱文懿当国，其子纳言石门广置田宅。居近南门，凡南向坐朝问道四号田，欲买尽无遗，巧取豪夺，略无虚日。外祖陶兰风先生谑之曰：'石门你只管坐朝问道，却忘了垂拱平章。'""坐朝问道"与"垂拱平章"俱见《千字文》。兰风，见卷四《雪精》注。

【译文】

朱氏家族的收藏，如"龙尾觥""合卺杯"，其精雕细刻，真可谓鬼斧神工，世上见不到第二件。其他如秦时的青铜器、汉时的玉器、商代的鼎、周代的彝、哥窑的瓷器、日本的漆器、果园厂的盒器、宣德炉、法书名画、晋代的字帖、唐代的琴，其收藏品之丰富，与当年严嵩家藏不相上下，当时人都以此讥讽他家。我认为学识渊博而又爱好古物，仍算是文人风雅之事，而风雅之士中，不能去掉曹阿瞒之名，鉴赏之家中，也还有贾似道一席之地。诗文书画等雅好未尝不能抬高前人在后人眼中的声望，但是往往需要担心子孙后代把坏作派学了去，做出从别人袖中攫取玉石、盗取金银来买田置地那样的事，巧取豪夺，则免不了会牵累祖上累积的声望。听说当年朱家子孙中有人想把"坐""朝""问""道"这四号田都买下来,我外祖父陶兰风先生调侃他说:"你只管'坐朝问道',怎么不管'垂拱平章'了呢?"一时间被传为佳话。

仲 叔 古 董

葆生叔少从渭阳游[1],遂精赏鉴。得白定炉、哥窑瓶、官窑酒匜[2],项墨林以五百金售之[3],辞曰:"留以殉葬。"

癸卯[4],道淮上。有铁梨木天然几[5],长丈六,阔三尺,滑泽坚润,非常理。淮抚李三才百五十金不能得[6],仲叔以二百金得之,解维遽去。淮抚大恚怒,差兵蹑之,不及而返。

庚戌[7],得石璞三十斤,取日下水涤之,石罅中光射如鹦哥、祖母[8],知是水碧[9]。仲叔大喜,募玉工仿朱氏龙尾觥一、合卺杯一[10],享价三千,其余片屑寸皮,皆成异宝。仲叔赢资巨万,收藏日富。

戊辰后[11],倅姑熟[12],倅姑苏,寻令盟津[13]。河南为铜薮[14],所得铜器盈数车。美人觚一种[15],大小十五六枚,青绿彻骨,如翡翠,如鬼眼青[16],有不可正视之者。归之燕客[17],一日失之,或是龙藏收去[18]。

【注释】
  [1]葆生:见卷二《焦山》注。 渭阳:见本卷《朱氏收藏》注。

[2]白定：宋代于定州（今河北定县）设窑，所产瓷器以白色滋润或釉色若竹丝白纹者为贵，俗称"粉定"，亦称"白定"。　哥窑：见本卷《甘文台炉》注。　官窑：宋政和年间京师自置窑，烧制瓷器，称官窑。南渡后，袭旧制，所造青瓷，亦曰官窑。　匜：酒器。

[3]项墨林：项元汴，字子京，号墨林山人，浙江嘉兴人。工绘事，精于鉴赏，晚明著名收藏家。　售：购买。

[4]癸卯：万历三十一年（1603）。

[5]天然几：画案在南方的一种叫法，也作"天禅几"。文震亨《长物志》卷六："天然几，以文木如花梨、铁梨、香楠等木为之。"

[6]李三才：字道甫，河北通县人，万历进士，官至漕运总督、凤阳巡抚，加户部尚书。

[7]庚戌：万历三十八年（1610）。

[8]鹦哥：绿色美玉。　祖母：又名子母绿、助水绿，一种绿宝石。

[9]水碧：即水晶，无色透明的结晶石英。

[10]"募玉工"句：参见本卷《朱氏收藏》所云。朱氏，指朱石门。

[11]戊辰：明崇祯元年（1628）。

[12]倅：副职，此指县令属官。　姑熟：今安徽当涂。

[13]盟津：即孟津，古地名。在今河南孟津县东。史载周武王伐纣，观兵于此，诸侯不期而至者八百，故称盟津。

[14]"河南"句：河南为殷商故地，多出土青铜器，故云。

[15]觚：古代青铜酒器，喇叭形口，细腰，高圈足。

[16]鬼眼青：美玉名。

[17]燕客：见卷一《天砚》注。

[18]龙藏：即海底龙宫，宝藏荟聚之地。

【译文】

　　葆生二叔少年时跟着舅舅游历，从而精通了古董鉴赏。他藏得白定炉，哥窑瓶、官窑酒匜，项墨林要出五百两银子购买，他推辞道："我留着它们给我自己陪葬的。"

　　癸卯年（1603），二叔经过淮上。那里有一张天然的铁梨木几，长一丈六，宽三尺，润滑坚实，和寻常所见的都不同。淮上巡抚李三才出一百五十两银子都没能买下来，二叔花两百两银子买到了它，搬到船上立即开船离去。淮上巡抚恼羞成怒，派兵去追二叔，没追上，无功而返。

庚戌年（1610），二叔得到一块三十斤重的石璞，用太阳晒热的水洗一洗，石缝里透出如鹦哥绿、祖母绿一样的光芒，知道这是水碧。二叔非常高兴，请来玉石匠人仿制出和朱氏家藏一模一样的龙尾觥一个、合卺杯一个，价值三千两银子，剩下来的玉石碎屑也都雕成了奇珍异宝。二叔因此赚了一大笔钱，他的收藏就一天天丰富起来。

戊辰年（1628）以后，二叔先后在姑熟、姑苏担任副职，不久又到孟津当县令。河南盛产青铜器，二叔在这里得到的青铜器装满了几大车。其中一种美人觚，大大小小有十五六枚，是很剔透的青绿色，像翡翠，又像鬼眼青，让人有不敢直视的感觉。后来这些东西到了他的儿子张燕客手里，有一天就不见了，或许是被龙宫收回去了吧。

噱　社

仲叔善诙谐，在京师与漏仲容、沈虎臣、韩求仲辈结"噱社"[1]。唛喋数言[2]，必绝缨喷饭。漏仲容为帖括名士[3]，常曰："吾辈老年读书做文字，与少年不同。少年读书，如快刀切物，眼光逼注，皆在行墨空处，一过辄了。老年如以指头掐字，掐得一个，只是一个，掐得不着时，只是白地。少年做文字，白眼看天，一篇现成文字挂在天上，顷刻下来，刷入纸上，一刷便完。老年如恶心呕吐，以手扼入齿哕出之，出亦无多，总是渣秽。"此是格言，非止谐语。

一日，韩求仲与仲叔同宴一客，欲连名速之，仲叔曰："我长求仲，则我名应在求仲前，但缀蝇头于如拳之上，则是细注在前，白文在后，那有此理！"人皆失笑。沈虎臣出语尤尖巧。仲叔候座师收一帽套，此日严寒，沈虎臣嘲之曰："座主已收帽套去，此地空余帽套头。帽套一去不复返，此头千载冷悠悠[4]。"其滑稽多类此。

【注释】

[1] 韩求仲：韩敬，字求仲，号止修，浙江乌程人，万历三十八年进士第一，官修撰。

[2] 唼喋：鸟或鱼类聚食貌，这里形容聚集一处。

[3] 帖括：科举应试文章，明清时代一般指八股文。

[4] "座主"四句：套改唐人崔颢《黄鹤楼》诗。

【译文】

我二叔擅长讲幽默笑话，他在京城与漏仲容、沈虎臣、韩求仲等人结成"噱社"。他们聚在一起说不了几句话，就会笑得冠带子也扯掉了，饭也喷出来了。漏仲容是写八股文的高手，他常说："我们这些年龄大的人读书写文章，和年轻人不一样。年轻人读书，就像用快刀切东西，能够聚精会神在字里行间，眼睛扫一遍就都看明白了。老年人读书就像用手指头掐字，掐到一个字就只是这一个字，掐不到时，眼前就只剩下一片空白。年轻人写文章时，翻翻白眼看看天，一篇现成的文章就挂在天上，一下子就掉下来了，只需把它印到纸上，一印就完事儿了。老年人写文章就像恶心呕吐，用手抠到牙缝里直抠到恶心才吐出来，吐出来也吐不多，还都是残渣剩滓。"这简直是警世格言，已不仅仅是笑话了。

一天，韩求仲和我二叔一起请一个客人吃饭，想联名下帖子请他，二叔说："我比求仲年长，那么我的名字应该写在求仲前面，不过我的蝇头小字署名写在求仲拳头大的署名上面，就像是书籍里小注排在前面，正文排在后面一样，哪有这样的道理！"人们听了都忍不住笑起来。沈虎臣说话尤其尖锐巧妙。一次二叔在等他的座师来收一个帽套，当天天气非常冷，沈虎臣就嘲笑他说："座主已收帽套去，此地空余帽套头。帽套一去不复返，此头千载冷悠悠。"他们的滑稽幽默大都是这样的。

鲁 府 松 棚

报国寺松[1]，蔓引辚委[2]，已入藤理。入其下者，蹒跚局蹐，气不得舒。鲁府旧邸二松，高丈五，上及檐牙，劲竿如蛇脊，屈曲撑距，意色醋怒，鳞爪拿攫，义不受制，鬣起针针，怒张如戟。旧府呼"松棚"，故松之意态情理无不棚之。便殿三楹盘郁殆遍，暗不通天，密不通雨。鲁宪王晚年好道[3]，尝取松肘一节，抱与同卧，久则滑泽醋酢，似有血气。

【注释】

[1] 报国寺：在北京广宁门外，寺之天王殿前有二株古松，"左之偃，不过檐牙，右之偃，不俯栏石，影无远移，遥枝相及，鳞鳞蹲石，针针乱棘"（《帝京景物略》）。

[2] 辚委：下垂貌。

[3] 鲁宪王：当作"鲁献王"，见卷一《木犹龙》注。

【译文】

报国寺的松树，枝干蔓延，盘曲垂落，已经很有藤蔓的样子了。人从树下走过，磕磕绊绊局局促促，气都透不过来。鲁王府旧宅里有两棵松树，高一丈五，树顶已经碰到房檐的瓦片，虬劲的树干像蛇的脊背一样拱起来撑持着，气势威壮，张开鳞爪挥舞着，似乎想要摆脱掌控，松针像鬣毛根根竖起，刀戟般挺立着。旧府里称它"松棚"，所以这棵松树从形态到情致都没有不按照棚的样子生长的。便殿的三间房子被松棚盘绕得严严实实，暗无天日，密不透雨。鲁宪（献）王晚年爱上了修道，曾经取下手肘状的一节松枝，抱着它一起睡觉，时间长了松枝光滑润泽泛出酒后晕红色，似乎有了血气。

一 尺 雪

"一尺雪"为芍药异种[1]，余于兖州见之。花瓣纯白，无须萼，无檀心[2]，无星星红紫，洁如羊脂，细如鹤翮，结楼吐舌，粉艳雪腴[3]。上下四旁方三尺，干小而弱，力不能支，蕊大如芙蓉，辄缚一小架扶之。大江以南，有其名无其种，有其种无其土，盖非兖勿易见之也。兖州种芍药者如种麦，以邻以亩。花时宴客，棚于路、彩于门、衣于壁、障于屏、缀于帘、簪于席、茵于阶者，毕用之，日费数千勿惜。余昔在兖，友人日剪数百朵送寓所，堆垛狼藉，真无法处之。

【注释】

[1] 芍药：世称牡丹为花王，芍药为花相。芍药有黄、红、紫、白诸色。《花镜》列举白色凡十四种，"一尺雪"未列入，盖白色稀有品种。但列入名种"玉盘盂"，清人王文诰谓此花似"一尺雪"。

[2] 檀心：赭色花蕊。

[3] "结楼"二句：形容此花体态之奇特，静中显动；色泽之光鲜，薄而见丰。八字精于刻画。

【译文】

"一尺雪"是芍药的特殊品种，我在兖州见过这种花。它的花瓣纯白，没有花须花萼，没有淡红色的花蕊，没有星星点点的红紫色，像羊脂一般洁白，鹤的羽毛一般细嫩，花瓣层层叠叠堆得高高的，吐出长长的花蕊，粉嫩娇艳，丰腴如雪。一朵花上下四周有三尺见方，而花茎细小脆弱，支撑力不够，所以花蕊像芙蓉那么大的，就绑一个小架子来扶着它。长江以南，有“一尺雪”这个名字却没有这个花种，即便是有了这个花种也没有适合种它的土壤，大概出了兖州就不容易见到它了。兖州人种芍药就像种麦子一样，一家挨着一家，一亩接着一亩地种。花开时节宴请客人，在路上搭棚子、在门上结彩、在墙壁上做装饰、在屏风前做帷障、在帘子上做点缀、在坐席上插花、在台阶上铺设，用的全都是芍药，一天用掉几千朵都不心疼。我以前住在兖州的时候，友人每天都剪数百朵芍药送到我的寓所，散乱堆积得到处都是，真不知道该拿它们怎么办。

菊　海

兖州张氏期余看菊，去城五里。余至其园，尽其所为园者而折旋之，又尽其所不尽为园者而周旋之，绝不见一菊，异之。移时，主人导至一苍莽空地，有苇厂三间[1]，肃余入[2]，遍观之，不敢以菊言，真菊海也！厂三面，砌坛三层，以菊之高下高下之。花大如瓷瓯，无不球，无不甲，无不金银荷花瓣，色鲜艳异凡本，而翠叶层层，无一早脱者。此是天道，是土力，是人工，缺一不可焉。

兖州缙绅家风气袭王府[3]，赏菊之日，其桌、其机、其灯、其炉、其盘、其盒、其盆盎、其肴器、其杯盘大觥、其壶、其帏、其褥、其酒、其面食、其衣服花样，无不菊者。夜烧烛照之，蒸蒸烘染，较日色更浮出数层。席散，撒苇帘以受繁露。

【注释】

［1］苇厂：芦苇搭建的棚子。

［2］肃：迎候。

［3］王府：指鲁王府。明太祖封其第十子朱檀为鲁王，藩地在山东兖州。崇祯间，寿铉、寿镛继嗣，镛薨，子以派嗣。

【译文】

兖州张氏约我去赏菊，在离城五里的地方。我到了他的园子，把园里所有造景的地方都来来回回走了个遍，又把园里还没造景的地方也走了一圈，根本见不到一朵菊花，觉得太奇怪了。过了一会儿，主人把我带到一块开阔的空地上，那里有三间芦苇搭建的小棚子，主人恭敬地请我进去，我进去放眼一看，不敢说看到了菊花，那简直是一片菊海啊！棚子的三面墙被砌成三层花坛，每一层按照菊花的高度而高低上下摆放。菊花有瓷碗那么大，没有一朵不是结成球形的，没有一朵不像披着金黄色铠甲的，没有一朵不是金银荷花型花瓣的，色彩鲜艳，不同于普通的品种，而密密层层的绿叶没有一片提前脱落。这是气候、水土、人力共同的劳绩，三者缺一不可啊。

兖州官宦人家学的是鲁王府的作派，赏菊那天，他们的桌子、机凳、灯具、炉子、盘子、盒子、盆盎、碗盏、杯盘酒器、酒壶、帷幔、褥垫、酒水、面食、衣服花样，没有不是菊花样式的。晚上燃起蜡烛照亮菊花来欣赏，在烛火蒸蒸烘染下，菊花比白天阳光下看到的更绚烂了几分。宴席散去后，主人就撤掉芦苇帘子，让菊花接受露水的滋润。

曹　山

万历甲辰[1]，大父游曹山[2]，大张乐于狮子岩下。石梁先生戏作山君檄讨大父[3]，祖昭明太子语，谓若以管弦污我岩壑[4]。大父作檄骂之，有曰："谁云鬼刻神镂，竟是残山剩水!"石篑先生嗤石梁曰[5]："文人也，那得犯其锋! 不若自认，以'残山剩水'四字摩崖勒之。"先辈之引重如此。曹石宕为外祖放生池[6]，积三十余年，放生几百千万，有见池中放光如万炬烛天，鱼虾荇藻附之而起，直达天河者。余少时从先宜人至曹山庵作佛事[7]，以大竹箬贮西瓜四，浸宕内。须臾，大声起岩下，水喷起十余丈，三小舟缆断，颠翻波中，冲击几碎。舟人急起视，见大鱼如舟，口欱四瓜[8]，掉尾而下。

【注释】

[1] 万历甲辰：公元 1604 年。

[2] 曹山：又名曹家山，绍兴城东小山，工人在此采石，因成峰壑，岁久萝木丛生，积水成潭，俨然胜境。张岱有《越山五佚记·曹山》。

[3] 石梁先生：陶奭龄，字公望，一字君奭，号石梁，会稽人。万历三十一年举人，与兄望龄以讲学著名。

[4] "祖昭明"二句：陶奭龄《山君檄》："尔以丝竹，污我山灵。"又，《南史·萧统传》："性爱山水，于玄圃穿筑，更立亭馆，与朝士名素者游其中。尝泛舟后池，番禺侯轨盛称此中宜奏女乐，太子不答，咏左思《招隐诗》云：'何必丝与竹，山水有清音。'轨惭而止。"奭龄之檄本此。

[5] 石篑先生：即陶望龄，见卷二《花石纲遗石》注。

[6] 外祖：指陶允嘉，见卷四《雪精》注。

[7] 先宜人：张岱母，陶允嘉女。

[8] 欱：吞食。

【译文】

万历甲辰年(1604)，我祖父游览曹山时，大张旗鼓地在狮子岩下奏乐玩闹了一回。石梁先生开玩笑地写了一篇山神声讨我祖父的檄文，模仿昭明太子的口吻，说你用管弦污染了我的山岩林壑。祖父也写了一篇檄文回骂他，其中有句话说："谁云鬼刻神镂，竟是残山剩水！"石篑先生嘲笑石梁先生说："他是文人，咱们哪能和他针锋相对！不如自己认输，把'残山剩水'四个字刻在摩崖上。"先辈们就是这样互相推重的。曹石宕是我外祖父的放生池，三十多年来，在这里放生了几百上千上万条生灵，有人见过池中放出光芒，像上万支火炬照亮了天空，池里的鱼、虾、青荇、水藻都附着这道光飞起，一直飞到了银河。我小时候跟着先母到曹山庵做佛事，用大竹篓装了四个西瓜，浸在曹石宕里。一会儿工夫，岩石下传来一声巨响，池水溅起十多丈高，三只小船的缆绳都断了，在波浪里颠过来倒过去，几乎要被冲散架了。船上的人急忙起身查看，只见一条像船那么大的鱼，嘴巴咬着四个西瓜，摇着尾巴游到水下去了。

齐景公墓花樽

霞头沈金事宦游时[1]，有发掘齐景公墓者[2]，迹之，得铜豆三，大花樽二。豆朴素无奇。花樽高三尺，束腰拱起，口方而敞，四面戟楞，花纹兽面，粗细得款，自是三代法物。归乾阳刘太公[3]，余见赏识之，太公取与严，一介不敢请。及宦粤西，外母归余斋头[4]，余拂拭之，为发异光。取浸梅花，贮水，汗下如雨，逾刻始收，花谢结子，大如雀卵。余藏之两年，太公归自粤西，稽覆之，余恐伤外母意，亟归之。后为驵侩所唉[5]，竟以百金售去，可惜！今闻在歙县某氏家庙。

【注释】
　　[1]霞头：绍兴西郭门外地名，沈氏世代聚居于此。沈金事：沈焕，字天明，钱塘人，后迁居绍兴鉴湖之滨。宋熙宁进士，元丰中，奉使辽

国，不辱君命，拜枢密院副使（佥事）。卒谥忠肃。见《越中杂识》下卷《寓贤》。

[2] 齐景公：春秋齐国国君杵臼。

[3] 乾阳刘太公：即刘毅，字健甫，号乾阳，山阴人。万历己丑会试第六人，官至广西按察使、右布政使，移病归。居家敦朴，藏书颇富，人不识为贵人。

[4] 外母：张岱岳母，刘毅之媳，即《张岱诗文集》中《祭外母刘太君文》之"刘太君"，性坚忍慈惠。刘毅素爱收藏古董珍玩，《祭外母刘太君文》也有记载："方伯公留心于竹头木屑，有陶晋公之风，凡其一楮一簏，决不敢轻以予人。曾忆余少时，偶见所藏黄慎轩（黄辉，号慎轩，明书法家）墨迹甚富，余乞一帧，而母不之许，他可知已。"

[5] 驵（zǎng）侩：经纪人，中间商。　唊：引诱。

【译文】

　　霞头的沈佥事在外做官时，有人盗掘齐景公的墓，沈佥事寻着他们的踪迹追查，追回了三个铜豆，两个大花樽。铜豆中规中矩，没什么特别的地方。花樽高三尺，束腰部分凸起，方形侈口，四面有戟棱，兽面纹饰刻得粗细得当，应该是夏商周三代的宝物重器。后来花樽到了乾阳刘太公手里，我见到后倾心不已，但是刘太公在收入东西或给人东西方面很苛刻，我连一个小物件都不敢开口跟他借，更不要说这件花樽了。等到刘太公到粤西做官时，岳母就把这件花樽拿给我放在书案上。我擦拭过后，它就熠熠生辉了。我用它来养梅花，加水后，樽外的水珠像下雨一样滴下来，过了好一会儿才停下来。花谢之后结了子，有麻雀蛋那么大。我收藏了这件花樽两年，刘太公从粤西回来，查问花樽的下落，我怕伤了岳母的好意，立即还了回去。后来在商贩忽悠下，这件花樽竟然被以一百两银子的价钱卖掉了，可惜！如今我听说在歙县某氏家庙里摆着。

卷　七

西 湖 香 市

　　西湖香市[1]，起于花朝[2]，尽于端午。山东进香普陀者日至，嘉湖进香天竺者日至[3]，至则与湖之人市焉，故曰香市。然进香之人市于三天竺，市于岳王坟，市于湖心亭，市于陆宣公祠[4]，无不市，而独凑集于昭庆寺[5]。昭庆寺两廊，故无日不市者，三代八朝之骨董[6]，蛮夷闽貊之珍异，皆集焉。至香市，则殿中边甬道上下、池左右、山门内外，有屋则摊，无屋则厂，厂外又棚，棚外又摊，节节寸寸。凡胭脂簪珥、牙尺剪刀，以至经典木鱼，孩儿嬉具之类[7]，无不集。

　　此时春暖，桃柳明媚，鼓吹清和，岸无留船，寓无留客，肆无留酿。袁石公所谓"山色如娥，花光如颊，波纹如绫，温风如酒"[8]，已画出西湖三月。而此以香客杂来，光景又别：士女闲都[9]，不胜其村妆野妇之乔画；芳兰芃泽，不胜其合香荒荟之薰蒸；丝竹管弦，不胜其摇鼓欱笙之聒帐；鼎彝光怪，不胜其泥人竹马之行情；宋元名画，不胜其湖景佛图之纸贵。如逃如逐，如奔如追，撩扑不开，牵挽不住，数百十万男男女女老老少少，日簇拥于寺之前后左右者，凡四阅月方罢，恐大江以东断无此二地矣。

崇祯庚辰三月[10]，昭庆寺火，是岁及辛巳、壬午洊饥[11]，民强半饿死。壬午虏鲠山东[12]，香客断绝，无有至者，市遂废。辛巳夏，余在西湖，但见城中饿殍异出，扛挽相属。时杭州刘太守梦谦[13]，汴梁人，乡里抽丰者多寓西湖[14]，日以民词馈送。有轻薄子改古诗诮之曰[15]："山不青山楼不楼，西湖歌舞一时休。暖风吹得死人臭，还把杭州送汴州。"可作西湖实录。

【注释】

[1] 香市：犹今庙会。

[2] 花朝：农历二月十二日，为百花生日，称花朝节。

[3] 嘉湖：指浙江嘉兴、湖州一带。　天竺：见卷五《麋公》注。

[4] 陆宣公祠：唐名臣陆贽，谥忠宣公，西湖孤山山麓有他的祠庙。

[5] 昭庆寺：在西湖宝石山下，始建于五代，后屡毁屡建。明万历中，太监孙隆以织造助建，规模宏丽，廊庑列肆，进香期间，集市很盛。

[6] 三代：指夏、商、周。　八朝：指汉、魏、晋、宋、齐、梁、陈、隋。

[7] 孖儿：犹孩儿，杭州方言。

[8] 袁石公：即袁宏道。见卷一《荸门荷宕》注。引文见《袁中郎全集》卷八《西湖一》。

[9] 都：美，文雅。

[10] 庚辰：崇祯十三年（1640）。

[11] 辛巳：崇祯十四年（1641）。　壬午：崇祯十五年（1642）。　洊饥：接连饥荒。

[12] 虏：指清兵。　鲠：通"梗"，阻塞。

[13] 刘梦谦：河南罗山人，崇祯进士，曾任杭州知府。

[14] 抽丰："丰"亦作"风"，借各种名义向人索取财物，俗称"打秋风"。

[15] 古诗：指宋人林升《题临安邸》诗："山外青山楼外楼，西湖歌舞几时休？暖风熏得游人醉，直把杭州作汴州。"

【译文】

西湖的香市，从农历二月十二花朝节开始，到农历五月初五端午节收尾。这段日子里，从山东到普陀山进香的人每天都来，从嘉兴、湖州一带到天竺寺进香的人每天都来，到了之后他们就和西湖当地人做买卖，所以叫做"香市"。这些香客们在三天竺做买卖，在岳王坟做买卖，在湖心亭做买卖，在陆宣公祠做买卖，没有哪里不做买卖的，却唯独在昭庆寺的买卖最为集中。昭庆寺两边侧廊里本来就没有一天不做买卖的，历朝历代的古董，四方异域的奇珍异宝都汇聚于此。到了香市时，则大殿外中间和两边的甬道上上下下、放生池左左右右、山门前前后后，有房屋的地方就设摊，没房屋的地方就就地搭厂屋，厂屋外面再搭棚，棚外面再摆摊，如此首尾连属，绵延不断。但凡胭脂水粉、发簪耳饰、牙牌、尺子、剪刀，乃至佛经、木鱼、孩童玩具之类货物，没有不聚在这里卖的。

这一时节正值春风送暖，桃红柳绿，鲜亮动人，鼓乐声声，清越平和，湖岸边不见船只停泊，客店中没有旅客滞留，酒馆中佳酿售罄。袁宏道所说的"山色如蛾，花光如颊，波纹如绫，温风如酒"，已经勾画出西湖三月的景致。而此时由于香客杂沓而来，风光则又有所不同：贵族女子的闲雅秀逸，抵不过乡野村妇的浓妆艳抹；兰花的馥郁芬芳，遮不住合香芫荽香气的熏染蒸腾。丝竹管弦的和谐悠扬，压不过打鼓吹笙的震耳欲聋；钟鼎彝器的光怪陆离，赶不上泥人竹马的走俏畅销；宋元两朝的名画，逊色于西湖风景画与佛像绘画的洛阳纸贵。香客们你追我赶，前奔后逃，拉也拉不开，拽也拽不住，成千上万的男男女女老老少少天天围聚在昭庆寺周围，一共要热闹四个月才罢休，恐怕长江以东绝对找不出第二个如此热闹的地方了。

崇祯庚辰年（1640）三月，昭庆寺发生火灾。这一年以及之后的辛巳年（1641）、壬午年（1642）连年饥荒，百姓大半都饿死了。壬午年（1642）清兵阻断了山东道路，香客断绝，无人前来，西湖香市于是就废止了。辛巳年（1641）夏天，我住在西湖边，只见到城里有饿死者的尸体被运出来，有人扛的，有车拉的，一个接一个连续不断。当时的杭州太守叫刘梦谦，是汴梁人，前来找他打秋风的同乡人大都住在西湖边，这些人每日里用勒索百姓打官司得来的钱向他行贿。有位轻狂之士改编了一首古诗来讥讽他："山不青山楼不楼，西湖歌舞一时休。暖风吹得死人臭，还把杭州送汴州。"这首诗可以作为当时西湖的真实写照了。

鹿苑寺方柿

萧山方柿，皮绿者不佳，皮红而肉糜烂者不佳，必树头红而坚脆如藕者，方称绝品。然间遇之，不多得。余向言西瓜生于六月，享尽天福；秋白梨生于秋，方柿、绿柿生于冬，未免失候。丙戌[1]，余避兵西白山[2]，鹿苑寺前后有夏方柿十数株。六月歊暑[3]，柿大如瓜，生脆如咀冰嚼雪，目为之明，但无法制之，则涩勒不可入口。土人以桑叶煎汤，候冷，加盐少许，入瓮内，浸柿没其颈，隔二宿取食，鲜磊异常[4]。余食萧山柿多涩，请赠以此法。

【注释】

[1] 丙戌：清顺治三年（1646）。

[2] 西白山：绍兴嵊县西七十里有太白山，连跨三邑，在嵊曰西白，在诸暨曰东白，在东阳曰北白。又有小白山相连，又称鹿苑山，山有鹿苑寺，始建于南朝宋元嘉二年。

[3] 歊（xiāo）：热气上腾的样子。

[4] 鲜磊：新鲜爽口。

【译文】

萧山的方柿，皮绿的不好吃，皮红但是果肉熟烂的不好吃，一定要是在树上长红并且像藕那样硬硬脆脆的，才称得上绝品。

然而这样的柿子只能偶遇，不可多得。我以前说西瓜生长在六月，享尽了天福；秋白梨生长在秋天，方柿、绿柿生长在冬天，未免错过了好时令。丙戌年（1646），我在西白山躲避兵祸，那里的鹿苑寺前后种着十多棵夏方柿树。六月酷暑时节，柿子有瓜那么大，咬起来脆生生的像在咀嚼冰沙，吃过后眼明心亮，但如果制作方法不当，就会生涩得入不了口。当地人用桑叶煮水，待冷却后，加一点盐，倒进瓮里，把柿子浸在里面，水要没过瓮颈，隔两夜拿出来吃，非常新鲜爽口。萧山的柿子我吃着大多发涩，就把这个做法赠给大家吧。

西湖七月半

西湖七月半，一无可看，止可看看七月半之人。看七月半之人，以五类看之。其一，楼船箫鼓，峨冠盛筵，灯火优傒[1]，声光相乱，名为看月而实不见月者，看之；其一，亦船亦楼，名娃闺秀，携及童娈，笑啼杂之，环坐露台，左右盼望，身在月下而实不看月者，看之；其一，亦船亦声歌，名妓闲僧，浅斟低唱，弱管轻丝，竹肉相发，亦在月下，亦看月，而欲人看其看月者，看之；其一，不舟不车，不衫不帻，酒醉饭饱，呼群三五，跻入人丛，昭庆、断桥[2]，嚣呼嘈杂，装假醉，唱无腔曲，月亦看，看月者亦看，不看月者亦看，而实无一看者，看之；其一，小船轻幌，净几暖炉，茶铛旋煮，素瓷静递，好友佳人，邀月同坐，或匿影树下，或逃嚣里湖，看月而人不见其看月之态，亦不作意看月者，看之。

杭人游湖，巳出酉归，避月如仇。是夕好名，逐队争出，多犒门军酒钱。轿夫擎燎，列俟岸上。一入舟，速舟子急放断桥，赶入胜会。以故二鼓以前，人声鼓吹，如沸如撼，如魇如呓，如聋如哑，大船小船一齐凑岸，一无所见，止见篙击篙、舟触舟、肩摩肩、面看面而已。少刻兴尽，官府席散，皂隶喝道去，轿夫叫船上人，怖以关门，灯笼火把如列星，一一簇拥而去。岸上人亦逐队赶门，渐稀渐薄，顷刻散尽矣。

吾辈始舣舟近岸[3]。断桥石磴始凉，席其上，呼客纵饮。此时月如镜新磨，山复整妆，湖复颒面[4]，向之浅斟低唱者出，匿影树下者亦出，吾辈往通声气，拉与同坐。韵友来，名妓至，杯箸安，竹肉发。月色苍凉，东方将白，客方散去。吾辈纵舟，酣睡于十里荷花之中，香气拍人，清梦甚惬。

【注释】

[1] 优僳：优伶僮仆。

[2] 昭庆：寺名，在西湖东北角。　断桥：原名宝祐桥，在西湖白堤上。

[3] 舣舟：停船靠岸。

[4] 颒(huì)面：洗面。形容湖面又重新出现明净如洗的样子。

【译文】

西湖的七月半，没有什么可看的，也就是看看七月半的人。看七月半的人，可以分五类来看。一类是，坐在华丽的楼船上，伴着声声箫鼓，戴着高高的礼帽在盛宴上觥筹交错，灯火通明，歌伎、仆从来往穿梭，乐声与灯光交错在一起，这是名义上来看月而实际上看不到月亮的人，可以看看他们。一类是，也乘着船，而且也是楼船，名媛闺秀们带着美貌男孩，哭声笑声响成一片，团团围坐在露台上左顾右盼，这是身在月下但实际上却并不看月的人，可以看看他们。一类是，也坐着船，也奏乐歌唱，名妓闲僧，喝着小酒唱着小曲儿，丝竹轻轻地吹弹着，歌声伴着丝竹声飘出来，这是也在月下，也看月，但想要别人看他们赏月的人，可以看看他们；一类是，不坐船不乘车，不穿长衫也不戴头巾，吃饱喝足后，三五成群吆喝着挤在人群里，在昭庆寺、断桥一带吵吵嚷嚷，假装发酒疯，唱着不成调的曲子，这是月也看，看月的人也看，不看月的人也看，但实际上什么也没有看的人，可以看看他们。一类是，乘着小船，船上挂着轻薄的帏幔，茶几明净，火炉温暖，茶水很快就煮好，盛在白色瓷碗中轻轻地端上来，好友佳人，邀着月亮一起坐着，有的躲在树影里，有的逃到里湖远离喧嚣，这是在看月，但人们看不到他们看月的样子，他们自己也不刻意做出看月的样子的人，可以看看他们。

杭州人游西湖，巳时出门，酉时回来，躲避月亮就像躲避仇人一样。这天晚上借着七月半赏月的名头，他们成群结队地争相出城，大多会赏给把守城门的士兵一些酒钱。轿夫们举着火把，在岸上排着队等候。人一上船，就催促船家迅速划向断桥，赶着去参加盛会。因此二鼓以前人声和鼓乐声就像水沸腾了、地震动了一样轰轰隆隆的，一会儿像梦魇了惊叫、一会儿像喃喃呓语一样一浪接一浪的，人们像聋了、哑了一样听不到别人说话也听不到自己说话。大船小船全都凑在岸边，什么都看不见，只看见篙碰着篙，船挨着船，肩膀擦着肩膀，脸对着脸罢了。过一会儿，人们玩儿尽兴了，官府宴席散了，衙役们吆喝着开道离开，轿夫们招呼船上的人回去，吓他们说再不回去城门就要关了，灯笼火把像天上的繁星，一个个簇拥着回去。岸上的人也一群接一群地往城门赶，人群慢慢稀少，不一会儿就全部散去了。

这时，我们才把船划过去靠岸停下。断桥的石磴刚凉下来，我们在上面铺上席子，招呼客人开怀畅饮。这时候月亮像刚刚磨好的铜镜，山峦重新整理了妆容，湖水重新清洗了脸庞，原来浅酌低唱的人出来了，藏在树影下的人也出来了，我们过去和他们打招呼，拉他们来同席而坐。文人雅士来了，名妓来了，杯盘碗筷放好了，丝竹伴着歌声响起来了。直到月色苍凉，东方即将破晓，客人才散去。我们这些人放船到十里荷花中酣然入睡，在扑鼻的荷香中，睡得格外香甜。

及 时 雨

壬申七月[1]，村村祷雨，日日扮潮神海鬼，争唾之。余里中扮《水浒》，且曰：画《水浒》者，龙眠、松雪、近章侯[2]，总不如施耐庵。但如其面勿黛，如其髭勿鬣，如其兜鍪勿纸，如其刀杖勿树，如其传勿杜撰，勿弋阳腔[3]，则十得八九矣。于是分头四出，寻黑矮汉，寻梢长大汉，寻头陀[4]，寻胖大和尚，寻苗壮妇人，寻姣长妇人，寻青面，寻歪头，寻赤须，寻美髯，寻黑大汉，寻赤脸长须，大索城中。无则之郭、之村、之山僻、之邻府州县，用重金聘之，得三十六人。梁山泊好汉，个个呵活，臻臻至至[5]，人马称娖而行[6]，观者兜截遮拦，直欲看杀卫玠[7]。

五雪叔归自广陵[8]，多购法锦宫缎，从以台阁者八[9]：雷部六，大士一，龙宫一，华重美都，见者目夺气亦夺。盖自有台阁，有其华无其重，有其美无其都，有其华重美都，无其思致，无其文理。轻薄子有言："不替他谦了也，事事精办。"

季祖南华老人喃喃怪问余曰[10]："《水浒》与祷雨有何义味？近余山盗起，[11]迎盗何为耶？"余俯首思之，果诞而无谓，徐应之曰："有之。天罡尽，以宿太尉殿焉[12]。用大牌六，书'奉旨招安'者二，书'风调雨顺'者一，'盗息民安'者一，更大书'及时雨'者二[13]，前导之。"观者欢喜赞叹，老人亦匿笑而去。

【注释】

[1] 壬申：崇祯五年（1632）。

[2] 龙眠：李公麟，字伯时，号龙眠居士，北宋著名画家。　松雪：赵孟𫖯，字子昂，号松雪道人，元代著名画家。　章侯：陈洪绶，见卷三《陈章侯》。三人皆擅画人物、佛像、罗汉。

[3] 弋阳腔：古代戏曲声腔、剧种，源于江西弋阳一带。

[4] 头陀：行脚乞食的僧人。

[5] 臻臻至至：众多繁盛。

[6] 称娖（chuò）：行列整齐。

[7] 卫玠：字叔宝，西晋安邑（今山西运城）人，官至太子洗马。美姿容，观者如堵，卒时年仅二十七，时人谓玠被看杀。见《晋书·卫玠传》。

[8] 五雪：又作五泄，作者从叔父季祖张汝懋之子。

[9] 台阁：见卷四《杨神庙台阁》注。

[10] 南华老人：见卷三《陈章侯》注。

[11] 余山：或即西余山，在山阴县西北四十二里。见《绍兴府志》卷三《地理志三》。又，一说佘山，一说涂山。

[12] "天罡"二句：《水浒传》载，梁山一百零八条好汉是三十六天罡星、七十二地煞星所化。宿太尉，《水浒传》中人物，小说以宿太尉奏闻宋江在蓼儿洼显灵收束。殿，殿后。

[13] 及时雨：宋江绰号。

【译文】

壬申年（1632）七月，每个村都在求雨，每天都有人装扮成潮神海鬼，人们争着向他们吐口水。我们乡里扮演的是《水浒》，并且说：画《水浒》人物，即便是龙眠居士李公麟、松雪道人赵孟𫖯，以及近人陈章侯，总也比不上施耐庵自己所描绘的。不过只要扮演《水浒》的人脸不涂黑，须发不粘假胡子，头盔不用纸做的，刀杖不用木头削的，扮演原著故事不添油加醋，说话不用弋阳腔，就十有八九能贴近人物形象了。于是大家四下里分头行动，寻找又黑又矮的大汉，寻找高个子大汉，寻找头陀，寻找胖大和尚，寻找身强体壮的妇人，寻找高挑美貌的妇人，寻找青脸的，寻找歪头的，寻找红胡子的，寻找有漂亮胡子的，寻找黑大汉，寻找红脸膛长胡子的，在全城大力搜索。城里找不到就到郊外、到乡村、到偏远的山野、到相邻的府、州、县去找，出高价聘请，共请到三十六个人。他们扮的梁山伯好汉一个个活灵活现的，济济一堂，人马整整齐齐地列队出发，观看的人围追堵截，都赶得上看杀卫玠的盛况了。

五雪叔从广陵回来，买来很多法锦宫缎，搭建了八个台阁跟在求雨队伍里：雷部台阁六个，大士台阁一个，龙宫台阁一个，都华美壮观，看得人目不转睛，大气不敢出。大概自从台阁出现以来，有如此华丽的却没有如此庄重的；有如此漂亮的却没有如此气派的，有如此华美壮观的，却没有如此精思巧构、如此入情入理的。有轻薄的人评论说："不用替他谦虚了，他事事都办得精益求精呀。"

我的季祖父南华老人很疑惑地跟我嘀咕道："《水浒》和求雨有什么关系呢？最近余山盗贼闹起来了，还这样迎接盗贼是要干什么？"我低头反思这件事，确实荒诞不经毫无意义，就慢慢回答他说："有关系。《水浒》中的天罡星气数尽了的时候，由宿太尉来收场。当时宿太尉用了六块大牌子，写着'奉旨招安'的有两块，写着'风调雨顺'的有一块，写着'盗息民安'的有一块，更有大大地写着'及时雨'的两块，在前面引路。"看求雨表演的人都在高高兴兴地赞叹着，南华老人也就暗笑着离开了。

山　艇　子

龙山自巘花阁而西皆骨立[1]，得其一节，亦尽名家。山艇子石[2]，意尤孤子，壁立霞剥，义不受土。大樟徙其上，石不容也，然不恨石，屈而下，与石相亲疏。石方广三丈，右坳而凹，非竹则尽矣，何以浅深乎石。然竹怪甚，能孤行，实不藉石。竹节促而虬，叶毵毵[3]，如猬毛，如松狗尾，离离矗矗，捎捩攒挤，若有所惊者。竹不可一世，不敢以竹二之。或曰：古金错刀也。或曰：竹生石上，土肤浅，蚀其根，故轮囷盘郁[4]，如黄山上松。山艇子樟，始之石，中之竹，终之楼，意长楼不得竟其长，故艇之。然伤于贪，特特向石，石意反不之属，使去丈而楼，壁出樟出，竹亦尽出。竹石间意，在以淡远取之。

【注释】

　　[1]龙山：即绍兴卧龙山。　蕨花阁：园名，在卧龙山南麓。

　　[2]山艇子：张岱书屋，在卧龙山蓬莱阁西，下有峭壁十余仞，多苍藤修竹，构楼堂如舫。

　　[3]毵毵：毛、叶整齐貌。

　　[4]轮囷：屈曲貌。

【译文】

　　龙山从蕨花阁往西都是峭峰耸立，随便截取其中任何一段，也都算是胜景了。其中山艇子那里的石头，意态尤其孤高桀骜，高耸入云，任云霞剥蚀，决不愿沾一丝泥土。一棵高大的樟树把根须伸过来想要扎根下去，石头容不下它，但是大樟树并不记恨石头，根系还是盘曲下垂过来，与石头相亲近。石头有三丈见方，右半边下陷并且凹进去，若非长着一些竹子，就会以为石头到那里就没有了，哪还能知道石头的大小呢？然而这些竹子也怪得很，能独立生长，实际上并不依赖石头。竹节短而扭曲，竹叶郁郁葱葱的，像刺猬的刺，也像松鼠尾巴上的毛，浓密地硬挺着，一簇簇挤挤挨挨地长在一起，像是受到了什么惊吓似的。竹子的本性是宁折不弯的，不会因为它只是个竹子就违拗它的本性。有人说：这就是古人"金错刀"笔法的样子。有人说：这里的竹子长在石头上，扎根的土层很浅，根受到了侵蚀，所以变成了弯曲盘旋的样子，就像黄山上的松树那样。山艇子的大樟树，从石头上长起来，先长到竹子那么高，最后长到山艇子的阁楼那么高，想是觉得长到阁楼的高度还不够它长的，于是就顺着像艇子一样横向伸展了。可惜它太贪心了，一门心思去亲近石头，石头却对它毫不在意，假使在离开樟树一丈远的地方建阁楼，那么峭壁显露出来了，樟树显露出来了，竹子也都显露出来了。竹石之间的意境，就是借这种疏淡深远的处理显现出来的。

悬 杪 亭

　　余六岁随先君子读书于悬杪亭，记在一峭壁之下，木石撑距，不藉尺土，飞阁虚堂，延骈如栉。缘崖而上，皆灌木高柯，与檐甍相错。取杜审言"树杪玉堂悬"句[1]，名之"悬杪"，度索寻橦，[2]大有奇致。后仲叔庐其崖下，信堪舆家言[3]，谓碍其龙脉，百计购之，一夜徙去，鞠为茂草。儿时怡寄，常梦寐寻往。

【注释】

　　[1] 杜审言：字必简，襄阳人，初唐诗人，杜甫祖父。"树杪玉堂悬"为其《蓬莱三殿侍宴奉敕咏终南山应制》诗中之句。

　　[2] 度索寻橦（chuáng）：张岱《夜航船》卷二《地理部·古迹》："度索，以绳索相引而度也。寻橦者，植两木于两岸，以绳贯其中，上有一木筒，所谓橦也。人缚橦上，以手缘索而进，以达彼岸，有人解之，所

谓寻橦也。”

    [3] 堪舆家：风水先生。

【译文】

    我六岁时跟着先父在悬杪亭读书，记得亭子建在一处峭壁下面，用木头和石头支撑着，不借助一点土地，堂阁都凌空而建，像梳齿一样密集地排列着。沿着山崖向上，都是灌木丛和高高的树枝，与檐瓦杂错在一起。借用杜审言“树杪玉堂悬”的诗句，把它命名为“悬杪”，就像是度索寻橦一样，别有一番趣味。后来我二叔在山崖下建了房子，因为听信了风水先生的话，说悬杪亭妨碍了那里的龙脉，就千方百计把亭子买到手，一夜之间都拆掉了，那里就沦为杂草丛生之地了。悬杪亭是我小时候的快乐所在，我常常在梦里回到那里去。

雷　殿

    雷殿在龙山磨盘冈下，钱武肃王于此建蓬莱阁[1]，有断碣在焉。殿前石台高爽，乔木潇疏。六月，月从南来，树不蔽月。余每浴后拉秦一生、石田上人、平子辈坐台上[2]，乘凉风，携肴核，饮香雪酒，剥鸡豆[3]，啜乌龙井水，水凉冽激齿。下午着人投西瓜浸之，夜剖食，寒栗逼人，可雠三伏。林中多鹊，闻人声辄惊起，磔磔云霄间，半日不得下。

【注释】

    [1] 钱武肃王：钱镠，五代时受梁朱温之封，称吴越王，卒谥武肃。　蓬莱阁：在卧龙山上，因唐元稹“谪居犹得近蓬莱”诗句得名。

    [2] 石田上人：未详。　平子：见卷二《绍兴琴派》注。

[3] 鸡豆：即鸡头，芡实。

【译文】

雷殿坐落在龙山的磨盘冈下面，钱武肃王曾在这里修建蓬莱阁，还有残碑留着。殿前的石台高大宽敞，稀稀疏疏地种着一些乔木。六月天，月亮从南边照过来，树叶遮不住月光。我常常洗完澡后拉着秦一生、石田上人、张平子他们坐在石台上，吹着凉风，带着肉食果品，喝着香雪酒，剥着鸡头米，就着乌龙井水，井水清冽，冰得牙齿打战。下午让人放西瓜到井水中浸着，到晚上切开来吃，冰得人直打哆嗦，可以抵消三伏天的暑气。树林中有很多鹊鸟，听到人声就吓得飞起来，在空中磔磔地叫，老半天都不敢飞下来。

龙 山 雪

天启六年十二月[1]，大雪深三尺许。晚霁，余登龙山，坐上城隍庙山门，李岕生、高眉生、王畹生、马小卿、潘小妃侍[2]。万山载雪，明月薄之，月不能光，雪皆呆白。坐久清冽，苍头送酒至，余勉强举大觥敌寒，酒气冉冉，积雪欱之，竟不得醉。马小卿唱曲，李岕生吹洞箫和之，声为寒威所慑，咽涩不得出。三鼓归寝。马小卿、潘小妃相抱从百步街旋滚而下，直至山趾，浴雪而立。余坐一小羊头车[3]，拖冰凌而归。

【注释】
[1] 天启六年：公元 1626 年。
[2] 李岕生：张氏所畜声伎。见卷四《张氏声伎》。

［3］羊头车：独轮小车。明代镇江以北，有独轮小车，一人挽之于前，一人推之于后，谓羊头车。见姜南《瓠里子笔谈》。

【译文】

天启六年（1626）十二月，大雪下了三尺多深。一天晚上雪停了，我登上龙山，坐在上城隍庙的山门前，李岕生、高眉生、王畹生、马小卿、潘小妃陪侍左右。群山都覆盖着白雪，明月靠过来，月光也显不出亮，雪都呈现出一片呆板的白。坐得久了有点冷，老仆送酒来了，我勉强喝了一大杯酒来御寒，酒气慢慢涌上来，又被积雪的寒气吸走了，竟然喝不醉。马小卿唱起曲子，李岕生吹洞箫给他伴奏，声音被寒气逼住了，哽咽艰涩得发不出来。三更的时候我们回去睡觉。马小卿、潘小妃互相搂抱着从百步街转着圈滚下去，一直滚到山脚下，浑身是雪地站起来。我坐着一辆小羊头车，拖着满身的冰凌回去了。

庞 公 池

庞公池岁不得船[1]，况夜船，况看月而船。自余读书山艇子，辄留小舟于池中，月夜，夜夜出，缘城至北海坂[2]，往返可五里，盘旋其中。山后人家，闭门高卧，不见灯火，悄悄冥冥，意颇凄恻。余设凉簟，卧舟中看月，小傒船头唱曲，醉梦相杂，声声渐远，月亦渐淡，嗒然睡去。歌终忽寤，含糊赞之，寻复鼾齁。小傒亦呵欠歪斜，互相枕藉。舟子回船到岸，篙啄丁丁[3]，促起就寝。此时胸中浩浩落落，并无芥蒂，一枕黑甜，高春始起[4]，不晓世间何物谓之忧愁。

【注释】

　　[1]庞公池：卧龙山城隍庙前大门下临绝壁，下有池，即所谓庞公池。

　　[2]北海坂：绍兴地名，在府城北门外，引众水入于海。

　　[3]丁丁（zhēng zhēng）：伐木声。此指竹篙敲击声。

　　[4]高春：日影西斜近黄昏时。

【译文】

　　庞公池一年到头都不见有船经过，何况是夜间行船，何况是为了赏月而行船。自从我在山艇子读书，就留了一只小船在庞公池中，有月亮的夜里，我夜夜都坐船出来，沿着城墙一直划到北海坂，来回大概有五里路，我就在其间游荡。山后的人家，都关上大门睡下了，因此看不到灯火，静悄悄黑黢黢的，让人感觉很有点凄凉伤感。我铺上凉席躺在船上看月亮，小仆在船头唱着曲子，半醉半梦中，歌声渐渐远了，月光也渐渐淡了，不觉沉沉睡去。曲子唱完时我突然醒过来，含含糊糊地赞赏了小仆几句，就又打起鼾来。小仆也打着呵欠歪倒在一旁，互相枕着睡着了。船夫把船撑回岸边，把竹篙敲得丁丁响，催我们起身回去睡觉。这时候，我胸中坦坦荡荡，没有一丝烦忧，回家后酣然入眠，一觉睡到日近黄昏才醒来，不知道人世间什么叫忧愁。

品山堂鱼宕

　　二十年前，强半住众香国[1]，日进城市，夜必出之。品山堂，孤松箕踞，岸帻入水[2]。池广三亩，莲花起岸，莲房以百以千，鲜磊可喜。新雨过，收叶上荷珠煮茶，香扑烈。

　　门外鱼宕[3]，横亘三百余亩，多种菱芡。小菱如姜牙，辄采食之，嫩如莲实，香似建兰，无味可匹。深

秋，橘奴饱霜[4]，非个个红绽不轻下剪。季冬观鱼，鱼
牒千余艘，鳞次栉比。罱者夹之[5]，罛者扣之[6]，箷者
罨之[7]，翼者撒之[8]，罩者抑之，罜者举之[9]，水皆
泥泛，浊如土浆。鱼入网者圉圉[10]，漏网者唅唅[11]，
寸鲵纤鳞，无不毕出。集舟分鱼，鱼税三百余斤，赤睮
白肚[12]，满载而归。约吾昆弟，烹鲜剧饮，竟日方散。

【注释】

[1] 众香国：园林名，靠近绍兴鉴湖，为张岱之父张燿芳所建。燿
芳字尔弢，号大涤。

[2] 岸帻：掀起头巾，露出前额。形容无拘无束，态度潇洒。

[3] 宕：通"荡"。

[4] 橘奴：柑橘的别称。

[5] 罱（lǎn）：夹鱼具。

[6] 罛（gū）：大网。

[7] 箷（cè）：以叉刺捕鱼。 罨（yǎn）：渔网，此谓从上掩取。

[8] 翼（xuǎn）：渔网。

[9] "罩者"二句：语出《淮南子·说林训》。罩，渔具，似圆形竹
笼。捕鱼时，人站立浅水中，双手举罩，向下发力罩鱼。此之谓"抑
之"。罜，《梦忆》清刻诸本同。而唐《易林》及宋《初学记》《太平御
览》引《淮南子·说林训》皆作"罾"，俗称"扳罾"，一种特制渔网，
用细木棍或竹竿做支架而成四角方形渔具，有长绳系之。捕鱼时，将罾
放入河中，待鱼入网，渔人拉绳起罾。此之谓"举之"。

[10] 圉圉：被缠缚而不得舒展的样子。

[11] 唅唅（yǎn yǎn）：张口呼吸貌。

[12] 睮（yú）：《尔雅·释畜》：马"二目白睮"注："似鱼目也。"
此指鱼目。

【译文】

二十年前，我大半时间住在众香国，白天进城买东西，晚上
必定出城。园中品山堂有一株孤零零的松树箕踞着，树冠一直垂

入池水中。池子有三亩见方，池中莲花都开到岸上来了，莲房成百上千，莲子累累，鲜嫩喜人。新雨过后，收集荷叶上的水珠来煮茶，香气浓郁扑鼻。

门外的鱼塘，绵延三百余亩，种了很多菱角、芡实。小菱长成姜芽那样，就可以直接采来吃，像莲子一样嫩，像建兰一样香，没有什么美味可以比得上。深秋时节，橘子饱经霜打，不是个个长得红透了绽开来了就不轻易下剪刀。深冬时节看捕鱼，渔船有一千多艘，整齐地排列着。捕鱼人有用鱼夹夹鱼的，有用大网扣鱼的，有用鱼叉叉鱼的，有用渔网网鱼的，有用鱼罩压鱼，有用竹筐抬鱼的，水中泥沙泛起，鱼塘里像泥浆一样浑浊不堪。被网住的鱼挤在一起拼命挣扎着，漏网的鱼张着嘴喘着气，哪怕是一寸长的小鱼，也全都现身了。最后大家把渔船聚到一起开始分鱼，交上三百多斤鱼税后，满载着一条条红眼睛白肚子的鱼回家了。我约上我的兄弟们烹煮鲜鱼，举杯畅饮，要闹整整一天才散去。

松 花 石

松花石[1]，大父舁自潇江署中[2]。石在江口神祠，土人割牲飨神，以毛血洒石上为恭敬，血渍毛氄，几不见石。大父舁入署，亲自祓濯，呼为"石丈"[3]，有《松花石纪》。今弃阶下，载花缸，不称使。余嫌其轮囷臃肿，失松理，不若董文简家茁错二松橛[4]，节理槎枒，皮断犹附，视此更胜。大父石上磨崖铭之曰："尔昔鬣而鼓兮，松也；尔今脱而骨兮，石也；尔形可使代兮，贞勿易也；尔视余笑兮，莫余逆也。"其见宝如此。

【注释】
[1] 松花石：即松化石，石质有松树纹理，俗称雷烧石。

　　[2] 潇江署：指永州官署。　潇江：即潇水，在今湖南省南部，为湘江支流。

　　[3] 石丈：北宋书画家米芾爱石，曾见立石，颇奇，即命袍笏拜之，呼石丈。

　　[4] 董文简：指董玘，见卷二《花石纲遗石》注。

【译文】

　　松花石，是我祖父从潇江官署中抬回来的。石头本来放在江口的神祠里，当地人宰杀牺牲祭祀神灵时，把兽毛兽血洒在石头上表示恭敬，石头上渗透了血迹、沾满了毛发，几乎看不出本来面目了。我祖父把它抬到官署里，亲自洗刷干净，称呼它"石丈"，写了一篇《松花石纪》。如今它被丢在台阶下面，用来垫花缸，是不得其用了。我嫌它硕大臃肿，已经没有松树的样子了，不像董文简家的那两个苗壮结实、参差不齐的松概，枝节纹理错落有致，皮都断了还附着在树干上，跟这块松花石比起来更胜一筹。我祖父在这块松花石上刻了一篇铭文说："曾经你枝繁叶茂松针根根竖起，是松树一棵；如今你枝叶落尽骨干独撑，成了石头一块；你的外形可以被改变，但是坚贞的气节不变；我见你对我笑了，不要辜负我啊。"它被我祖父宝贝成这样了。

闰　中　秋

　　崇祯七年闰中秋[1]，仿虎丘故事[2]，会各友于蕺山亭[3]。每友携斗酒、五簋、十蔬果、红毡一床，席地鳞次坐。缘山七十余床，衰童塌妓，无席无之。在席者七百余人，能歌者百余人，同声唱"澄湖万顷"，声如潮涌，山为雷动。诸酒徒轰饮，酒行如泉。夜深客饥，借戒珠寺斋僧大锅煮饭饭客[4]，长年以大桶担饭不继。

命小傒岕竹、楚烟于山亭演剧十余出，妙入情理，拥观者千人，无蚊虻声，四鼓方散。月光泼地如水，人在月中，濯濯如新出浴。夜半，白云冉冉起脚下，前山俱失，香炉、鹅鼻、天柱诸峰[5]，仅露髻尖而已，米家山雪景仿佛见之[6]。

【注释】

[1] 崇祯七年: 公元 1634 年。

[2] "仿虎丘"句: 中秋之夜，苏州人有在虎丘山赏月的习俗。详见卷五《虎丘中秋夜》。

[3] 蕺山: 在绍兴卧龙山东北三里。山产蕺菜，越王勾践尝采食之，因名蕺山。山有王羲之宅，后舍为戒珠寺，故又名戒珠山。

[4] 戒珠寺: 在蕺山之南，本王羲之故宅，或曰其别业。寺初名安昌，唐大中六年改戒珠。

[5] 鹅鼻: 一名刻石山，在绍兴西南五十里，自诸暨入会稽，此山为最高，以秦始皇刻石其山得名。天柱: 又名宛委山、石篑山、玉笥山，在绍兴东南十五里。

[6] 米家山: 宋米芾、米友仁父子画山水不求工细，多用水墨点染，世称"米家山"。

【译文】

崇祯七年(1634)闰中秋，我效仿虎丘的中秋夜旧俗，和众位好友在蕺山亭聚会。我们每人带着一斗酒、五簋食物、十种蔬菜瓜果、一床红毡席，一家接一家地席地而坐。沿着山坡铺了七十多床毡席，没有哪一席不带个把没啥姿色的娈童和歌伎的。在场的有七百多人，其中能唱歌的有一百多人，大家一起唱"澄湖万顷"，歌声如潮水涌起，山岭也发生雷鸣般的回声。各位酒徒敞开来一通豪饮，酒喝下去就像泉水流下去一样。夜深了，客人肚子饿了，便借来戒珠寺斋僧的大锅煮饭给客人吃，长工用大桶担饭给大家送，还供应不过来。我让小仆岕竹、楚烟在蕺山亭演了十多出戏，演得精妙绝伦、入情入理，围着看的有上千人，却安静得连蚊虫的声音都听不到，直到四更时分才散去。月光像流水一样倾泻在地上，人在月光里，明净清爽得就像刚刚出浴一样。到了半夜，白云从脚下冉冉升起，前面的山峰都消失了，香炉峰、鹅鼻峰、天柱峰等山峰仅仅露出像发髻一样的山尖而已，一幅米芾父子画的雪景图仿佛就在眼前。

愚 公 谷

　　无锡去县北五里为铭山[1]。进桥，店在左岸。店精雅，卖泉、酒水坛、花缸、宜兴罐、风炉、盆盎、泥人等货。愚公谷在惠山右[2]，屋半倾圮，惟存木石。惠水涓涓[3]，由井之涧，由涧之溪，由溪之池，之厨，之湢[4]，以涤，以濯，以灌园，以沐浴，以净溺器，无不惠山泉者，故居园者福德与罪孽正等。

　　愚公先生交游遍天下[5]，名公巨卿多就之，歌儿舞女，绮席华筵，诗文字画，无不虚往实归。名士清客至则留，留则款，款则钱，钱则照。以故愚公之用钱如水，天下人至今称之不少衰。

　　愚公文人，其园亭实有思致文理者为之，螺石为垣，编柴为户，堂不层不庑，树不配不行。堂之南，高槐古朴，树皆合抱，茂叶繁柯，阴森满院。藕花一塘，隔岸数石，治而卧。土墙生苔，如山脚到涧边，不记在人间。园东逼墙一台，外瞰寺，老柳卧墙角而不让台，台遂不尽瞰。与他园花树故故为容，亭台意特特为园者不同。

【注释】

[1] 铭山：即锡山，与无锡西郊惠山连麓，而别为一峰。周、秦间曾产铅锡，相传有樵者于山下得古铭，曰："有锡争，无锡宁。"汉代因以无锡名县。故锡山又称铭山。

[2] 愚公谷：在无锡西郊惠山东麓，为寄畅园一部分。万历间，邹迪光依寄畅园旁冯氏废园新造别业，名愚公谷，俗称邹园。　惠山：在无锡西郊，山有九峰，蜿蜒如龙，又称九龙山。

[3] 惠水：即惠水泉，一称陆子泉。源出惠山东麓，唐代陆羽品为天下第二泉。

[4] 湢：浴室。

[5] 愚公先生：邹迪光，字彦吉，号愚谷，江苏无锡人，万历进士，官至湖广提学副使，被劾罢官，筑室惠山，极园亭歌舞之乐，优游林下几三十年。有《调象庵稿》《愚公谷乘》。

【译文】

　　无锡县城向北五里路的地方是铭山。跨过桥，店铺在左岸边。店铺精致雅洁，卖泉水坛、酒水坛、花缸、宜兴罐、风炉、盆盘、泥人等货物。愚公谷在惠山右边，房屋已经坍塌了一半，只剩下一些木料和石块。惠山泉水涓涓流出，从泉井流到山涧，从山涧流到小溪，从小溪流到池塘，流到厨房、流到浴室，用来洗东西、用来洗手脚、用来浇园子、用来洗头洗澡、用来清洁夜壶，没有不用惠山泉水的，所以住在园子里的人享受的福德和积下的罪孽是相等的。

　　愚公先生交游遍天下，权贵名流们大都过来拜访，这里有歌儿舞女、绮席华筵、诗文字画，所以他们没有不空着手来、心满意足地回去的。如果是名士清客到了这里，愚公就会挽留，挽留下来了就盛情款待，款待好了还会好好饯行，饯行时还会赠送盘缠。因此愚公花钱就像流水一样，天下人至今对他称颂之盛不减当年。

　　愚公是文人，他的园亭实在是富才情、通文理的人设计的，垒石为墙，编柴为门，厅堂中不起重楼也不设走廊，树木没有刻意搭配也没有刻意排成行。堂南边，高大的槐树古朴苍劲，每一棵都有双臂合抱那么粗，繁枝茂叶遮蔽了整个院落。又种着一池塘荷花，对岸几块石头，散乱地躺在那里。土墙上生出了青苔，让人仿佛是从山脚走到了山涧边，不记得自己是在人间了。园子东边靠墙有个台子，向外能俯瞰到一座寺院，一棵老柳树躺卧在墙角不给台子腾地方，于是站在台上就俯瞰不到全景。这里与其他园子中花草树木刻意布置，亭台楼阁刻意与园景相配的做法不同。

定 海 水 操

定海演武场，在招宝山海岸[1]。水操用大战船、唬船、蒙冲、斗舰数千余艘[2]，杂以鱼艓轻艦[3]，往来如织。舳舻相隔，呼吸难通，以表语目，以鼓语耳，截击要遮，尺寸不爽。

健儿瞭望，猿蹲桅斗，哨见敌船，从斗上掷身腾空休水[4]，破浪冲涛，顷刻到岸，走报中军；又趵跃入水，轻如鱼凫。

水操尤奇在夜战，旌旗干橹皆挂一小镫，青布幕之，画角一声，万蜡齐举，火光映射，影又倍之。招宝山凭槛俯视，如烹斗煮星，釜汤正沸。火炮轰裂，如风雨晦冥中电光翕焱[5]，使人不敢正视；又如雷斧断崖石，下坠不测之渊，观者褫魄。

【注释】

　[1] 招宝山：在浙江镇海县东北，又名候涛山，上有威远城，山麓有靖海城，俱嘉靖九年置。

　[2] 唬船：即喇叭唬船，浙江沿海常用的一种底尖面阔、轻快的战

船。　蒙冲：古代战船，以生牛皮蒙船覆背，两厢开棹孔，左右有弩窗矛穴，便于攻击和自卫。　斗舰：船上设矮墙，前后左右设旗帜、金鼓，船体较大，直接用于作战。

[3] 艓（dié）：又称"艓子"，小船。　艛（lǐ）：江中大船。

[4] 洣：同"溺"，沉没于水。

[5] 翕焱：火花闪烁。

【译文】

　　定海的演武场，在招宝山那里的海岸。水兵操练时，派出数千艘大战船、唬船、蒙冲、斗舰，夹杂着一些渔船轻舟，在海面上像织布一样来来回回地穿行。船舰相隔甚远，很难及时传递消息，就用眼睛看旗语、耳朵听鼓点的方式来传递，拦截、进攻、诱敌、掩护这一套动作，做得分毫不差。

　　健儿们瞭望时，像猿猴一样蹲在桅楼上，一旦发现敌船，就从桅楼上腾空而起纵身跳入水中，劈波斩浪，顷刻间就游到岸边，跑去报告给中军大帐；然后又一跃而起跳入水中，像游鱼和水鸟一样轻盈。

　　水兵操练中更加奇特的是夜战，此时旌旗和桅杆船橹上都挂着一盏小灯，用青布罩着。只听得彩绘号角一声响，上万支蜡烛同时举起来，火光映射下，光影又成倍地增大了。从招宝山上靠着栏杆向下看，就像在一口大锅里烹煮漫天星斗一样，锅里的热水沸得正欢。火炮轰隆隆炸开，像是风雨交加的暗夜中划破长空的闪闪电光，让人不敢直视；又像是雷公的巨斧劈断了悬崖上的大石，坠入无底深渊，把看的人魂都吓跑了。

阿育王寺舍利

　　阿育王寺[1]，梵宇深静，阶前老松八九棵，森罗有古色。殿隔山门远，烟光树樾，摄入山门，望空视明，冰凉晶沁。右旋至方丈门外，有娑罗二株，高插霄汉。

便殿供旃檀佛[2]，中储一铜塔，铜色甚古，万历间慈圣皇太后所赐[3]，藏舍利子塔也。舍利子常放光，琉璃五彩，百道迸裂，出塔缝中，岁三四见。凡人瞻礼舍利，随人因缘现诸色相。如墨墨无所见者，是人必死。昔湛和尚至寺[4]，亦不见舍利，而是年死。屡有验。次早，日光初曙，僧导余礼佛。开铜塔，一紫檀佛龛供一小塔，如笔筒，六角，非木非楮，非皮非漆，上下皴定[5]，四围镂刻花楞梵字。舍利子悬塔顶，下垂摇摇不定，人透眼光入楞内，复眠眼上视舍利，辨其形状。余初见三珠连络如牟尼串[6]，煜煜有光。余复下顶礼，求见形相，再视之，见一白衣观音小像，眉目分明，髯鬘皆见[7]。秦一生反覆视之，迄无所见，一生惶遽，面发赤，出涕而去。一生果以是年八月死，奇验若此。

【注释】

[1] 阿育王寺：在宁波鄞县宝幢镇。晋太康中得塔基一座，内悬宝磬，中缀舍利，传是释迦牟尼涅槃后的遗骨，塔是阿育王所造八万四千塔之一。南朝宋元嘉二年始建寺院，梁普通三年赐额阿育王寺。

[2] 旃檀佛：檀香木雕制的佛像。

[3] 慈圣皇太后：明神宗生母。性好佛，京师内外，多置梵刹，动费巨万。

[4] 湛和尚：即湛然，唐代高僧。

[5] 皴：皮，物体外表的保护层，此处谓覆盖。

[6] 牟尼：又作摩尼，宝珠名。佛家传说以此珠投浊水，水即清。

[7] 髯鬘（jiǎn mán）：头发下垂，此指菩萨的发髻。

【译文】

阿育王寺，庙宇幽深清净，门口台阶前有八九棵老松树，繁茂古朴。大殿远远地在山门更深处，山岚与树荫透过山门映入眼帘，空远明净，清清凉凉的沁人心脾。右转到方丈门外，有两株娑罗树，高耸入云。便殿供奉着檀香木雕刻的佛像，中间安放着一座铜塔，铜色很古朴，是万历年间慈圣皇太后所赐的、用来存放舍利子的塔。舍利子常常放出光芒，像琉璃一样五彩斑斓，上百道光从塔缝中迸射出来，每年可以见到三四次。但凡有人来瞻仰礼拜舍利，舍利就会根据每个人因缘的不同而现出不同色相。如果墨墨黑什么都看不到，这个人就必死无疑。当年湛然和尚到寺里来，也看不到舍利，于是当年就死了。这种事情应验过很多次。第二天早上，太阳刚刚升起，僧人就带我去礼佛。打开铜塔，只见一座紫檀佛龛里供着一座小塔，像个笔筒，有六个角，不是木做的也不是纸做的，不是皮制也没有上漆，上下裹得严严实实，四周雕花棱上镂刻着梵语文字。舍利子悬在塔顶，垂下来摇来摇去，人眼可以透过雕花棱看进去，再抬眼朝上观察舍利，分辨它的形状。我最初见到三颗珠子像牟尼串一样串在一起，熠熠发光。我又跪下顶礼膜拜，祈求能够见到舍利子的真身，再看时，看见一尊白衣观音小像，眉眼看得分明、连鬓发都看得见。秦一生反反复复地看，最终什么也没看见，于是他非常惶恐，脸涨得通红，流着眼泪离开了。秦一生果然在这一年八月死了，这颗舍利子就是如此出奇地灵验。

过 剑 门

南曲中妓[1]，以串戏为韵事，性命以之。杨元、杨能、顾眉生、李十、董白以戏名[2]，属姚简叔期余观剧[3]。侯侗下午唱《西楼》[4]，夜则自串。侯侗为兴化大班，余旧伶马小卿、陆子云在焉，加意唱七出，戏至更定，曲中大咤异。杨元走鬼房问小卿曰[5]："今日戏，气色大异，何也？"小卿曰："坐上坐者余主人。

主人精赏鉴，延师课戏，童手指千[6]，侲僮到其家谓'过剑门'[7]，焉敢草草！"杨元始来物色余。《西楼》不及完，串《教子》[8]。顾眉生：周羽；杨元：周娘子；杨能：周瑞隆。杨元胆怯肤栗，不能出声，眼眼相觑，渠欲讨好不能，余欲献媚不得，持久之，伺便喝采一二，杨元始放胆，戏亦遂发。嗣后曲中戏，必以余为导师，余不至，虽夜分不开台也。以余而长声价，以余长声价之人，而后长余声价者，多有之。

【注释】

[1] 南曲：指南京秦淮河妓院。

[2] 顾眉生：见卷四《牛首山打猎》注。李十、董白见同篇注。

[3] 姚简叔：见卷五《姚简叔画》注。

[4]《西楼》：即传奇《西楼记》，袁于令撰，叙御史之子于鹃与妓女穆素徽爱情故事。

[5] 鬼房：指后台。旧称戏台上下场门为鬼门道，后台屋子为鬼房。

[6] 童手指千：《汉书·货殖传》："童手指千，筋角丹沙千斤。"颜师古注："手指，谓有巧伎者。指千则人百。"

[7] 过剑门：比喻考评严格，难以通过。剑门，在四川剑阁县北，大小剑阁山之间有栈道，名曰剑阁，又名剑门关。

[8]《教子》：即《教子记》，又名《寻亲记》，无名氏作，故事叙书生周羽为土豪陷害，流放乞食，其妻郭氏教子瑞隆读书成进士，得知其父踪迹，乃弃官寻访，周氏一家终于夫妇父子团圆。

【译文】

南京一带的青楼女子视演戏为风雅之事，不惜拿生命去演。杨元、杨能、顾眉生、李十、董白都因戏唱得好而出名，他们托姚简叔约我去看她们演戏。下午小戏子们唱《西楼》，晚上则由杨元他们亲自来演。小戏子们是兴化大班的人，我家以前的伶人马小卿、陆子云也在里面，他们特意精唱了七出戏，直唱到更定时分，青楼人众都感到十分惊讶。杨元跑到后台问马小卿道："今天的戏，气韵神色大不一样，是什么缘故？"小卿说："坐在上座的是我们的旧主人，他精于戏曲鉴赏，专门请师傅来教戏，指点过的伶人有上百个，伶人们把到他家演戏叫做'过剑门'，我们哪里敢草草了事呢。"杨元这才认出我来。等不及《西楼》演完，她们就演起《教子》来。顾眉生扮演周羽，杨元扮演周娘子，杨能扮演周瑞隆。杨元吓得直发抖，唱不出声，我俩大眼瞪小眼，她想讨好我却办不到，我想恭维她也办不到，这样相持良久，我瞅准机会给她喝了一两声采，她才放开胆子，戏也就演出来了。此后青楼中演戏，一定会请我当导师，我不到场，哪怕是等到半夜他们也不会开演。因为得我指点而声价大涨的情况，以及因为得我指导而声价大涨的人此后又反过来使我声价大涨的情况，有很多。

冰 山 记

　　魏珰败，好事者作传奇十数本，多失实，余为删改之，仍名《冰山》[1]。城隍庙扬台[2]，观者数万人，台址鳞比，挤至大门外。一人上，白曰："某杨涟[3]。"口口诼谇曰："杨涟！杨涟！"声达处，如潮涌，人人皆如之。杖范元白[4]，逼死裕妃[5]，怒气忿涌，噤断嗟喈。至颜佩韦击杀缇骑[6]，噪呼跳蹴，汹汹崩屋。沈青霞缚囊人射相嵩[7]以为笑乐，不过是也。

　　是秋，携之至兖，为大人寿[8]。一日，宴守道刘半舫[9]，半舫曰："此剧已十得八九，惜不及内操、菊宴，及逼灵犀与囊收数事耳[10]。"余闻之，是夜席散，余填词，督小傒强记之。次日，至道署搬演，已增入七出，如半舫言。半舫大骇异，知余所构，遂诣大人，与

余定交。

【注释】

[1]《冰山》：即《冰山记》，传奇名。明陈开泰撰。叙魏忠贤奸党残害忠良及最后垮台事。

[2]扬台：搭台演戏。

[3]杨涟：字元孺，号大洪，万历进士，官至左副都御史，因弹劾魏忠贤二十四大罪，被迫害致死。

[4]范元白："范"当作"万"。万燝，字闇夫，一字元白，万历进士，官至屯田郎中，因上疏劾魏忠贤获罪，被杖杀。

[5]裕妃：熹宗妃。《明史·后妃传》："性直烈，客、魏恚其异己，幽于别宫，绝其饮食。天雨，妃匍匐饮檐溜而死。"客，客氏，熹宗乳母。

[6]颜佩韦：苏州市民，与马杰、沈扬、杨念如、周文元等，因抗议魏党逮捕吏部主事周顺昌，同时被逮遭杀害。事详《明史·周顺昌传》、张溥《五人墓碑记》。　缇骑：指魏忠贤掌管的东厂缉捕校卒。

[7]沈青霞：沈錬，字纯甫，号青霞，会稽人。嘉靖进士，官锦衣卫经历，以劾严嵩，廷杖戍边。既谪保安塞上，日与塞上人相与詈严嵩父子，且缚草为人，象李林甫、秦桧及嵩，醉则聚子弟攒射之。见《明史·沈錬传》。

[8]大人：指张岱之父张燿芳，时为山东鲁王长史。

[9]守道：明布政使以参政、参议分守各道，主管粮储、屯田、清军、驿传、水利、抚民等事。　刘半舫：刘荣嗣，字敬仲，号半舫，曲周(今属河北)人。万历进士，历官工部尚书。

[10]内操：魏忠贤于宫内操练士兵，多至万人，衷甲出入，恣为威虐。　菊宴：事未详。　逼灵犀：指妓女萧灵犀卖与魏忠贤腹心兵部尚书崔呈秀作妾事，见《梼杌闲评》。　囊收：魏忠贤败时，将定从逆案，思宗以为内侍同恶者亦当入，乃召大学士韩爌等入便殿，案有布囊，盛章疏甚夥，指之曰："此皆奸党颂疏，可案名悉入。"于是案名罗列无脱遗者。见《明史·阉党列传》。

【译文】

　　魏忠贤的阉党势力败亡后，有好事者写了十多本有关他的戏剧，大都缺乏事实依据。我把它们进行删改后，仍旧按照原来的叫法取名为《冰山记》。在城隍庙搭台开演，观众多达数万人，在戏台下像鱼鳞一样密密麻麻地挤着，一直挤到大门外。一个演员上场了，念白道："我是杨涟。"台下众人小声地互相传言："杨涟！杨涟！"声音像潮涌一般一浪浪传到外面，每个人上台都是这样。演到杖杀范元白、逼死裕妃时，人们怒火中烧，咬牙切齿地大叫起来。演到颜佩韦击杀锦衣卫校尉时，观众欢呼跳跃，叫喊声把房子都快震塌了。当年沈青霞把稻草人扎成奸相严嵩的样貌，用箭射他来取乐，也不过如此。

这年秋天，我带着这出戏到兖州，给父亲贺寿。一天，父亲宴请守道刘半舫，刘半舫看戏后说："这出戏将阉党的恶行已经说得八九不离十了，只可惜未提及在宫内练兵、大办菊花宴，以及逼迫妓女萧灵犀和囊收其党羽这几件事。"我听了这话，等当夜散席后，填了词，敦促小戏童们强行记下来。第二天，在道署演戏时，已经增加了七出戏，内容就像刘半舫说的那样。刘半舫大吃一惊，知道是我写的，就到我父亲那里去，和我结交为朋友。

卷　八

龙 山 放 灯

万历辛丑年[1]，父叔辈张灯龙山，剡木为架者百，涂以丹腹[2]，帨以文锦，架一，灯三之。灯不专在架，亦不专在磴道，沿山袭谷，枝头树杪无不灯者，自城隍庙门至蓬莱岗上下，亦无不灯者。山下望如星河倒注，浴浴熊熊；又如隋炀帝夜游，倾数斛萤火于山谷间[3]，团结方开，倚草附木，迷迷不去者。

好事者卖酒，缘山席地坐。山无不灯，灯无不席，席无不人，人无不歌唱鼓吹。男女看灯者，一入庙门，头不得顾，踵不得旋，只可随势潮上潮下，不知去落何所，有听之而已。庙门悬禁条：禁车马，禁烟火，禁喧哗，禁豪家奴不得行辟人。父叔辈台于大松树下，亦席，亦声歌，每夜鼓吹笙簧与宴歌弦管，沈沈昧旦。

十六夜，张分守宴织造太监于山巅星宿阁[4]，傍晚至山下，见禁条，太监忙出舆笑曰："遵他，遵他，自咱们遵他起！"却随役，用二刖角扶掖上山[5]。夜半，星宿阁火，罢宴，亦遂罢灯。

凡四夜，山上下糟丘肉林[6]，日扫果核蔗滓及鱼肉骨蠡蜕[7]，堆砌成高阜，拾妇女鞋挂树上如秋叶。相传十五夜，灯残人静，当垆者政收盘核^[8]，有美妇六七人买酒，酒尽，有未开瓮者。买大罍一，可四斗许，出袖中蔌果，顷刻罄罍而去，疑是女人星，或曰酒星。又一事：有无赖子于城隍庙左借空楼数楹，以姣童实之，为"帝子胡同"。是夜，有美少年来狎某童，剪烛殢酒，媒亵非理，解襦，乃女子也，未曙即去，不知其地其人，或是妖狐所化。

【注释】

[1] 万历辛丑：公元 1601 年。

[2] 丹膜：红色涂料。

[3] "又如"二句：《资治通鉴·隋纪七》："帝于景华宫征求萤火，得数斛，夜出游山，放之，光遍岩谷。"

[4] 织造太监：明代在南京、苏州、杭州各设提督织造太监一人，专掌织造各项丝织品，以供皇宫消费。 星宿阁：在卧龙山城隍庙西。

[5] 丱（guàn）角：头发束成两角形式，为儿童发式。此指童仆。

[6] 糟丘肉林：相传殷纣王"以酒为池，县肉为林，使男女倮相逐其间，为长夜之饮"。事见《史记·殷本纪》。

[7] 蠡蜕：螺壳。

[8] 当垆：卖酒。垆，放酒瓮的土墩子。

【译文】

万历辛丑年(1601)，我的父亲和叔叔他们在龙山放灯，削木头做成了上百个灯架，都涂上红色颜料，缠裹上彩色的锦缎，一个架子挂三盏灯。灯不止安放在木架上，也不止安放在石径上，顺着山势，沿着山谷，枝头树梢一溜挂过去，无处不在，从城隍庙大门一直到蓬莱岗，沿途上上下下，也处处挂着灯。从山下望上去，就像天上的星河向人间倒灌下来了，光焰澎湃汹涌；又如同隋炀帝夜游时，把几大斛萤火虫倾倒在山谷间，成团的萤火虫乍一散开，缀满了花草树木，恋恋不去的样子。

有喜欢张罗的人在卖酒，依山势铺上席子让大家坐下来喝。山上没有哪处不张灯，灯下没有哪处不铺席，席上没有哪处没坐着人，人们没有哪个不在欢歌奏乐的。看灯的男男女女们自打一进庙门，便被挤得转不了头、挪不动脚，只能跟着人潮走走停停，不知要去到哪里，只有听之任之的份儿。庙门上悬挂着一条禁令：禁止车马出入，禁止燃放烟火，禁止大声喧哗，禁止豪门贵族的家奴赶人开道。我的父亲叔叔们在大松树下搭好台子，也铺席子，也放声高歌。夜夜吹拉弹唱、奏乐欢歌直至通宵达旦。

正月十六那天晚上，张分守在山顶的星宿阁宴请织造太监，傍晚时分织造太监来到山下，看到庙门悬挂的禁令，他连忙走出轿子笑着说："照上面说的办，照上面说的办，从咱们开始带头照办。"于是他让随从退下，只用两个小厮搀扶着上山。等到半夜时分，星宿阁失火了，宴会告停，灯会也散了。

这次灯会延续了四个晚上，山上山下如同酒池肉林一般，每天打扫出来的果核、甘蔗渣以及鱼骨、肉骨、螺贝壳堆积成山，捡到的女鞋都在树上挂着，像秋叶一般。相传正月十五夜里，灯阑人静，卖酒的人正在收拾盘碟果核，有六七位美妇人前来买酒。当时开封的酒都卖完了，只剩尚未开封的。她们就买了一大坛，估计足足有四斗多。然后她们从袖子里取出瓜果来就酒，转眼就把酒喝了个底朝天离开了。人们都怀疑她们是女人星，也有人说是酒星。还有一件奇事：有个泼皮无赖在城隍庙左旁租了几栋空房子，把漂亮的娈童养在里面，称那里是"帘子胡同"。一天夜里，有位美少年到此与一名娈童寻欢，他们一起剪灯花、喝酒狂饮，百般轻薄。待到宽衣解带，才发现美少年是个女子。天没亮该女子就离开了，不知道她是谁，来自哪里，说不定是狐狸精变的。

王 月 生

南京朱市妓[1]，曲中羞与为伍[2]；王月生出朱市，

曲中上下三十年，决无其比也。面色如建兰初开，楚楚
文弱，纤趾一牙，如出水红菱。矜贵寡言笑，女兄弟、
闲客多方狡侩嘲弄哈侮，不能勾其一粲。善楷书，画
兰、竹、水仙，亦解吴歌，不易出口。南京勋戚大老力
致之，亦不能竟一席。富商权胥得其主席半晌，先一日
送书帕^[3]，非十金则五金，不敢亵订。与合卺^[4]，非下
聘一二月前，则终岁不得也。

　　好茶，善闵老子，虽大风雨、大宴会，必至老子家
啜茶数壶始去。所交有当意者，亦期与老子家会。一
日，老子邻居有大贾，集曲中妓十数人，群诨嘻笑，环
坐纵饮。月生立露台上，倚徙栏楯，眠娗羞涩^[5]，群婢
见之皆气夺，徙他室避之。

　　月生寒淡如孤梅冷月，含冰傲霜，不喜与俗子交接；
或时对面同坐起，若无睹者。有公子狎之，同寝食者半
月，不得其一言。一日口嗫嚅动，闲客惊喜，走报公子
曰："月生开言矣！"哄然以为祥瑞，急走伺之，面赪，
寻又止。公子力请再三，蹇涩出二字曰："家去。"

【注释】
　　[1] 朱市：秦淮低档妓院。
　　[2] 曲中：指地位较高的妓坊。
　　[3] 书帕：聘约和订金。
　　[4] 合卺：男女成婚，饮交杯酒。
　　[5] 眠娗：同"腼腆"，害羞，难为情。

【译文】
　　南京朱市的妓女，各妓坊中人都不屑与之为伍；王月生出身

于朱市，但前后三十年间妓坊所有的女子中，绝无一人能比得上她的。她的面色像刚绽放的建兰花，楚楚动人，文文弱弱，一小牙儿纤纤玉足宛若出水红菱。她为人矜持高雅，不苟言笑，哪怕院里的姊妹们和闲客们想方设法地开她玩笑、嘲笑捉弄她、讥刺戏侮她，也逗不出她的一抹笑意。她擅长楷书，擅画兰、竹、水仙，吴歌也唱得好，却不轻易开口。南京的勋臣国戚、达官贵人们煞费苦心邀请到她，她也坐不到一席终了。巨商权贵们要想请她主席赴宴半日，就必须提前一天送帖下定，定金不是十两银子就是五两银子，所以不敢轻率定约。想要与她一夜欢好，若不是提前一两个月下聘，那么一整年都等不到机会。

王月生爱喝茶，与闵老子交好，即便是遇到风雨大作、宴会大开的日子，她也一定要先到老子家吃上几壶茶才离开。交往的人里有中意的，也会约到老子家里相会。一天，老子的一个富商邻居，召集了十几个青楼女子，聚在一起嬉笑打闹，围坐着纵情饮酒。王月生站在闵老子家的露台上，或靠着栏杆，或来回踱步，腼腆含羞的样子，那些女子见到她都自惭形秽，转到别的房间躲开她。

王月生性情寒淡，像孤梅冷月一般含冰傲霜。她不喜欢与俗人接触，即便有时与这些人面对面同起同坐，她也对之视而不见。曾经有一位公子包养她，和她同吃同住了半个月，没听她说过一句话。一天，她嘴巴似张非张动了动，一帮闲人又惊又喜，跑去向公子报告："月生开口说话了。"众人都嚷嚷着说这是吉兆，快步跑过来等她说。王月生脸红了，随即又不开口了。公子再三恳求，她才艰涩地挤出了两个字："家去。"

张东谷好酒

余家自太仆公称豪饮[1]，后竟失传，余父余叔不能饮一蠡壳[2]，食糟茄[3]，面即发頳，家常宴会，但留心烹饪，庖厨之精，遂甲江左。一簋进，兄弟争啖之立尽，饱即自去，终席未尝举杯。有客在，不待客辞，亦即自去。

山人张东谷，酒徒也，每悒悒不自得。一日起谓家君曰："尔兄弟奇矣！肉只是吃，不管好吃不好吃；酒只是不吃，不知会吃不会吃。"二语颇韵，有晋人风味。而近有伧父载之《舌华录》[4]，曰："张氏兄弟赋性奇哉！肉不论美恶，只是吃；酒不论美恶，只是不吃。"字字板实，一去千里，世上真不少点金成铁手也。

东谷善滑稽，贫无立锥，与恶少讼，指东谷为万金豪富，东谷忙忙走诉大父曰："绍兴人可恶，对半说谎[5]，便说我是万金豪富！"大父常举以为笑。

【注释】

[1] 太仆公：见卷一《筠芝亭》注。

[2] 蠡壳：螺壳，贝壳，喻一小杯酒。

[3] 糟茄：《遵生八笺》"糟茄子法"条："中样晚茄，水浸一宿，每斤用盐四两，糟一斤。"

[4]《舌华录》：九卷，明曹臣撰。《舌华录·冷语第六》："会稽张状元诸孙四五辈，皆不饮酒，善肴物，每至席所，箸下如林，必一尽乃止。沈曼长曰：'张氏兄弟赋性奇哉！遇肴不论美恶只是吃，遇酒不论美恶只是不吃。'"

[5] 对半：当面，绍兴方言。

【译文】

我家从高祖父太仆公时起以好酒能饮著称，但这种嗜好后来竟没能传下来，到了我父亲叔叔这一辈，连一小杯酒都喝不了，即便是吃酒糟茄子，脸上也会立即发红。因此家中的宴会，大家只关心烹饪水平，于是张家厨艺之精湛，位列江左第一名。一盘饭菜上桌，众兄弟们抢着吃，一扫而光，吃饱了就自行离席，整顿饭吃下来不曾端起过酒杯。若有外客在，他们也等不到客人告辞就自行离席。

山人张东谷是好酒之徒，在我家找不到酒伴，总是一副郁郁寡欢的样子。一天在席上他起身对我父亲说："你们兄弟真奇怪啊！肉只是吃，不管好吃不好吃；酒只是不吃，不知会吃不会吃。"这两句话很有味儿，有晋人风韵。然而近来有粗俗之人把这句话收进了《舌华录》里，说："张氏兄弟秉性真奇怪呀！肉不论美恶，只是吃；酒不论美恶，只是不吃。"字字解释得死板，意蕴却相去千里，这世界上还真有不少点金成铁的铁手指呀。

张东谷生性幽默，他穷得没有立锥之地，有一次和一个恶少打官司，恶少指控他是家藏万金的大富人，他急急忙忙跑来向我祖父诉苦道："绍兴人太可恨了，睁眼说瞎话，竟然说我是家藏万金的大富人！"祖父常常拿这件事出来说笑。

楼　船

家大人造楼，船之；造船，楼之。故里中人谓船楼，谓楼船，颠倒之不置。是日落成，为七月十五，自大父以下，男女老稚，靡不集焉。以木排数重搭台演戏，城中村落来观者，大小千余艘。午后飓风起，巨浪磅礴，大雨如注，楼船孤危，风逼之几覆，以木排为戕[1]，索缆数千条，网网如织，风不能撼。少顷风定，完剧而散。越中舟如蠡壳[2]，局蹐篷底看山，如矮人观场，仅见鞋靸而已。升高视明，颇为山水吐气。

【注释】
　[1]戕：系缆绳的木桩。
　[2]蠡壳：螺蛳壳，形容空间极小。

【译文】

一次家父要造楼，却先造成了船形；正按照船的样子造着，又高起作楼。于是我们乡里人有叫它船楼的，有叫它楼船的，楼、船两个字颠来倒去地也不太讲究。落成典礼的这天是七月十五，全家自祖父以下所有男女老少都聚到那里。只见把木排垒了几层搭成戏台来演戏，城里和村里跑来看戏的大小船只多达一千多艘。午后平地掀起飓风，巨浪滔天，大雨倾盆而下，楼船孤零零地高耸着很危险，狂风肆虐下几乎就要被掀翻了。于是大家就拿木排作桩，系上数千条缆绳拴住楼船，像织网一样结结实实地网住，再大的风也吹不动它。过了一会儿，风停了，继续把戏演完后大家才散去。绍兴一带的船小得像螺蛳壳一样，蜷缩在船篷底下看山，就如同矮子看戏，满眼所见只是人们的鞋子而已。有了楼船，登上去极目远眺，也算是替青山绿水长舒了一口气。

阮 圆 海 戏

阮圆海家优[1]，讲关目，讲情理，讲筋节，与他班孟浪不同。然其所打院本，又皆主人自制，笔笔勾勒，苦心尽出，与他班卤莽者又不同。故所搬演，本本出色，脚脚出色，出出出色，句句出色，字字出色。余在其家看《十错认》《摩尼珠》《燕子笺》三剧[2]，其串架斗笋、插科打诨、意色眼目，主人细细与之讲明。知其义味，知其指归，故咬嚼吞吐，寻味不尽。至于《十错认》之龙灯、之紫姑，《摩尼珠》之走解[3]、之猴戏，《燕子笺》之飞燕、之舞象、之波斯进宝，纸札装束，无不尽情刻画，故其出色也愈甚。阮圆海大有才华，恨居心勿静，其所编诸剧，骂世十七，解嘲十三，

多诋毁东林，辩宥魏党，为士君子所唾弃，故其传奇不之著焉。如就戏论，则亦镞镞能新，不落窠臼者也。

【注释】

　　[1]阮圆海：阮大铖，字集之，号圆海、石巢、百子山樵，怀宁（今安徽安庆）人。万历进士，天启时依附魏忠贤，崇祯中废斥，避居南京，福王时任兵部尚书，后降清，死于仙霞岭。人品卑劣，为士林不齿，但善诗文词曲。

　　[2]《十错认》：一名《春灯谜》，叙宇文兄弟与韦氏姐妹经过种种倒错而终于互相结为夫妇的故事。　《摩尼珠》：一名《牟尼合》，叙萧思远遇难而夫妻父子终于团圆故事。　《燕子笺》：叙书生霍都梁和名妓华行云、贵家小姐郦飞云之间爱情婚姻故事。按，《十错认》等均为阮大铖所作传奇。

　　[3]走解：见卷四《兖州阅武》注。

【译文】

　　阮圆海家的戏班，重视情节构思、重视情理合宜、重视起承转合，与其他戏班的粗制滥造不同。而他们所用的剧本，又都由主人阮圆海亲自创作，每一处都一丝不苟地揣摩雕琢，苦心孤诣，尽心尽力，与其他戏班的敷衍了事又不同。所以他家戏班所演的戏，每一个本子、每一个角色、每一出戏、每一句话、每一个字都很出色。我在他们家看了《十错认》《摩尼珠》《燕子笺》三种剧，各剧剧情的衔接过渡，动作语言的诙谐滑稽，演员表演的眉目传情、表情达意，主人都仔仔细细地给演员讲解得明明白白。如此这般，演员体悟到了戏的意思韵味，也明白了戏的主旨，从而他们的咬文嚼字、吐息纳气就能够做到恰到好处，让人回味无穷。至于《十错认》中的龙灯、紫姑，《摩尼珠》中的马术表演、猴戏表演，《燕子笺》中的飞燕、舞象、波斯进宝以及各种纸扎道具和服饰，无不刻画得淋漓尽致，所以这些剧就越发精彩绝伦。阮圆海非常有才华，可惜他心性不纯，他所编写的各种戏剧，骂世人的占了十分之七，自我解嘲的占了十分之三，大都在诋毁东林党人，为魏忠贤阉党之流辩护，受到正人君子的唾弃，因而他创作的戏就不太出名。如果单单就

戏而言，那么他的戏也称得上是能够推陈出新、不落俗套的了。

巘花阁

巘花阁在筠芝亭松峡下[1]，层崖古木，高出林皋，秋有红叶。坡下支壑回涡[2]，石蹬棱棱[3]，与水相距。阁不槛不牖，地不楼不台，意政不尽也。

五雪叔归自广陵[4]，一肚皮园亭，于此小试，台之，亭之，廊之，栈道之，照面楼之，侧又堂之阁之，梅花缠折旋之，未免伤板，伤实，伤排挤，意反跼蹐，若石窟书砚。隔水看山，看阁，看石麓，看松峡上松，庐山面目反于山外得之[5]。

五雪叔属余作对，余曰："身在襄阳袖石里[6]，家来辋口扇图中[7]。"言其小处。

【注释】

[1] 巘花阁：园名，在绍兴卧龙山南麓。

[2] 支壑回涡：川谷歧出，水流回旋。

[3] 石蹬棱棱：假山下的岩山突出有棱角。

[4] 五雪：又作五泄，张岱从叔父，季祖张汝懋之子。

[5] "庐山"句：苏轼《题西林壁》诗"不识庐山真面目，只缘身在此山中"。

[6] 襄阳：北宋书法家米芾，世居山西太原，后迁湖北襄阳，自号襄阳漫士，人称米襄阳。性爱奇石，平日藏石于袖中，行住坐卧不离。

[7] 辋口：即辋川，在陕西蓝田西南二十里，本为唐宋之问别墅，后为王维所有。

【译文】

嶻花阁在筠芝亭所在的松峡下面，那里山崖层垒，古木参天，从山林中高耸而出，秋天可以欣赏到红叶。山坡下川谷歧出，水流回旋，山脚棱棱凸起在水面之上，与溪水对峙。这座阁不设门槛、不装窗户，地上也不起楼、不建台，正显出意蕴无穷。

五雪叔从广陵回来，有一肚子造园建亭的想法，选中了嶻花阁这个地方来小试牛刀。于是筑了台、建了亭、修了长廊、搭了栈道，在正对面起了高楼，侧面又建了厅堂、阁楼，并环绕各处种满了梅花。如此一来，未免显得过于呆板、过于实在、过于拥挤，反而给人狭隘局促的感觉，如同在砚台上雕刻石窟一样。隔着流水看山、看阁、看石麓、看松峡上的松树，嶻花阁的庐山真面目反而要从嶻花阁外才能品味得到。

五雪叔命我作一副对联，我写的是："身在襄阳袖石里，家来辋口扇图中。"暗指其格局太小。

范 与 兰

范与兰[1]，七十有三，好琴，喜种兰，及盆池小景。建兰三十余缸，大如簸箕。早舁而入，夜舁而出者，夏也；早舁而出，夜舁而入者，冬也。长年辛苦，不减农事。花时香出里外，客至坐一时，香袭衣裾，三五日不散。余至花期至其家，坐卧不去，香气酷烈，逆鼻不敢嗅，第开口吞欱之，如沆瀣焉。花谢，粪之满簸，余不忍弃，与与兰谋曰："有面可煎，有蜜可浸，有火可焙，奈何不食之也？"与兰首肯余言。

与兰少年学琴于王明泉[2]，能弹《汉宫秋》《山居吟》《水龙吟》三曲。后见王本吾琴[3]，大称善，尽弃所学而学焉。半年学《石上流泉》一曲，生涩犹棘手。王本吾去，旋亦忘之，旧所学又锐意去之，不复能记忆，究竟终无一字，终日抚琴，但和弦而已。

所畜小景，有豆板黄杨[4]，枝干苍古奇妙，盆石称之。朱樵峰以二十金售之，不敢易，与兰珍爱，"小妾"呼之。余强借斋头三月，枯其垂一干，余懊惜，急舁归与兰。与兰惊惶无措，煮参汁浇灌，日夜摩之不置，一月后枯干复活。

【注释】

[1] 范与兰：见卷二《绍兴琴派》注。

[2] 王明泉：绍兴人，音乐家。作者与范与兰等曾向他学琴。

[3] 王本吾：见卷二《绍兴琴派》注。

[4] 黄杨：常绿小灌木，树小而肌极坚细，枝丛而叶繁，四季常青，其叶小如豆板（瓣），故称豆板黄杨。

【译文】

范与兰七十三岁，爱弹琴，喜欢种兰花以及造各种小盆景。他种了三十多缸建兰，每一缸都有簸箕那么大。夏天时一大早抬进屋，晚上再抬出来；冬天时早上抬出屋晒太阳，晚上再抬进屋。长工的辛苦一点儿也不比种庄稼轻松。建兰花开时节，花香飘至一里开外，有客人过来坐一小会儿，香味儿就沾满了衣服，三五天都散不掉。我拣花开时到他家去，或躺或坐，赖着不走，只感觉浓浓香气霸道得很，直冲到鼻子里闻都不敢闻，只能张开嘴巴大口吞吸下去，就像喝到了玉露琼浆一般。花谢时，扫起来的花瓣盛满了簸箕，我不忍心看着它们被丢弃，就与范与兰商量道："花瓣裹上面粉可以煎着吃，掺上蜂蜜可以泡茶喝，放到火上可以焙成干花吃，为什么不吃掉它呢？"范与兰认可了我的建议。

范与兰年轻时曾经在王明泉门下学琴，能弹奏《汉宫秋》《山居吟》《水龙吟》三首曲子。后来见到王本吾弹琴，称赏不已，于是把以前所学都抛弃掉，跟着王本吾从头学起。花了半年时间学了《石上流泉》一首曲子，弹得还很生涩吃力。王本吾离开后，他很快也忘记了，而以前所学的他又义无反顾地都丢掉了，再也记不起来了，所以最终他一个谱子也没学会，看他整天在抚琴，也不过是在随意拨弄而已。

范与兰养的小盆景中有一株豆板黄杨，枝干苍劲古朴、奇趣横生，搭配的花盆与石子也相得益彰。朱樵峰曾想出二十两银子买下它，与兰不愿意卖，他十分珍爱这个盆景，叫它"小妾"。我强行把它借来在书房里供了三个月，一根下垂的枝条枯萎了，我又懊悔又惋惜，急忙抬回去还给与兰。与兰惊慌得不知所措，煮参汤来浇灌它，日夜不停地抚摩它，一个月后枯枝又活了过来。

蟹　会

食品不加盐醋而五味全者，为蚶，为河蟹。河蟹至十月与稻粱俱肥，壳如盘大，坟起。而紫螯巨如拳，小脚肉出，油油如蟆蛆[1]。掀其壳，膏腻堆积，如玉脂珀屑，团结不散，甘腴虽八珍不及。

一到十月，余与友人兄弟辈立蟹会，期于午后至，煮蟹食之。人六只，恐冷腥，迭番煮之。从以肥腊鸭、牛乳酪。醉蚶如琥珀，以鸭汁煮白菜如玉版[2]。果蓏以谢橘[3]，以风栗，以风菱。饮以玉壶冰，蔬以兵坑笋[4]，饭以新余杭白[5]，漱以兰雪茶[6]。由今思之，真如天厨仙供，酒醉饭饱，惭愧惭愧！

【注释】
　　[1] 蟆蛆（yǎn）：即蚰蜒，一种昆虫，形似蜈蚣。

[2] 玉版：指竹笋。

[3] 谢橘：见卷五《樊江陈氏橘》注。

[4] 兵坑：在绍兴，以产笋干著名。

[5] 余杭白：余杭，县名，今属浙江；此地所产精米，名余杭白。《绍兴府志·物产志》："余杭白，粒圆而白，俗传种自余杭来。"

[6] 兰雪茶：见卷三《兰雪茶》注。

【译文】

食品中不须额外添加盐和醋就能达到五味俱全的，有蚶，还有河蟹。河蟹在十月随着稻粱的成熟而肥美起来，蟹壳有盘子那么大，高高鼓起。紫螯有拳头那么大，蟹脚的肉都饱涨出来了，像蚰蜒一样油亮亮的。掀开蟹壳，只见堆积着肥腻的蟹膏，白玉般脂滑，琥珀般剔透，凝结成团不松散，那滋味的甘香肥美，即便是八珍都比不上。

一到十月份，我就和朋友、兄弟们举行蟹会，相约于午后聚在一起，一起煮蟹吃。每人吃六只，怕放冷了有腥气，随吃随煮。就着肥腊鸭、牛乳酪一起吃。还有醉蚶像琥珀一样晶莹，用鸭汤煮的白菜像竹笋一样鲜美。瓜果吃的是谢橘、风干的栗子和菱角。酒喝的是玉壶冰，菜蔬吃的是兵坑笋干，米饭吃的是余杭白新米，漱口水用的是兰雪茶。至今回想起来，真如同是天宫仙厨做给神仙吃的美味，被我们这些下界凡人吃了个酒足饭饱，惭愧呀！惭愧呀！

露 兄

崇祯癸酉[1]，有好事者开茶馆，泉实玉带[2]，茶实兰雪，汤以旋煮，无老汤；器以时涤，无秽器。其火候、汤候，亦时有天合之者。余喜之，名其馆曰"露兄"，取米颠"茶甘露有兄"句也[3]。为之作《斗茶橄》，曰："水淫茶癖，爱有古风；瑞草雪芽[4]，素称越绝。特以烹煮非法，向来葛灶生尘[5]；更兼赏鉴无人，致使羽《经》积蠹[6]。迩者择有胜地，复举汤盟，水符递自玉泉，茗战争来兰雪。瓜子炒豆，何须瑞草桥边；橘柚查梨，出自仲山圃内[7]。八功德水[8]，无过甘滑香洁清凉；七家常事，不管柴米油盐酱醋。一日何可少此，子猷竹庶可齐名[9]；七碗吃不得了，卢仝茶不算知味[10]。一壶挥麈[11]，用畅清谈；半榻焚香，共期白醉[12]。"

【注释】

[1] 崇祯癸酉：公元 1633 年。

[2] 玉带：指绍兴惠泉，见卷二《禊泉》注。

[3] 米颠：宋米芾举止颠狂，人称"米颠"。

[4] 瑞草雪芽：见卷三《兰雪茶》注。

[5] 葛灶：晋葛洪好炼丹，后人遂将神仙家炼丹之灶称葛灶。

[6] 羽《经》：指唐代陆羽所著《茶经》。

[7] 仲山圃：指哀仲家梨园。《世说新语·轻诋》注："秣陵有哀仲家梨，甚美，大如升，入口消释。"

[8] 八功德水：指一清、二冷、三香、四柔、五甘、六净、七不噎、八除病，各地佳泉，每取此义。见张岱《夜航船》卷二十八。

[9] "一日"二句：王徽之爱竹，空宅旁便令种竹，尝云："何可一日无此君？"见《世说新语·任诞》。

[10] "七碗"二句：唐诗人卢仝《走笔谢孟谏议寄新茶》有句云："七碗吃不得也，唯觉两腋习习清风生。"

[11] 挥麈：晋人清谈时，每执麈（一种似骆驼的鹿类动物）尾挥动，以为谈助，后人因称谈论为挥麈。

[12] 白醉：酒醉。此谓大杯饮酒，一醉方休。

【译文】

崇祯癸酉年(1633)，一位有心人开了一家茶馆，水用的是玉带泉水，茶用的是兰雪茶，茶汤现用现煮，不用老汤，茶具按时清洗，没有不干净的器皿。煮茶的火候与泡茶的时机也往往把握得恰到好处。我很喜欢这家馆子，给它取了一个名字，叫"露兄"，取自米芾的诗句"茶甘露有兄"。还给它写了一篇《斗茶檄》，内容是："嗜水嗜茶，这是古已有之的传统；瑞草、雪芽，向来被称为越中一绝。只因烹煮不得其法，长期以来连葛洪的仙炉都久置积灰了；再加上没人懂得品茶鉴茶，导致陆羽的《茶经》都生了蛀虫。近来我找到一处好地方，重新办起茶社，在各种好水中选中了玉带泉水、各种好茶中选中了兰雪茶叶。瓜子、炒豆这些干果，何必跑到瑞草桥边去买；橘子、柚子、山楂、梨子等水果，都出自仲山圃之类名园。八功德水，也不过是甘、滑、香、洁、清、凉而已；每日开门七件家常事中，有了茶，柴、米、油、盐、酱、醋都不用管了。哪一天能少得了茶呢？大概只有王子猷不可一日无竹的心意能差相仿佛；像卢仝那样喝到第七碗就飘飘然起来不敢再喝了，还不算会喝的。让我们泡壶好茶，挥动麈尾，来畅谈阔论；我已经空出半张榻，燃好一支香，等大家来一醉方休。"

闰 元 宵

崇祯庚辰闰正月[1]，与越中父老约重张五夜灯[2]，余作张灯致语曰："两逢元正，岁成闰于摄提之辰[3]；再值孟陬[4]，天假人以闲暇之月。《春秋传》详记二百四十二年事，春王正月[5]，孔子未得重书；开封府更放十七、十八两夜灯，乾德五年，宋祖犹烦钦赐[6]。兹闰正月者，三生奇遇，何幸今日而当场；百岁难逢，须效古人而秉烛。况吾大越，蓬莱福地[7]，宛委洞天[8]。大江以东，民皆安堵；遵海而北，水不扬波。含哺嬉兮[9]，共乐太平之世界；重译至者[10]，皆言中国有圣人。千百国来朝，白雉之陈无算[11]；十三年于兹，黄耇之说有征。乐圣衔杯[12]，宜纵饮屠苏之酒[13]；较书分火，应暂辍太乙之藜[14]。前此元宵，竟因雪妒，天亦知点缀丰年；后来灯夕，欲与月期，人不可蹉跎胜事。六鳌山立，只说飞来东武[15]，使鸡犬不惊；百兽室悬[16]，毋曰下守海澨，唯鱼鳖是见。笙箫聒地，竹椽出自柯亭；花草盈街，禊帖携来兰渚[17]。士女潮涌，撼动蠡城[18]；车马雷殷，唤醒龙屿[19]。况时逢丰穰，呼庚呼癸[20]，一岁自兆重登；且科际辰年[21]，为龙为光，两榜必征双首。莫轻此五夜之乐，眼望何时？试问那百年之人，躬逢几次？敢祈同志，勿负良宵。敬藉赫蹄[22]，喧传口号。”

【注释】

[1] 崇祯庚辰：公元 1640 年。

[2] 五夜灯：相传自宋朝起，民间习俗元宵前后放灯五夜，称五夜灯。

[3] 摄提：指代岁星纪年。

[4] 孟陬：指正月。

[5] 春王正月：《春秋》系年，鲁新君即位，例书“元年春，王正月”，但同一个国君在位未见重书者。

[6] “开封”三句：北宋乾德五年(967)正月，吴越王钱镠入贡，太祖以年丰时平，诏开封增放十七、十八两夜灯。

[7] 蓬莱：山名，在绍兴城北三十五里，有云海风洞之奇及墨池、浴日亭诸胜，故称“福地”。

[8] 宛委：山名，又称石篑山、玉笥山、天柱山，在会稽东南十五里，有洞曰“阳明洞天”。

[9] 含哺嬉兮：《庄子·马蹄》：“含哺而熙，鼓腹而游。”含哺，口

含食物。熙，同"嬉"。

[10] 重译：见卷一《钟山》注。

[11] 白雉：瑞鸟。

[12] 乐圣衔杯：杜甫《饮中八仙歌》："衔杯乐圣称避贤。"乐圣，谓嗜酒。

[13] 屠苏酒：酒名。古俗，阴历正月初一，家人先幼后长，饮屠苏酒。又《夜航船》卷一"屠苏酒"条："屠苏，庵名。汉时有人居草庵造酒，除夕以药囊浸酒中，辟除百病，故元日饮之。"

[14] "较书"二句：《夜航船》卷一："元夕，人皆游赏，独刘向在天禄阁校书，太乙真人以青藜杖燃火照之。"事本《拾遗记》。 太乙，又作"太一"，神名。较，用同"校"。

[15] 东武：山名，又名飞来山，俗称塔山，在绍兴城内卧龙山之南，传由琅玡东武县海中飞来，故名。

[16] 百兽：指灯彩。

[17] 禊帖：指王羲之《兰亭序》。 兰渚：见卷六《水浒牌》注。

[18] 蠡城：见卷三《禊泉》注。

[19] 龙屿：即卧龙山。

[20] 呼庚呼癸：谓丰年饮食充足，事见《左传·哀公十三年》。庚，西方，主谷。癸，北方，主水。

[21] 科：科举考试，此指崇祯庚辰十三年(1640)会试。

[22] 赫蹏：小幅薄纸，借指信札。

【译文】

崇祯庚辰年(1640)闰正月，我与绍兴的父老乡亲约定重新举办五夜灯会，我写了一篇灯会颂词，内容是："巧遇两个元旦，这是一年的置闰选在了辰年；欣逢两个正月，这是上天赐给人间的一个月休假。《春秋传》详细记载了二百四十二年的史事，'春王正月'一词，孔子都没机会一年写两次；北宋乾德五年开封府要增加正月十七、十八两夜灯会，还需劳烦宋太祖御赐诏令。如今这闰正月的情况，实乃三生奇遇，我们何其有幸，躬逢其盛；真是百年难逢，一定要效仿古人，秉烛夜游。何况我们越地有蓬莱山、宛委山这样的洞天福地。长江以东，百姓都安居乐业；沿海向北，水面波澜不兴。国人丰衣足食，平安喜乐，共享太平盛世；

异域远来者，都称赞中国有圣人。成百上千的国家前来朝拜，白
雉之类贡品陈列开来，数都数不清；我皇即位至今一十三载，黄
石老人国家太平昌盛的预言得到了验证。好酒者口含酒杯，理当
畅饮屠苏酒；校书者借火照明，也应暂时熄灭太乙真人赐的藜火。
前一个元宵节，竟然因为下雪无法赏灯赏月，或许上天也知道要
下点雪来妆点丰收之年；这下一个元宵灯夜，我们来邀月共度，
千万别错过此般盛事。六只大龟背负仙山的花灯，像东武山一样
一夜飞来，不曾惊吓到人间鸡犬；百兽造型的花灯被悬挂在屋内，
不用去海滨守着，就能看到鱼鳖水族。笙箫声声震天动地，制作
乐器的竹子来自柯亭；花花草草满街满巷，相约修禊的帖子被送
到了兰亭。男男女女潮水般涌来，轰动了整个绍兴城；车水马龙
如雷声隐隐，唤醒了沉睡的卧龙山。更何况正值丰年，仓廪充实，
预兆着又一个丰年的来临；而且正值会试之年，若得蒙圣眷，必
定能考取两榜榜首。不要小看这五夜的狂欢呀，下一次机会望眼
欲穿也不知更在何时。不信的话，请问问那些百岁老人，他们一
生中又亲历过几次这样的盛会呢？恳请各位同道，千万别辜负了
这样美好的夜晚。我虔敬地用这一张薄纸来传颂呼号。"

合　采　牌

　　余作文武牌[1]，以纸易骨，便于角斗，而燕客复刻
一牌[2]，集天下之斗虎、斗鹰、斗豹者，而多其色目，
多其采，曰"合采牌"。余为之作叙曰："太史公曰：
'凡编户之民，富相什则卑下之，伯则畏惮之，千则役，
万则仆，物之理也。[3]'古人以钱之名不雅驯，缙绅先
生难道之，故易其名曰赋、曰禄、曰饷，天子千里外曰
采。采者，采其美物以为贡，犹赋也。诸侯在天子之县
内曰采，有地以处其子孙亦曰采，名不一，其实皆谷

也，饭食之谓也。周封建多采则胜，秦无采则亡。采在下无以合之，则齐桓、晋文起矣。列国有采而分析之，则主父偃之谋也[4]。由是而亮采、服采[5]，好官不过多得采耳。充类至义之尽，窃亦采也，盗亦采也，鹰虎豹由此其选也。然则奚为而不禁？曰：小役大，弱役强，斯二者天也[6]。《皋陶谟》曰[7]'载采采[8]'，微哉、之哉、庶哉[9]！"

【注释】

　　[1] 文武牌：纸牌上画古代文臣武将图像，即所谓"叶子"，劝酒时抽取之以为戏。

　　[2] 燕客：见卷一《天砚》注。

　　[3] "凡编户"六句：所引见《史记·货殖列传》。

　　[4] 主父偃：齐临淄人，汉武帝时任中大夫，提议使诸侯王分封子弟，名为"德施"，"实分其国"，"不削而稍弱矣"。见《史记·平津侯主父列传》。

　　[5] 亮采：协助天子处理政事。《尚书·皋陶谟》："亮采有邦。"服采：朝祭之近臣。《尚书·酒诰》："矧惟尔事，服休服采。"

　　[6] "小役大"三句：《孟子·离娄上》："天下无道，小役大，弱役强，斯二者天也。"

　　[7]《皋陶谟》：《尚书》篇名。

　　[8] 载采采：谓举其行事以验其言。载，举证。采采，事事。

　　[9] "微哉"句：此作者模拟《尚书》语气。微，微妙。之，归趋。庶，庶几。

【译文】

　　我做过一副文武牌，制作材料用纸替换了一般的骨，这样更便于斗牌。而燕客也刻了一副牌，集合了天下斗虎、斗鹰、斗豹等牌，并增加了许多名目与花色，称作"合采牌"。我为这副牌写了一篇叙，内容是："太史公说：'就一般的平民百姓而言，对于财富比自己多出十倍的人，就会低声下气，多出百倍的就会畏惧对方，多出千倍的就会被其差遣，多出万倍的就要做其奴仆，这是事情的常理。'古人觉得'钱'这个名字不够文雅，士大夫们说不出口，所以就给它换了个名字，叫它赋、叫它禄、叫它饷，远在离天子千里之外的，叫它采。所谓采，就是收集当地丰美的物产作为贡品，就像赋一样。诸侯取之于天子所居之地叫做采，诸侯把土地又分封给子孙也叫做采。叫法不一样，实际上都是指米谷，也就是饭食。周分封了很多采邑，国家因而强盛；秦没有分封采邑，所以亡国了。采邑控制在诸侯手里，没办法收上来，齐桓公、晋文公就崛起了；各诸侯国都有采邑并层层瓜分，这是主父偃的计谋。从此辅佐政事的大臣被称为亮采、服采，好官也不过是多得到一些采邑而已。依此类推，偷窃也叫采，盗劫也叫采，从而鹰、虎、豹被选中画在了牌上。然而为什么不限制这种行为呢？孟夫子说过：'天下无道的时候，小的驱使大的，弱者支配强者，这两种情况都是天意呀。'《皋陶谟》说'载采采'，够微妙啊！是这样啊！但愿如此啊！"

瑞 草 溪 亭

瑞草溪亭为龙山支麓，高与屋等。燕客相其下有奇石，身执虆臿[1]，为匠石先发掘之。见土輂土[2]，见石毱石，去三丈许，始与基平，乃就其上建屋。屋今日成，明日拆，后日又成，再后日又拆，凡十七变而溪亭始出。盖此地无溪也，而溪之；溪之不足，又潴之，凿之。一日鸠工数千指，索性池之，索性阔一亩，索性深八尺。无水，挑水贮之，中留一石如案，回潴浮峦，颇亦有致。燕客以山石新开，意不苍古，乃用马粪涂之，使长苔藓，苔藓不得即出，又呼画工以石青石绿皴之。

一日左右视，谓此石案焉可无天目松数棵盘郁其上，遂以重价购天目松五六棵，凿石种之。石不受锸，石崩裂，不石不树，亦不复案。燕客怒，连夜凿成砚山形，缺一角，又輂一礐石补之[3]。燕客性卞急，种树不得大，移大树种之，移种而死，又寻大树补之。种不死不已，死亦种不已，以故树不得不死，然亦不得即死。

溪亭比旧址低四丈，运土至东多成高山，一亩之室，沧桑忽变。见其一室成，必多坐看之，至隔宿或即无有矣。故溪亭虽渺小，所费至巨万焉。燕客看小说："姚崇梦游地狱[4]，至一大厂，炉鞴千副[5]，恶鬼数千，铸泻甚急，问之，曰：'为燕国公铸横财[6]。'后至一处，炉灶冷落，疲鬼一二人鼓橐，奄奄无力，崇问之，曰：'此相公财库也。'崇瘁而叹曰：'燕公豪奢，殆天纵也。'"燕客喜其事，遂号"燕客"。二叔业四五万[7]，燕客缘手立尽。甲申，二叔客死淮安[8]，燕客奔丧，所积薪俸及玩好币帛之类又二万许，燕客携归，甫三月又辄尽，时人比之"鱼弘四尽"焉[9]。溪亭住宅，一头造，一头改，一头卖，翻山倒水无虚日。有夏耳金者[10]，制灯剪彩为花，亦无虚日。人称耳金为"败落隋炀帝"，称燕客为"穷极秦始皇"，可发一粲。

【注释】

[1] 虆(lěi)：盛土之器。　畚：又作"锸"，即锹。

[2] 輂 (jú)：驾马的大车。此指以车运输。

[3] 礐 (què)：大石。

[4] 姚崇：唐代名相，开元间与宋璟并称"姚宋"。

〔5〕鞴：一种鼓风吹火器。

〔6〕燕国公：张说，玄宗时官至中书令，封燕国公。

〔7〕二叔：指张联芳，张岱叔父，张萼之父。

〔8〕"二叔"句：时张联芳任扬州司马，分署淮安，李自成破河南，淮安告警，联芳练乡兵守城，以积劳成疾，遂不起。

〔9〕鱼弘：南朝梁人，历南谯、盱眙、竟陵等地太守，尝语人曰："我为郡，所谓四尽：水中鱼鳖尽，山中獐鹿尽，田中米谷尽，村里人庶尽。"见《梁书·鱼弘传》。

〔10〕夏耳金：见卷四《世美堂灯》注。

【译文】

瑞草溪亭建在龙山支脉的山脚下，有一般的房子那么高。起先燕客探查到这块地下方有奇石，他就亲自拿着盛土的筐和铁锹，带头领着工匠们来开挖。挖出土就运出去，挖出石头就垒在旁边，挖了有三丈多，才刚刚与地面持平。于是就在那上面建房子。房子今天建成了，明天拆掉了，后天又建成了，再后天又拆掉了，如此这般折腾了十七回才有了现在溪亭的模样。这个地方本来没有小溪，就挖了一条小溪；有了小溪还嫌不够，又挖成一个水塘，再挖成一个大水沟。某一天召来了几千个工匠，干脆凿成了一个大池，一口气挖了一亩宽、八尺深。没有水，就挑水来灌进去，中间留下一块像几案的石头，池水涡旋回环，小石如山峦浮动其间，也很有一番雅趣。燕客觉得山石是新开凿出来的，意境不够苍凉古朴，于是就把马粪涂在上面，使它长出苔藓，苔藓不能即刻长出来，就又让画匠用石青、石绿在山石上皴染。一天，他左看右看，说这个石案怎么可以没有几棵葱郁的天目松盘旋在上面呢？于是他又花重金购买了五六棵天目松，凿开石案种在上面。石案经不起铁锹凿挖，就崩裂了，这下子石头不是石头，树不是树，案也不再是案了。燕客很生气，连夜把石案凿成了砚山的形状，还缺一个角，就又运来一块大石头补上去。燕客性子太急躁了，要种树又等不及它长大，于是就移来大树种下，大树移种后死了，就再找大树补种。树种不死不罢休，种死了也还是种个不停，所以他种的树不得不死，可是也不能立刻就死。

溪亭的地势比之前的地基低了四丈，挖出的土运到东面之后又多得堆成了高山，一亩大小的地方，倏忽之间经历了沧桑巨变。看到他一间小屋建成了，一定要坐下来多看两眼，因为一夜之间它可能就不复存在了。所以溪亭虽然很渺小，但它的花费却是巨大的。燕客看小说里说："姚崇梦见自己去地狱，来到一个大厂屋，看到有几千副风箱炉，几千个恶鬼正在紧张地烧炉铸造着。问他们在做什么，他们说：'给燕国公造横财。'后来又到了一处所在，只见炉灶冰冷破败，一两个疲惫的鬼在有气无力地拉风箱，姚崇问他们在干什么，他们说：'这是相公您的财库呀。'姚崇醒来后不禁感叹：'燕国公豪汰奢侈，大概是天赐的吧。'"燕客很喜欢这个故事，于是自号"燕客"。二叔家产有四五万，燕客随手就挥霍了个精光。甲申年(1644)，二叔客死于淮安，燕客前去奔丧，二叔积攒的薪俸及古玩、财物等又有两万多，燕客带回来后，才三个月就又花光了，当时人们都把他的挥霍无度比作"鱼弘四尽"。溪亭的房子，他一边造，一边改，一边卖，反反复复翻山倒水折腾个没完。有一个叫夏耳金的人，能剪彩成花来制作花灯，也是没日没夜地折腾个不停。人们称耳金是"败落隋炀帝"，称燕客是"穷极秦始皇"，可博人一笑。

琅 嬛 福 地

陶庵梦有宿因，常梦至一石厂，岈宕岩窦[1]，前有急湍洄溪，水落如雪，松石奇古，杂以名花。梦坐其中，童子进茗果，积书满架，开卷视之，多蝌蚪、鸟迹、霹雳篆文[2]，梦中读之，似能通其棘涩。闲居无事，夜辄梦之，醒后仡思，欲得一胜地仿佛为之。郊外有一小山，石骨棱砺，上多筊篁，偃伏园内。余欲造厂，堂东西向，前后轩之，后碟一石坪，植黄山松数棵，奇石峡之。堂前树娑罗二[3]，资其清樾。左附虚室，坐对山麓，磴磴齿齿，划裂如试剑，匾曰"一丘"。右踞厂阁三间，前临大沼，秋水明瑟，深柳读书，匾曰"一壑"。

缘山以北，精舍小房，绌屈蜿蜒，有古木，有层崖，有小涧，有幽篁，节节有致。山尽有佳穴，造生圹，俟陶庵蜕焉，碑曰"呜呼有明陶庵张长公之圹"[4]。圹左有空地亩许，架一草庵，供佛，供陶庵像，迎僧住之奉香火。大沼阔十亩许，沼外小河三四折，可纳舟入沼。河两崖皆高阜，可植果木，以橘、以梅、以梨、以枣，枸菊围之。山顶可亭。山之西鄙，有腴田二十亩，可秫可秔[5]。门临大河，小楼翼之，可看炉峰、敬亭诸山[6]。楼下门之，匾曰"琅嬛福地"。缘河北走，有石桥极古朴，上有灌木，可坐、可风、可月。

【注释】

[1] 崡（kǎn）窅（yǎo）岩窅（fù）：《文选·马融·长笛赋》："嶻嶭岌峩，崡窅岩窅。"刘良注："山下深闇窟穴也。"窅，深远。窅，洞窟。

[2] 蝌蚪：即蝌蚪书。上古时无笔墨，以竹梃点漆书竹上，漆腻不能行，头粗尾细，形同蝌蚪，故云。　鸟迹：周武王因丹鸟入室作鸟书。　霹雳：或即云书，黄帝因卿云作云书。　篆文：周宣王史籀始为大篆，秦李斯始为小篆。见《夜航船》卷八"字祖"条。

[3] 娑罗：树名。佛家谓释迦于娑罗树下入灭。

[4] "造生圹"三句：张岱曾营生圹于项王里之鸡头山，友人李研斋题其圹曰："呜呼！有明著述鸿儒陶庵张长公之圹。"见《自为墓志铭》。生圹，在世时预造的坟墓。蜕，死的讳称。

[5] 可秫可秔：秫，黏高粱。秔，同"粳"（粳）。萧统《陶渊明传》："公田悉令吏种秫，曰：'吾常得醉于酒，足矣。'妻子固请种秔，乃使二顷五十亩种秫，五十亩种秔。"

[6] 炉峰：见卷五《炉峰月》。 敬亭：或即亭山，绍兴城南十里，山形独立如亭，故名。

【译文】

我梦中会感应到前世因缘，常常梦见来到一处石庵，那里岩穴幽深，门前有溪水湍急回旋，水花如雪般簌簌而落，古松奇石，中间点缀着各种名花异草。梦里我安坐其间，有童子侍奉香茗珍果，书架上摆满了书，翻开看看，大都是蝌蚪文、鸟虫书、霹雳篆文之类奇形怪状的文字，在梦里读它们，似乎能读懂其中艰涩难通的地方。我闲坐在家，无所事事时，夜里就会梦到这番景象，醒来后细细回味琢磨，就想找一处好地方来还原梦中的场景。郊外有一座小山，山石嶙峋突兀，上面修竹丛生，披拂满地。我想在那里造一座梦中的石庵，它的厅堂东西走向，前后开窗，后面垒一个石坪，种上几棵黄山松，再在两边用奇石堆成峡谷的样子。堂前种上两棵娑罗树，借以营造一片清凉的树荫。堂左接一间虚室，坐在里面正对着山麓，只见一层层石阶顺次而下，就像在山石上试剑时劈开的一条条缝一样，为之题写匾额"一丘"。堂右有三间小阁楼，阁前下临大池塘，秋水澄净，正可躲在柳荫深处读书，为之题匾"一壑"。

沿山势一路向北，造几间小小的精舍，在山间高低错落，如此一来有古朴的树木，有层叠的山崖，有山涧潺潺，有竹林森森，层次分明，极富韵致。山的尽头有一处不错的天然洞穴，可以建成我的生圹，等我去世之后，碑上刻上"呜呼有明陶庵张长公之圹"。圹左有一片一亩多大的空地，可以搭一座草庵，里面供上佛像，供上我的像，邀请僧众住在里面供奉香火。大池塘方圆十亩左右，池外有一条小河拐了三四个弯，小船可以通过这里进入大池塘。河两岸都是高高的山冈，上面可以栽种果树，如橘树、梅树、梨树、枣树，并围种上枸杞和菊花。山顶可以造一座亭子。山的西面有二十亩肥沃的农田，稻米、高粱都可以种。门口有一条大河，河上建小楼，楼上可以远眺炉峰、敬亭等山。楼下开一道门，门上的匾额题作"琅嬛福地"。沿着河向北走，可见一座极其古朴的石桥，上面灌木丛生，在桥上可以静坐，可以听风，可以赏月。

补　遗

鲁　王

　　福王南渡[1]，鲁王播迁至越[2]，以先父相鲁先王[3]，幸旧臣第。岱接驾，无所考仪注，以意为之。踏脚四扇，氍毹藉之，高厅事尺，设御座，席七重，备山海之供。鲁王至，冠翼善[4]，玄色蟒袍，玉带，朱玉绥。观者杂沓，前后左右，用梯、用台、用凳，环立看之，几不能步，剩御前数武而已。传旨："勿辟人。"岱进，行君臣礼，献茶毕，安席，再行礼。不送杯箸，示不敢为主也。趋侍坐。书堂官三人[5]，执银壶二，一斟酒，一折酒[6]，一举杯，跪进上。膳一肉簋，一汤盏，盏上用银盖盖之，一面食，用三黄绢笼罩，三臧获捧盘加额，跪献之。书堂官捧进御前，汤点七进，队舞七回，鼓吹七次，存七奏意。是日演《卖油郎》传奇[7]，内有泥马渡康王故事[8]，与时事巧合，睿颜大喜。

　　二鼓转席，临不二斋、梅花书屋，坐木犹龙，卧岱书榻，剧谈移时。出登席，设二席于御坐傍，命岱与陈洪绶侍饮，谐谑欢笑如平交。睿量宏，已进酒半斗矣，大犀觥一气尽。陈洪绶不胜饮，呕哕御座旁。寻设一小几，命洪绶书笺，醉捉笔不起，止之。剧完，饶戏十余出^[9]，起驾转席。后又进酒半斗，睿颜微酡，进辇，两书堂官掖之，不能步。岱送至闱外，命书堂官再传旨曰："爷今日大喜，爷今日喜极！"君臣欢洽，脱略至此，真属异数。

【注释】

[1] 福王：朱由崧，明神宗孙。甲申之变，李自成克北京，马士英等立由崧于南京，年号弘光，次年即覆亡。

[2] 鲁王：朱以海，鲁肃王朱寿镛第五子，明亡，由藩国山东兖州逃至浙江台州。顺治二年，清兵陷南京，张国维等迎鲁王于绍兴，称监国，次年即陷落，鲁王流亡海上。

[3] "以先父"句：张岱父耀芳曾任鲁王朱寿镛长史。

[4] 翼善：皇帝冠冕，初由唐太宗考古法制定，后代因其名。《明史·舆服志》："永乐三年更定，冠以乌纱冒之，折角向上，其后名翼善冠。"

[5] 书堂官：指近侍宦官。

[6] 折酒：温酒，兑酒。

[7]《卖油郎》：事详《醒世恒言·卖油郎独占花魁》。

[8] "内有"句：宋高宗赵构原封康王，相传为金人所逐，乃骑马渡长江，及渡始知所骑乃泥马。

[9] 饶戏：正戏演毕，再加演的其他戏码。

【译文】

福王南渡后，鲁王也辗转流亡到绍兴一带，由于先父曾经辅佐过老鲁王，所以鲁王幸临旧臣的宅第。我奉命接驾，没有现成的仪注可以参考，就自己揣摩着办。准备四扇脚踏，上面铺上地毯，高出大厅地面一尺，在上面设置御座。筵席有七重，备好了山珍海味。鲁王驾到，头戴翼善冠，身着黑色蟒袍，腰佩玉带、朱色玉绶。看热闹的人纷至沓来，挤在前后左右，有的站在梯子上，有的站在台子上，有的站在凳子上，团团围成圈儿站着看鲁王，围得人几乎都挪不动脚步，只剩御前的一点空地而已。鲁王传旨："不要赶人。"我进去朝见，行君臣之礼，献过茶之后，入坐，再行一次礼。我没有奉送杯箸之类餐具，以此表示不敢以主人自居。侍奉鲁王坐好，三个书堂官呈来两个银酒壶，他们一位倒酒，一位分酒，一位举杯，跪着奉上。膳食包括一篚肉，一盏汤，盏上盖着银制的盖子，一份面食，用三层黄绢罩着，由三个仆人捧着食盘高举到额头前，跪着奉献给鲁王。书堂官接过，捧到御前。茶点进献七次，歌舞表演七次，乐曲吹奏七次，为了保存"七奏"的古意。这天上演了传奇剧本《卖油郎》，其中有宋高宗赵构做康王时骑泥马过江的故事，与鲁王之事巧合，龙颜大悦。

二更时分转席，鲁王驾临不二斋、梅花书屋，在木犹龙坐了会儿，又躺卧在我的书榻上，和大家畅谈了好一会儿。然后出来重新上席，并在御座旁边特设两个席位，命我与陈洪绶坐上去陪饮，大家像一般朋友那样说说笑笑。鲁王酒量很好，已经喝了半斗酒，还能将一大犀觥的酒一饮而尽。陈洪绶不胜酒力，吐在了御座旁。随即另设一个小几案，命陈洪绶题扇，他醉得笔都握不住，于是就作罢了。传奇剧演完后，又加演了十余出，然后起驾转席。之后鲁王又饮了半斗酒，面色微微泛红，进轿辇时，由两位书堂馆挽扶着，腿都迈不动了。我恭送到巷口，鲁王命书堂官再次传旨给我说："爷今天很高兴，爷今天高兴极了！"君臣相处得欢快融洽，随性自然到这个地步，实属少见啊。

苏 州 白 兔

崇祯戊寅至苏州[1]，见白兔，异之。及抵武林，金知县汝砺宦福建[2]，携白兔二十余只归。己卯、庚辰[3]，杭州遍城市皆白兔，越中生育至百至千，此兽妖也。余少时不识烟草为何物，十年之内，老壮童稚妇人女子无不吃烟，大街小巷尽摆烟桌[4]，此草妖也。妇人不知何故，一年之内都着对襟衫，戴昭君套[5]。此服妖也。庚辰冬底，燕客家琴砖十余块[6]，结冰花如牡丹、芍药，花瓣枝叶如绣如绘，间有人物、鸟兽，奇形怪状，十余砖底面皆满。燕客迎余看，至三日不消，此冰妖也。燕客误认为祥瑞，作《冰花赋》，檄友人作诗咏之。

【注释】

[1] 崇祯戊寅：公元 1638 年。

[2] 金知县汝砺：金汝砺，仁和（浙江杭州）人，崇祯七年进士。

[3] 己卯：崇祯十二年（1639）。 庚辰：崇祯十三年（1640）。

[4] "余少时"四句：吸烟始盛于崇祯年间。王士禛《香祖笔记》："今世公卿士大夫下逮舆隶妇女，无不嗜烟草者，田家种之连畛，颇获厚利。"赵翼《陔余丛考》引王肱云："予儿时尚不识烟为何物，崇祯末，三尺童子莫不吃烟矣。"

[5] 昭君套：妇女头饰，以条状貂皮围在髻下额上，如同帽套。传说为昭君出塞时所戴。

[6] 琴砖：河南洛阳、郑州等地出土的古砖，长数尺，中空，上有花纹图案，多用以砌墓壁。以作琴台，抚之，清泠可爱。吴越人宝之，谓之琴砖。见《格古要论》《广志绎》诸书。

【译文】

崇祯戊寅年（1638）我来到苏州，见到白兔，感到很新奇。等到达杭州时，知县金汝砺从福建任上回来，带回了二十多只白兔。到了己卯年（1639）、庚辰年（1640），杭州城遍地都是白兔，绍兴一带繁殖到成百上千只，这是"兽妖"。我小时候不知道烟草是什么东西，十年之间，老老少少男男女女没有不吃烟的，大街小巷都摆满了烟桌，这是"草妖"。妇女们不知道为什么，一年到头都穿着对襟衫，戴着昭君套，这是"服妖"。庚辰年（1640）冬末，燕客家里的十多块琴砖都结了像牡丹、芍药一样的冰花，花瓣枝叶就像绣上去或画上去的，还夹杂着人物、鸟兽，奇形怪状的，十多块砖的底部和表面都挂满了。燕客请我去看，过了三天都没有融化，这是"冰妖"。燕客误以为这是祥瑞，还写了一篇《冰花赋》，并写信邀请朋友们来作诗歌咏这件事。

草　妖

河北观察使袁茂林楷所记草妖尤异[1]：崇祯七年七月初一，孟县民孙光显[2]，祖墓有野葡萄，草蔓延长丈许，今夏枝桠间忽抽新条，有似美人者，似达官者，有似龙、似凤、似麟、似龟、似雀、似鱼、似蝉、似蛇、似孔雀，有似鼠伏于枝者，有似鹦鹉栖于架者，架上有盏，盏中有粒，凤则苞羽具五彩，美人上下衣裳，裳白衣黄，面上依稀似粉黛，人间物象，种种具备。七月初八日，地方人始报闻，急使人取之，已为好事者撷尽，止得美人一、鹦鹉一、凤一，故述此三物尤悉。余谓此草木之妖。适晤史云岫[3]，言汉灵帝中平元年，东郡有草如鸠雀、蛇龙、鸟兽之状[4]。若然，则余所臆度者更可杞忧。此异宜上闻，县令以萎草不耐，恐取观不便，遂寝其事。特为记之如左。

【注释】

[1]观察使：即巡按，明代派遣监察御史分赴各省区巡视，考核吏治，称为巡按。　袁茂林楷：袁楷，字茂林，陕西凤翔人，天启进士。

[2]孟县：今属河南。

　　[3]史云岫：或即史起夔，绍兴余姚人，天启元年举人，官教谕。
　　[4]"言汉"二句：史载汉灵帝中平元年(184)，"郡国生异草，备龙蛇鸟兽之形"，是岁巨鹿人张角自称"黄天"，举事反汉。见《后汉书·灵帝纪》。

【译文】

　　河北观察使袁楷字茂林的记录过一件草妖事件特别神奇：崇祯七年(1634)七月初一，孟县农民孙光显家祖坟上长着一丛野葡萄，葡萄藤绵延一丈多长。这年夏天枝杈间忽然抽出了新的枝条，有像美人的，像达官贵人的，有像龙、像凤、像麒麟、像龟、像雀、像鱼、像蝉、像蛇、像孔雀的，有像老鼠趴在树枝上的，有像鹦鹉站在架子上的，架上还有小杯盏，杯盏里有谷粒，像凤凰的羽毛五彩毕备，像美人的上着衣下着裳，下裳白色，上衣黄色，美人脸上隐隐约约好像还涂着脂粉，人世间的万事万物，应有尽有。七月初八日，当地人才向官府报告此事，官府连忙派人去取，却已经被好事之徒摘完了，只取得一个美人、一只鹦鹉、一只凤凰，因此对这三样物品的叙述尤其详细。我认为这是草木之妖。恰好遇到史云岫，他说汉灵帝中平元年时东郡也有草长成了鸠雀、蛇龙、鸟兽等形状。若果真如此，那么我的揣测就更值得担忧了。这种怪象应该呈报给朝廷，可是县令借口枯草经不起保存，恐怕呈上去容易犯忌讳，就搁下了这件事。我特地把它记录在这里。

祁　世　培

　　乙酉秋九月[1]，余见时事日非，辞鲁国主[2]，隐居剡中[3]。方磐石遣礼币[4]，聘余出山，商确军务，檄县官上门敦促。余不得已，于丙戌正月十一日[5]，道北山[6]，逾唐园岭，宿平水韩店[7]。余适疽发于背，痛楚呻吟，倚枕假寐。见青衣持一刺示余，曰："祁彪佳拜！"余惊起，见世培排闼入^[8]，白衣冠。余肃入，坐定。余梦中知其已死，曰："世培尽忠报国^[9]，为吾辈生色。"世培微笑，遽言曰："宗老此时不埋名屏迹，出山何为耶？"余曰："余欲辅鲁监国耳。"因言其如此如此，已有成算。世培笑曰："尔要做，谁许尔做？且强尔出，无他意，十日内有人勒尔助饷。"余曰："方磐石诚心邀余共事，应不我欺。"世培曰："尔自知之矣。天下事至此，已不可为矣。尔试观天象。"拉余起，下阶西南望，见大小星堕落如雨，崩裂有声。世培曰："天数如此，奈何！奈何！宗老，尔速还山，随尔高手，到后来只好下我这着！"起，出门附耳曰："完《石匮书》^[10]。"洒然竟去。余但闻犬声如豹，惊寤，汗浴背，门外犬吠嗥嗥，与梦中声接续。蹴儿子起，语之。次日抵家，阅十日，镶儿被缚去^[11]，果有逼勒助饷之事。忠魂之笃而灵也如此。

【注释】
　　[1] 乙酉：清顺治二年(1645)。
　　[2] 鲁国主：指朱以海，鲁王以派弟。
　　[3] 剡中：指嵊县西白山。
　　[4] 方磐石：方国安，见卷一《越俗扫墓》注。
　　[5] 丙戌：清顺治三年(1646)。
　　[6] 北山：在绍兴城东三十余里。
　　[7] 平水：市镇名，在绍兴城东二十五里。
　　[8] 世培：即祁彪佳，见卷三《白洋潮》注。排闼：推门。
　　[9] 尽忠报国：指祁彪佳于顺治二年(1645)六月六日夜分沉池殉节。
　　[10]《石匮书》：见《陶庵梦忆序》注。

[11] 镰儿: 张岱之子。盖其长子，另有铤、铎、镛、镇等五男，凡六子。

【译文】

乙酉年(1645)秋九月，我见时事一天天坏下去，就辞别鲁王，到剡中隐居起来。方国安派人送来礼物，邀请我出山，和他商议军务，并发文通知县官上门来督促我。我迫不得已答应了，在丙戌年(1646)正月十一日这天出发，取道北山，翻过唐园岭，当晚住在平水镇的韩店。此时不巧我背部长了一个毒疮，痛得我直哼哼，就靠着枕头打盹。朦胧中只见一位青衣人拿着一张名刺递给我，说："祁彪佳来访!"我吃惊地站起身来，只见世培推门进来，穿戴着白衣白帽。我迎他进房，两人落座。我在梦里已经意识到他已经死了，就说："世培你尽忠报国，为我辈争光了。"世培笑了笑，忽然说道："宗老你此时不隐姓埋名躲起来，却要出山，是为什么呢?"我说："我想辅佐鲁王。"于是谈到种种时政情况，并对他说我心中已有一定的谋划。世培笑着说："你要这样做，谁又准许你这样做呢? 况且他们硬要你出山，没有别的目的，十天之内就会有人逼着你资助军饷。"我说："方国安真心实意邀请我共谋大事，应该不会欺骗我的。"世培说："你自己知道就行了。天下事坏到如今这个地步，已经不可挽回了。你不妨看看天象吧。"他便拉我起来，走下台阶，向西南方向望去，只见大大小小的星星像雨点一样从天上跌落下来，噼噼啪啪地响。世培说："天数是这样，怎么办? 怎么办? 宗老，你快隐居起来吧，哪怕你有回春妙手，到最后也只能步我后尘!"说完他起身要走，临出门时贴在我耳边叮嘱道："完成《石匮书》。"然后就飘然而去了。我只听得狗叫声如豹子叫一般，从梦中惊醒，已是冷汗浃背，此时门外狗叫声汪汪不断，和梦中听见的叫声连成一片了。于是我催儿子快起来，对他讲了这件事。第二天我们回到家，十天后，大儿子张镰被绑走了，果然发生了逼迫我们资助军饷的事情。祁世培一颗忠魂之笃诚与灵明到如此地步。

中国古代名著全本译注丛书

周易译注　　　　　　　中说译注
尚书译注　　　　　　　老子译注
诗经译注　　　　　　　庄子译注
周礼译注　　　　　　　列子译注
仪礼译注　　　　　　　孙子译注
礼记译注　　　　　　　鬼谷子译注
大戴礼记译注　　　　　六韬·三略译注
左传译注　　　　　　　管子译注
春秋公羊传译注　　　　韩非子译注
春秋穀梁传译注　　　　墨子译注
论语译注　　　　　　　尸子译注
孟子译注　　　　　　　淮南子译注
孝经译注　　　　　　　近思录译注
尔雅译注　　　　　　　传习录译注
考工记译注　　　　　　齐民要术译注
　　　　　　　　　　　金匮要略译注
国语译注　　　　　　　食疗本草译注
战国策译注　　　　　　救荒本草译注
三国志译注　　　　　　饮膳正要译注
贞观政要译注　　　　　洗冤集录译注
吕氏春秋译注　　　　　周髀算经译注
商君书译注　　　　　　九章算术译注
晏子春秋译注　　　　　茶经译注（外三种）修订本
　　　　　　　　　　　酒经译注
孔子家语译注　　　　　天工开物译注
荀子译注　　　　　　　人物志译注

颜氏家训译注   宋词三百首译注

梦溪笔谈译注   古文观止译注

世说新语译注   文心雕龙译注

山海经译注   文赋诗品译注

穆天子传译注·燕丹子译注   人间词话译注

搜神记全译   唐宋传奇集全译

历代名画记译注   聊斋志异全译

楚辞译注   子不语全译

六朝文絜译注   闲情偶寄译注

玉台新咏译注   阅微草堂笔记全译

唐贤三昧集译注   陶庵梦忆译注

唐诗三百首译注   西湖梦寻译注

花间集译注   浮生六记译注

绝妙好词译注